Die Engländerin Maria Coffey studierte Geographie und Anglistik in Liverpool und verbrachte danach ein Jahr als Lehrerin in Peru. Zurück in England, arbeitete sie mit vietnamesischen Flüchtlingen, bevor sie 1985 als Austauschlehrerin nach Kanada ging – wo sie hängengeblieben ist. Mit ihrem Mann, dem Tierarzt und Fotografen Dag Goering, lebt sie in British Columbia auf einer kleinen Insel in der Nähe von Vancouver, schreibt Bücher und Reportagen für bekannte Zeitungen und Zeitschriften über ihre abenteuerlichen Reisen.

Für Bee und Justina

Maria Coffey

Ein Kajak im Gepäck

Eine Frau paddelt um die Welt

Aus dem Englischen von
Ilse Rothfuss

Mit Fotos von
Dag Goering

Frederking & Thaler

Die Deutsche Bibliothek – CIP Einheitsaufnahme
Coffey, Maria:
Ein Kajak im Gepäck : Eine Frau paddelt
um die Welt / Maria Coffey.
Aus dem Engl. von Ilse Rothfuss.
Mit Fotos von Dag Goering. –
München : Frederking und Thaler, 1995
(Reiseabenteuer)
Einheitssacht.: A boat in our baggage <dt.>
ISBN 3-89405-345-3
NE: Goering, Dag [Ill.]

REISEABENTEUER
herausgegeben von Monika Thaler

Titel der englischen Ausgabe:
»A Boat in our Baggage«,
erschienen bei Little, Brown and Company Ltd.,
Großbritannien

Übersetzung: Ilse Rothfuss, München
Lektorat: Susanne Härtel, München
Umschlaggestaltung: Schlotterer & Partner, München
Umschlagfotos: Dag Goering
Kartengestaltung: Theiss Heidolph, Kottgeisering
Herstellung: Martin Gawelzyk, München
Satz (DTP): BuchHaus.Gigler.GmbH, München
Farbreproduktion: Fotolito Longo, Frangart
Druck und Bindung: Druckerei Uhl, Radolfszell
Papier: Das Papier wurde aus chlorfrei gebleichtem
Zellstoff hergestellt und enthält keine Aufheller
ISBN 3-89405-345-3
Printed in Germany

Inhalt

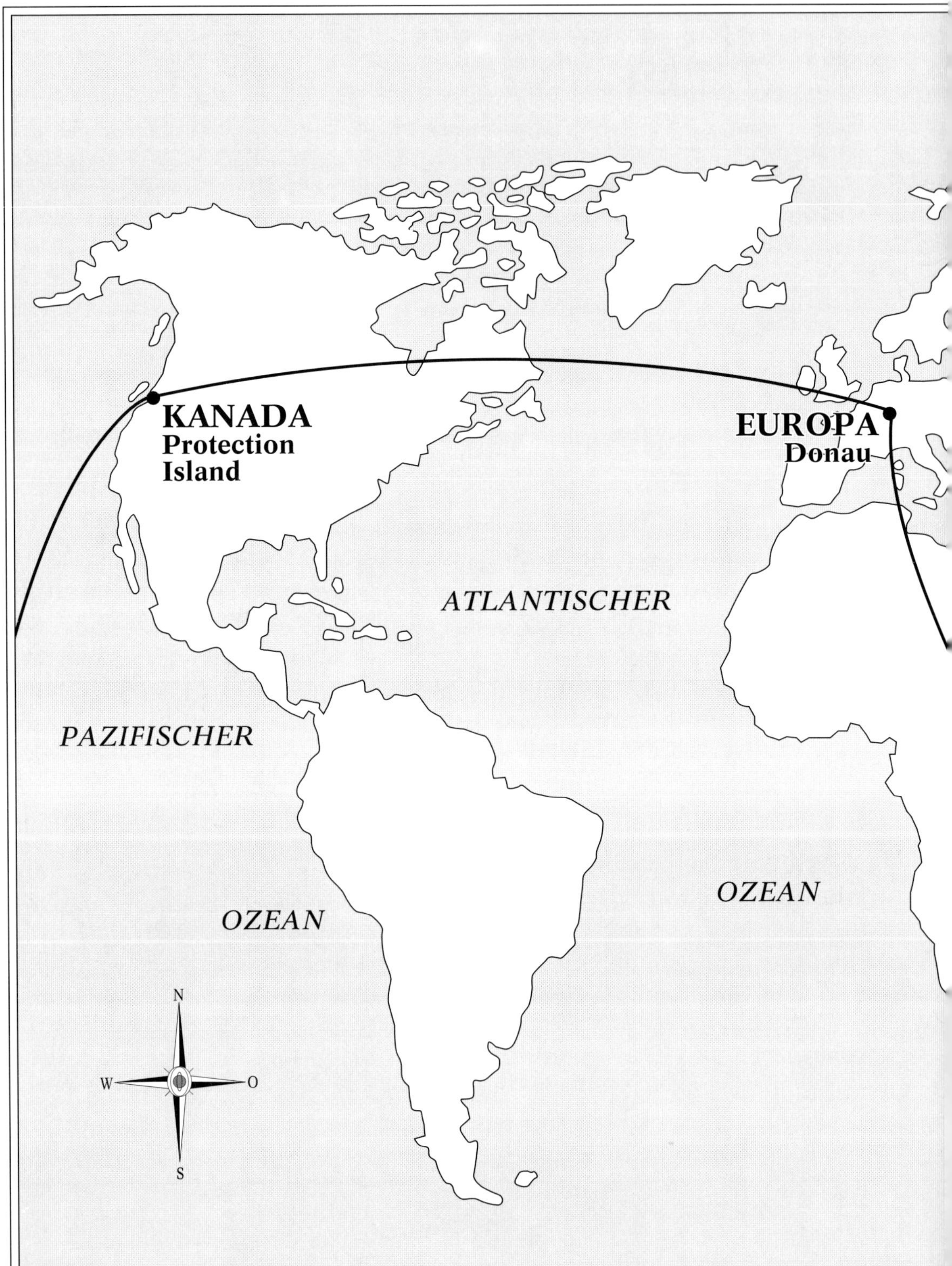
KANADA
Protection
Island
EUROPA
Donau
ATLANTISCHER
PAZIFISCHER
OZEAN
OZEAN
N
W
O
S

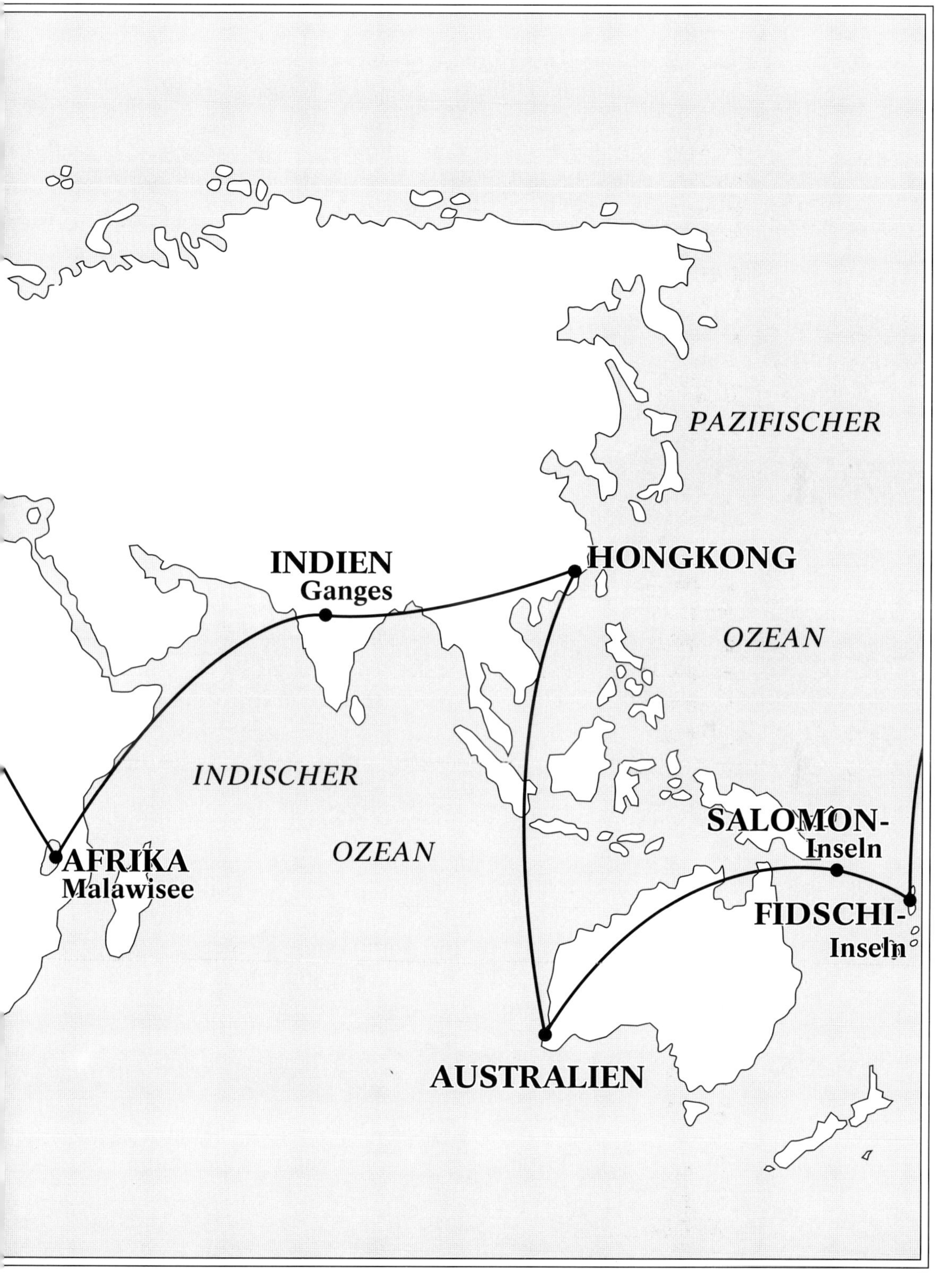

PAZIFISCHER
OZEAN
INDIEN
Ganges
HONGKONG
INDISCHER
OZEAN
AFRIKA
Malawisee
SALOMON-
Inseln
FIDSCHI-
Inseln
AUSTRALIEN

Düstere Aussichten

Feiner roter Wüstensand drang durch die Löcher im Boden des Taxis herein. Alle Warnlichter blinkten, und wo früher die Halterungen für die Sicherheitsgurte gewesen waren, dröhnte laute mexikanische Popmusik aus zwei riesigen Stereoboxen. Der Kopf des Fahrers hüpfte im Takt zu den Songs auf und ab, und als er auf zwei Rädern um die Kurve preschte, schlenkerte das Marienfigürchen am Rückspiegel wie verrückt hin und her.

Dag saß neben mir auf dem Rücksitz und starrte mit glasigen Augen aus dem Fenster, so als würde er die karge Wüstenlandschaft, die an uns vorbeiraste, überhaupt nicht wahrnehmen. Ich dagegen stand Todesängste aus, und die tanzende Jungfrau Maria gab mir den Rest.

»Sind Sie wahnsinnig!« schrie ich den Fahrer an, der sofort die Hand nach dem Radio ausstreckte und die Lautstärke so weit herunterdrehte, daß wir die quietschenden Reifen hören konnten.

»Okay, Señora, okay«, sagte er und grinste mich im Rückspiegel an. »Sie stehn wohl nicht auf mexikanische Songs?«

Ich fiel resigniert in die Polster zurück. Es waren noch mindestens sechs Meilen bis Loreto, wo wir am selben Nachmittag unser Flugzeug erreichen mußten.

»So ein Jammer, daß wir das Boot wegpacken mußten«, seufzte Dag.

Er meinte unseren Kajak, den wir gerade auseinandergenommen und im Kofferraum des Taxis verstaut hatten. Es war ein hervorragend konstruiertes, seetüchtiges Gefährt, gerade groß genug für uns und unsere Campingausrüstung sowie einen ausreichenden Trinkwasser- und Lebensmittelvorrat. Wir waren die letzten drei Wochen bei steifen Winden und starkem Seegang auf der Cortez-See herumgepaddelt, aber verglichen mit dieser Taxifahrt war es der reinste Sonntagsspaziergang gewesen.

»Dabei war ich grade erst so richtig in Fahrt gekommen«, sinnierte Dag vor sich hin. »Ich hätte noch monatelang weitermachen können.«

Wir waren jetzt auf einem langen, schmalen und geraden Straßenstück. Auf der einen Seite nackter Sandsteinfels, auf der anderen eine kaktusstrotzende Ebene. Vor uns tauchte ein Linienbus in einer riesigen Staubwolke auf. Als er näher kam, stellte ich fest, daß wir auf absolutem Kollisionskurs waren. Beide Fahrer hingen gebeugt über ihrem Lenkrad und machten keinerlei Anstalten, auszuweichen oder auch nur langsamer zu fahren. Sie wollten es offenbar auf einen Showdown ankommen lassen, ohne auch nur einen Gedanken an ihre unglücklichen Fahrgäste zu verschwenden.

»Maria, ich hab eine Idee!« schrie Dag.

Der Bus war jetzt so nahe, daß ich die entsetzten Gesichter der Fahrgäste sehen konnte.

»Wir machen ein Jahr lang Urlaub«, verkündete Dag, »und paddeln mit dem Kajak in der ganzen Welt herum.« Daß wir dem sicheren Tod ins Auge schauten, hatte er offenbar gar nicht mitbekommen.

Im allerletzten Moment rissen beide Fahrer das Lenkrad herum – zum Glück in entgegengesetzter Richtung. Wir schrammten an der Felswand vorbei, während der Bus hilflos durch das zerfurchte Kaktusfeld schlingerte, bevor er wieder auf die Straße kam.

Ich wurde gegen Dag geschleudert, der das als Zustimmung auffaßte und mich begeistert umarmte. »Sobald wir zu Hause sind, fangen wir mit den Vorbereitungen an«, sagte er.

Was genau unser »Zuhause« war, läßt sich gar nicht so einfach sagen – in den letzten paar Jahren am ehesten noch die Westküste von Kanada, wo wir uns 1986 kennengelernt hatten. Ich war damals als Austauschlehrerin von England herübergekommen und Dag aus Deutschland, um hier seine Doktorarbeit zu machen. Nach einem Jahr hätte ich wieder in Manchester und Dag in München sein sollen. Statt dessen lebten wir zusammen auf der winzigen Protection Island, eineinhalb Meilen von der viel größeren Vancouver Island entfernt. Ich schrieb an einem Buch, und Dag jobbte in der Fiberglas-Werkstatt eines Freundes, um sein dahinschwindendes Stipendium aufzustocken. Dort hatte er auch wieder mal eine seiner genialen Ideen: Er wollte zwei Kajaks für uns bauen, mit denen wir zum Nulltarif zwischen Protection Island und Nanaimo, der nächsten Stadt, hin und her pendeln konnten. Ich wußte kaum, wie ein Kajak aussieht, aber in meiner Vorstellung tauchten ein paar ungemütliche Bilder aus dem Geographieunterricht auf – pelzvermummte Eskimos, die in zerbrechlichen Seehundsfellbooten auf dem Eismeer herumschaukelten. Ich hatte nicht die geringste Lust, meine Einkäufe nach Hause zu paddeln, und ich wehrte mich mit Händen und Füßen dagegen, bis zu dem Tag, an dem Dag mir die neuen Kajaks präsentierte. Sie hatten keinerlei Ähnlichkeit mit den Booten aus meinem Geographiebuch. Sie waren etwa vier Meter lang, an beiden Enden zugespitzt und in der Mitte ziemlich breit. Beide Boote hatten eine Sitzluke mit einem bequemen Schalensitz und Fußpedalen, mit denen man das Ruder betätigen konnte. Ungeschickt kletterte ich hinein und paddelte ein bißchen an der Felsküste von Protection Island entlang. Ein großer Blaureiher stakste in aller Seelenruhe über den Strand, und ein neugieriger Seehund tauchte so dicht vor meinem Boot auf, daß ich beinahe seine Nase berühren konnte. Ich paddelte ein bißchen weiter hinaus, und eine schaumgekrönte Welle kam drohend auf mich zugestürzt. Ich erstarrte, aber die Welle glitt einfach unter dem Kajak durch, ich wurde hochgehoben und leicht wie ein Stück Treibholz wieder abgesetzt. Eifrig paddelte ich weiter, und allmählich machte mir die Sache Spaß – der Wind in meinem Gesicht, die rhythmische Bewegung, das Gefühl, ein Teil des großen Ozeans zu sein. Ich war bereits hoffnungslos süchtig, aber das wußte ich damals noch nicht.

Der Kajak war für uns von Anfang an mehr ein Transportmittel als etwas, um Sport zu betreiben. Anfangs pendelten wir nur zwischen der Insel und der Stadt hin und her, doch dann fingen wir an, die weitere Umgebung zu erforschen. Wochenlang paddelten wir die Küstenlinie von British Columbia auf und ab. Unsere Boote lagen nur ein paar Zentimeter im Wasser, und so konnten wir auch Strände und Buchten erreichen, die für die meisten anderen Fahrzeuge unpassierbar waren. Wir konnten genügend Ausrüstung, Trinkwasser und Lebensmittel mitnehmen, um völlig unabhängig zu sein. Und weil wir nicht mehr als ein paar Knoten pro Stunde schafften, hatten wir endlos viel Zeit, Wolken, Wind und Wasser zu studieren und Tiere und Vögel zu beobachten. Je mehr wir paddelten, desto weiter zog es uns hinaus. Als wir heirateten, schrieben uns meine Eltern einen dicken Scheck aus, mit dem wir uns einen langgehegten Herzenswunsch erfüllen sollten. Wir kauften uns einen doppelten Faltkajak und flogen damit nach Mexiko... Während jener gräßlichen Taxifahrt war es mir gar nicht so abwegig erschienen, ein Jahr lang mit dem Kajak in der Weltgeschichte herumzupaddeln. Aber als wir dann wieder gemütlich zu Hause saßen, bekam ich es mit der Angst zu tun. Abend für Abend brütete Dag über dem Atlas und murmelte ominöse Ortsnamen vor sich hin: der Kongo ..., die Andamanen-Inseln ..., die Mongolei ...

Er wollte ein paar ferne, abgelegene Winkel der Welt erforschen, meinte er – Gegenden, die nicht so leicht zu erreichen waren. Mir dagegen wurde das Ganze immer unheimlicher, je mehr ich darüber nachdachte.

»Und was ist, wenn einer von uns krank wird?« fragte ich düster. Wer weiß, was für Greuel in den Tropen auf uns lauerten – eklige Würmer, die mir über die Augen krochen, und Larven, die sich in meine Haut bohrten. »Und was ist mit wilden Tieren«, überlegte ich weiter, »und mit Banditen und Stürmen und Meeresbeben?«

Aber Dag ist mit einem sonnigen Optimismus gesegnet. »Erinnerst du dich noch an die Taxifahrt in Mexiko?« fragte er.

Und ob ich mich erinnerte.

»Na also«, meinte er nur. »Wir müssen ja nicht Taxi fahren.« Irgendwie erschien auch mir dieses Abenteuer immer unausweichlicher, das mußte ich zugeben. In den letzten vier Jahren hatten wir uns beruflich etabliert, ein Grundstück auf der Protection Island gekauft, ein Haus gebaut und einen Garten angepflanzt. Jetzt wäre es also an der Zeit gewesen, eine Familie zu gründen und auf einen sorgenfreien zweiten Lebensabschnitt hinzuarbeiten. Aber davon wollten wir nichts hören – oder vielmehr der ruhelose Geist in uns wollte es nicht. Er zerrte an unseren Wurzeln und flüsterte uns zu, daß jenseits unserer vier Wände die große, unbekannte Welt auf uns wartete. Dag ließ sich leicht überzeugen, aber ich sträubte mich lange dagegen, und der Feigling in mir kam mit allen möglichen Ausreden daher. Das Haus ist doch noch gar nicht fertig, redete ich mir ein, es hat ja noch nicht mal richtige Dachrinnen.

»Dachrinnen!« schnaubte Dag verächtlich, als ich ihn eines Nachts darauf ansprach. Seine Wurzeln waren längst aus dem Boden. Ich hatte also nur zwei Möglichkeiten: Entweder riß ich meine auch aus, oder ich blieb zu Hause bei meinen Abflußrohren. So gesehen, fiel mir die Entscheidung dann doch nicht schwer.

Dag ließ sich für ein Jahr von seinem College beurlauben, und ich ertappte mich dabei, daß ich allen Leuten von »unserer Reise« erzählte und von dem Buch, das ich darüber schreiben würde. Wie immer, wenn mir etwas nicht ganz geheuer war, redete ich so lange und so offen darüber, bis mir gar nichts anderes übrigblieb, als meine Pläne in die Tat umzusetzen. Es klappte auch diesmal – auf unserer Silvesterparty 1990 fragte mich jeder zweite Gast, wann wir denn nun aufbrechen wollten. Sobald sich unser Neujahrskater gelegt hatte, fingen wir an, ernsthaft zu planen.

Monatelang diskutierten wir die Reiseroute durch, aber am Ende entschieden wir uns mehr oder weniger aus dem Augenblick heraus. Wir hatten viel über den Südpazifik nachgelesen und auch jede Menge Touristeninformationen gefunden, nur zu den Salomon-Inseln nicht – also genau das richtige für uns. Ich war zudem völlig fasziniert von Eric Newbys Buch »Slowly down the Ganges«, und das brachte mich auf die Idee, eine Kajak-Pilgerfahrt auf Indiens heiligstem Fluß zu planen. Dag wiederum hatte auf einer Konferenz einen Engländer getroffen, der in Malawi arbeitete und ihm von den märchenhaften Seen dort vorschwärmte. Und weil wir unsere Freunde und Verwandten in Europa besuchen wollten, nahmen wir einen Donau-Trip in unseren großen Plan mit auf. Zufrieden setzten wir uns zurück und gratulierten uns zu unserem genialen Plan. Aber dann tauchte auch schon das leidige Geldproblem auf.

An einem Abend im Februar 1991 stellten wir fest, daß ein solches Projekt unsere finanziellen Möglichkeiten bei weitem überstieg. Abgesehen von den Reise- und Lebenshaltungskosten brauchten wir auch ein neues Boot mit entsprechender Ausrüstung, und zwar von so guter Qualität, daß wir damit monatelang unter den härtesten Bedingungen und in den unterschiedlichsten Klimazonen unterwegs sein konnten. Und dafür reichte unser Geld ganz einfach nicht. Ich weiß nicht, was in diesem Augenblick in Dags Kopf vorging, aber ich fühlte mich plötzlich nach England zurückversetzt, wo ich durch meinen damaligen Freund zehn Jahre lang engen Kontakt zur britischen Bergsteigerszene hatte. Ich hatte die Vorbereitungen für Himalaya-Expeditionen miterlebt, ich hatte Last-Minute-Sponsoring-Verhandlungen am Telefon mitgehört, und ich hatte mit angesehen, wie sich ganze Berge von gestifteten

Ausrüstungsgegenständen auf dem Wohnzimmerboden anhäuften. »Wir machen einfach in Sponsoring«, sagte ich.

Dag starrte mich verständnislos an. »Sponsoring? Wir?«

»Wieso nicht? Oder kennst du vielleicht Leute, die mit dem Kajak in der ganzen Welt rumpaddeln? Wir geben uns einfach als Expedition aus...«

Ich verstummte, als mir klar wurde, daß ich mich schon wieder mal ziemlich vergaloppiert hatte. »Genial«, sagte Dag ehrfürchtig. »Du bist der Boß. Sag mir, was ich tun soll.«

Ich gab damals Englischunterricht für Einwanderer, und eines Tages hatten wir eine Gastlehrerin, die einen Vortrag zum Thema »Sich selbständig machen« hielt. Ann war Anfang Dreißig und ziemlich füllig, und sie redete fast die ganze Zeit nur über Kredite und Geldbeschaffung usw. In der Kaffeepause erzählte ich ihr von unserer Reise und fragte sie, was sie von meiner Sponsoring-Idee hielt.

»Phantastisch!« schrie sie. »Die Multis rennen Ihnen die Tür ein, das garantiere ich Ihnen! Die bezahlen alles, und vielleicht springt sogar noch ein Honorar raus! Sie brauchen mir nur grünes Licht zu geben, dann nehm ich die Sache in die Hand!«

Dag war genauso begeistert wie ich, als ich es ihm erzählte. Am nächsten Nachmittag trafen wir uns mit Ann in einer Weinbar. Sie quasselte pausenlos in ihr Handy, aber zwischendurch machte sie uns klar, daß wir gleich mit den amerikanischen Top-Konzernen anfangen müßten. Ganz zufällig hatte sie eine Liste dieser Unternehmen samt Börsenberichten in ihrer Handtasche. Als erstes sollten wir mit ihrer Hilfe einen Sponsoring-Vorschlag zusammenstellen und an die Top-Manager der Konzerne schicken. »Es kann gar nicht reißerisch und sensationell genug sein«, meinte sie. »Fotos, Karten, Informationen über die Länder, in die ihr reist, und dazu die Gefahren, mit denen ihr konfrontiert werdet. Wir treffen uns am Montag wieder. Dann könnt ihr mir schon mal euren ersten Entwurf zeigen.«

Ihr Telefon klingelte schon wieder, und sie mußte zu einer anderen Verabredung. »Die meisten Berater verlangen hundertundfünfzig Dollar pro Tag«, sagte sie, bevor sie abdampfte. »Aber ich mach euch einen Freundschaftspreis – zehn Prozent von dem, was ihr bekommt, okay?«

Nach ein paar weiteren Drinks wankten wir zu unseren Kajaks zurück. »Also, ich weiß nicht«, brummte Dag, als wir nach Hause paddelten, »das ist nicht unser Stil.«

»Wir sind nun mal in Amerika«, seufzte ich. »Und hier macht man das so.«

Wir brauchten zwei Wochen, bis wir unseren Sponsoring-Vorschlag fertig hatten. Ich legte Ann einen Entwurf nach dem anderen vor.

»Nicht positiv genug«, sagte sie jedesmal.

Sie bestand auf einer Passage, die folgendermaßen anfing: »Ms. Coffey und Dr. Goering sind ein geradezu ideales Paar: jung, erfolgreich, sportlich, attraktiv, mit einem ausgeprägten Sinn für die schönen Seiten des Lebens ...«

»Jung?« sagte ich. »Ich werde nächstes Jahr vierzig.«

»Das sollten Sie lieber für sich behalten.«

Endlich war es soweit. »Weltumrundung mit einem Kajak«, verkündete die Überschrift des Werkes. Es war in glänzendes Plastik gebunden und enthielt eine Projektbeschreibung, verschiedene Kapitel über Marketing und PR, Informationen über die Länder, in die wir reisen wollten, einen detaillierten Kostenvoranschlag und Fotos des »idealen Paars«.

»So langsam wird mir das unheimlich«, sagte ich zu Dag.

»Das hab ich schon vor Wochen gesagt«, knurrte er.

Dann kam der nächste Schritt – die Unternehmen ansprechen. Das erste war American Express.

»Ich seh's schon vor mir«, meinte Ann. »Eine ganzseitige Zeitschriftenanzeige mit einem Foto von euch, wie ihr mit der Kreditkarte zwischen den Zähnen durch haiverseuchte Gewässer paddelt!«

Sie gab mir den Namen und die Telefonnummer eines Top-Managers. Ich atmete zehn Minuten lang tief durch, ehe ich den Hörer abnahm. Und dann war die Leitung eine halbe Stunde lang besetzt. Endlich hatte ich die Sekretärin am Apparat. Sie wollte wissen, worum es ging.

»Da müssen Sie mit dem »usage and retention«-Direktor sprechen«, verkündete sie mir.

»Ach ja?«

»Ich stelle Sie durch.«

Der Promotion-Typ hieß Bill. Zögernd brachte ich mein Anliegen vor.

»Klingt faszinierend, Maria. Schicken Sie mir einen Vorschlag.«

Und das war's – aufgelegt.

Ich wählte Anns Nummer. »Ich hab mit jemand von American Express geredet«, sagte ich. »Er will unsere Mappe sehen.«

»Phantastisch«, schrie sie. »Ich hab doch gewußt, daß sie anbeißen!«

»Er hat aber keinerlei Zusagen gemacht ...«

»Ach was, der dreht durch, wenn er sieht, was ihr ihm zu bieten habt! Aber jetzt erzählen Sie mal – wer war's, und was haben Sie gesagt, und was hat er gesagt?«

Sie hörte zu. Sie war gar nicht zufrieden.

»Sie müssen selbstbewußter auftreten. Und machen Sie sich Notizen bei diesen Gesprächen – flow charts. Damit Sie gleich auf die richtigen Knöpfe drücken können, wenn Sie durchkommen.«

In kurzer Zeit war unser Küchentisch mit Papier übersät. Ab sechs Uhr morgens hingen wir am Telefon und verhandelten mit amerikanischen Großkonzernen. So lernten wir zwar, die richtigen Knöpfe zu drücken, aber gleichzeitig wurde uns auch immer klarer, daß diese Art von Sponsoring nicht das richtige für uns war. Wir wollten ein unabhängiges Abenteuer, hatten es immer gewollt, bevor uns dieses ganze Profitdenken den Kopf verdreht hatte.

Eines Tages redete ich mit einem PR-Manager in New York. »Soll ich Ihnen verraten, was hier alles auf meinem Schreibtisch liegt?« sagte er. »Also, da wäre erst mal der Typ, der mit dem Snowboard vom Kilimandscharo runterfahren will, ein anderer will quer durch Australien laufen, und jetzt auch noch Sie mit Ihrem Kajak! Das ist bloß die Ausbeute von dieser Woche, und dabei haben wir erst Dienstag!«

»Hören Sie«, sagte ich nur, »nehmen Sie unsere Mappe, und werfen Sie sie in den Reißwolf.«

Er lachte dröhnend. »Das ist die richtige Einstellung – gute Reise!«

»Und dafür möchten Sie einen Kredit aufnehmen?«

Die Kredit-Managerin in unserer Bank war eine kleine, schmuckbehängte Frau mit riesigen Schulterpolstern und langen roten Fingernägeln. Unser Abenteuer ließ sie kalt, sie riet uns lediglich, einen Kredit auf unsere Hypothek aufzunehmen, und zwar zu einem Zinssatz, der uns die Haare aufstellte. Wir zogen uns zur Beratung in ein Café zurück.

»Das ist furchtbar viel Geld«, sagte ich. Schweigend rührten wir in unserem Kaffee herum.

»Wir könnten die ganze Sache vergessen«, meinte Dag.

Ich nickte. »Das ist eine Möglichkeit.« Dann schwiegen wir wieder.

»Und?« fragte Dag, als wir den Kaffee ausgetrunken hatten. »Bist du bereit?«

Ja, ich war bereit. Ohne weitere Diskussion gingen wir in die Bank zurück und beantragten den Kredit.

Es war jetzt April, in vier Monaten wollten wir aufbrechen. Wir hingen immer noch ab sechs Uhr früh am Telefon, aber jetzt bemühten wir uns um Produkt-Sponsoring. Die meisten Unternehmen, die wir kontaktierten, waren klein, auf ein Gebiet spezialisiert und sehr interessiert daran, mit unserem Unternehmen in Verbindung gebracht zu werden. Wir bekamen mehr angeboten, als wir annehmen konnten. Mehrmals pro Woche paddelten wir nach Nanaimo, um unsere Pakete einzusammeln. Kleidung traf ein, ein Zelt, Taschenlampen, Energie-Riegel, Kontaktlinsen-Lösungen, Sonnenschutzmittel, Schwimmwesten, Taschenmesser, Leuchtsignal-Ausrüstung und vieles andere mehr. Der Haufen auf unserem Wohnzimmerboden wurde immer größer – ein unheimliches Gefühl, fast so, als sei die Vergangenheit wieder lebendig geworden.

Der wichtigste Teil der Ausrüstung war natürlich ein neuer Kajak. Wir entschieden uns für einen Feathercraft K2, ein High-Tech-Boot mit einem Aluminiumrahmen und einem Rumpf aus Nylon und synthetischem Gummi, das sich in einen Sack von 120 auf 60 cm zusammenfalten läßt. Die Firma Feathercraft hat ihren Sitz auf Granville Island in Vancouver. Wir riefen Doug und Larry, die Besitzer, an und machten einen Termin mit ihnen aus.

Wir nützten die Reise nach Vancouver, um uns mal wieder in Schale zu werfen, und Doug und Larry beäugten uns mißtrauisch, als wir bei ihnen aufkreuzten. Ich reichte ihnen je ein Exemplar unseres neuen Sponsoring-Vorschlags (ohne schrille Superlative und Fotos des »idealen Ehepaars«), mein Buch und einen Artikel von mir, der gerade im Guardian abgedruckt worden war. Sie überflogen beide den Zeitungsartikel.

»Schreiben können Sie ja offenbar ...«, fing Doug an. Als er so vor mir stand und nach Worten suchte, sah ich uns plötzlich mit seinen Augen: zwei blutige Anfänger in schicken Klamotten, die beim bloßen Anblick von Salzwasser vor Schreck sofort eingehen würden... »Aber Sie fragen sich, ob wir auch paddeln können«, beendete ich seinen Satz.

Einen Monat vor unserer Abreise wurde der K2 Feathercraft nach Protection Island geliefert. Vor den Kameras eines regionalen Fernsehsenders bauten wir ihn zum ersten Mal zusammen. Bei Doug und Larry in Vancouver hatte das ganz einfach ausgesehen. Jetzt blätterte ich hektisch im Handbuch herum, während Dag mit Aluminiumrohren und Plastikgestängen kämpfte. Endlich konnten wir zurücktreten und das fertige Produkt bewundern: einen knapp sechs Meter langen, leuchtendroten, brandneuen Kajak. Der Kameramann tätschelte den Rumpf. »Du hast noch viel vor dir, Baby«, sagte er. Und dann zu uns: »Wann soll's denn losgehen?«

»Das wissen wir noch nicht so genau«, antwortete ich. »Wir haben noch keinen Flug gebucht.«

Sein Blick sagte uns, daß es allerhöchste Zeit war.

Wir hatten dieses »nebensächliche« Detail bis zur letzten Minute aufgeschoben, weil wir dachten, daß das eine einfache, klare Sache sei. Aber das war ein Irrtum. Die Leute von den Reisebüros, mit denen wir verhandelten, waren alle kurz angebunden, total gestreßt und stinksauer auf uns. Ein ›Round the world‹-Ticket also«, hieß es erst mal. »Kein Problem. Nördliche oder südliche Halbkugel?«

»Beides.«

»Aha. Dann wird's schon komplizierter. Welche Bestimmungsorte genau?«

Ich ratterte unsere Reiseroute herunter: die Solomon Islands, Indien, Malawi ...

»Das ist nicht einfach um die Welt«, bekam ich zu hören, »sondern rauf und runter und kreuz und quer.«

Tatsächlich war unsere Reiseroute ein gigantisches W, das uns in fünf Kontinente und viermal über den Äquator führen würde. Die

Reisebüro-Leute sagten uns alle, daß sie Stunden brauchen würden, um eine derart komplizierte Route auszuarbeiten.

»Ich mach das für Sie«, erklärte die Unerschrockenste von allen. »Aber nur, wenn Sie mir versprechen, daß Sie dann auch die Tickets bei mir kaufen.«

»Wie kann ich das versprechen, wenn ich gar nicht weiß, was es kostet?«

»Das ist Ihr Problem«, erwiderte sie hochnäsig.

Eingeschüchtert von soviel Unverfrorenheit, sagte ich zu und buchte gleich übers Telefon.

»Und jetzt zu dem Kajak, von dem Sie gesprochen haben«, sagte sie. »Wieviel wiegt er?« Ihr Ton ließ nichts Gutes ahnen. »Wenn Sie nämlich aus den USA raus sind«, fuhr sie fort, »liegt das Gepäck-Limit normalerweise bei zwanzig Kilo. Für jedes zusätzliche Gepäckstück müssen Sie ein Prozent vom Erster-Klasse-Ticket rechnen – pro Kilo, pro Flug.«

Man brauchte kein Mathe-Genie zu sein, um sich auszurechnen, was das bedeutet.

»Aber das geht nicht! Wir schleppen hundertundzwanzig Kilo mit uns rum!« Eine unserer Katzen schielte ängstlich unter dem Sofa hervor, als Dag laut fluchend im Wohnzimmer herumstapfte. »Das heißt, wir müssen für jeden Flug noch mal den Preis für ein Erster-Klasse-Ticket drauflegen!« knurrte er. »Weißt du überhaupt, was das kostet? Das können wir vergessen!«

Wieder einmal kehrte ich in Gedanken nach England zurück, genauer gesagt, nach Heathrow, wo ich mich oft genug von meinem Bergsteiger-Freund verabschiedet hatte. Er hatte immer jemanden beim Flugpersonal aufgetrieben, der in letzter Minute die leidige Gepäckfrage für ihn regelte. Und wenn er das geschafft hatte, warum nicht auch ich? Kurz entschlossen nahm ich den Hörer ab und telefonierte bei den Fluggesellschaften herum.

Zum Glück geriet ich an Bill Duplak, den Quantas-Chef von West-Kanada. Er war begeistert von unserem Abenteuer und sorgte dafür, daß unser Gepäck auf allen Quantas-Flügen kostenlos transportiert wurde. Damit würden wir immerhin bis Hongkong kommen, wo wir auf British Airlines umsteigen mußten.

»Ich will ja nicht unkollegial sein«, meinte er. »Aber die ›Brits‹ sind da vielleicht ein bißchen kleinlich.«

Die ›Brits‹ sagten schlichtweg nein. Ich bettelte, flehte und schmeichelte, aber vergeblich.

»Sie können natürlich unterwegs mit dem Flughafenpersonal verhandeln«, sagte eine besonders schnippische Angestellte, »aber ich glaube kaum, daß Sie viel Erfolg damit haben werden.«

Wir hatten nur noch wenige Wochen Zeit, und unsere »Abhak«-Liste wuchs ins Unendliche. Wir schickten Pakete um die halbe Welt voraus: Kontaktlinsenlösungen, Sonnencremes, Insektenschutzmittel, Ersatzteile für das Boot, Kleidung und Schlafsäcke für die kälteren Gegenden. Wir machten ein Testament und schlossen eine Lebensversicherung ab. Wir suchten geeignete Mieter für unser Haus und fingen an zu packen. Dag, der Tiermediziner ist, stellte einen großen Erste-Hilfe-Kasten für alle nur denkbaren Notfälle zusammen. In einer Tropenklinik ließen wir uns mit Malaria-Pillen vollpumpen und bekamen eine ganze Batterie von Injektionen.

Unsere Freunde luden uns reihum zum Essen ein, und eine besonders treuherzige Seele meinte: »Ich wollte unbedingt noch mal für euch kochen – wer weiß, ob wir uns überhaupt wiedersehen!«

Sie war nicht die einzige, die sich Sorgen machte. Trotz aller hektischen Vorbereitungen konnten wir zu diesem Zeitpunkt nicht weiter sehen als bis zu unserer Ankunft auf den Salomon-Inseln, wo wir unser Boot zusammenbauen und lospaddeln würden – und dann? Wir hatten keinerlei Tropenerfahrung, und wir wußten so gut wie nichts über das Land. Selbst Leute, die im Südpazifik gearbeitet hatten – dasselbe galt übrigens auch für Indien und Afrika –, waren uns keine große Hilfe. Bei unserer Art zu reisen würden wir in Gegenden kommen, die nur wenige Fremde je betreten hatten. So hörten wir zwar einiges über die Sitten und Bräuche des Landes und welche Medikamente wir nehmen mußten, aber was uns dort erwartete, konnte uns niemand sagen.

Achtzehn Monate nach jener unvergeßlichen Taxifahrt waren wir endlich aufbruchbereit.

Bei unserer Abschiedsparty bekamen wir von unseren Freunden ein Buch mit dem Titel »Von einem Hai angegriffen« und eine Karte, auf der sich zwei dicke Krokodile am Strand aalten – umringt von Bootstrümmern, Paddeln und Schwimmwesten. Als der

Abend schon ziemlich weit fortgeschritten war, zogen sie uns mit den wahnsinnigen erotischen Nächten auf, die wir auf warmen tropischen Stränden erleben würden, und sie sagten uns auch gleich, was wir tun mußten, falls wir mittendrin von einem Kroko attackiert würden.

»Immer im Kreis rumrennen!«

»Ihr müßt ihm einen Finger in die Augen bohren.«

»Und denkt dran: Bloß nicht auf einen Baum klettern – Krokos können nämlich auf dem Schwanz stehen!«

Natürlich wollten alle das Boot sehen. Wir bauten es vor versammelter Mannschaft auf, ohne zu ahnen, daß wir solche Zuschauermengen nur allzubald gewöhnt sein würden. Ein paar von unseren Freunden wollten eine Proberunde mit dem Kajak drehen. Schließlich legten wir das Boot auf die Terrasse, und die Party tobte draußen weiter. Die letzten Gäste verließen uns gegen vier Uhr morgens. Ich ging schnurstracks ins Bett, aber Dag wollte bis zur Dämmerung aufbleiben. Um acht Uhr schreckte ich hoch und merkte, daß er nicht bei mir im Bett war. Es dauerte nicht lange, bis ich ihn gefunden hatte. Er saß in der hinteren Sitzluke unseres brandneuen Kajaks und schlief wie ein Murmeltier. Der Seewind wühlte in seinen Haaren, und ein seliges Lächeln lag auf seinem Gesicht.

Ich nahm das für ein gutes Omen.

Unverhoffter Luxus

Die Luft roch nach Sandelholz und Auspuffgasen, und das durchdringende Kreischen und Trillern der Vögel wetteiferte mit dem Lärm der Flugzeugmotoren. Träger mit gelben Blumen hinter dem Ohr schoben schwerbeladene Handkarren über das Rollband zum winzigen Terminal des Nandy Airports.

Ein stämmiger Mann mit dichten, krausen Haaren zupfte mich am Ärmel. »Bester Taxipreis! Kein Trinkgeld!«

Fidschi war der letzte Flughafen vor den Salomonen, den wir mit unserem »Round the world«-Ticket erreichen konnten. Von hier aus mußten wir uns um unseren Anschlußflug selber kümmern. Er ging von Suva ab, das eine halbe Tagesfahrt von Nandi entfernt war.

»Wieviel kostet es bis Suva?« fragte ich den Taxifahrer.

»Billig! Bester Preis, kein Trinkgeld! Ich helfe Ihnen mit dem Gepäck. Wo ist Ihr Gepäck?«

Ich zeigte zu Dag hinüber, der neben unseren beiden großen roten Säcken stand. Der Fahrer hob den Sack mit dem über 100 Pfund schweren Kajak an einem Ende hoch, ließ ihn aber sofort wieder fallen.

»Was ist da drin?« fragte er.

»Ein Boot«, sagte Dag.

»Boote kosten extra.«

»Wieviel?«

»Zehn Dollar«, sagte der Fahrer.

»Zuviel«, protestierte Dag.

»Okay, wieviel Sie sagen?« wollte der Fahrer wissen.

»Fünf Dollar.«

»Hah!« schnaubte der Fahrer. »Sie denken, ich verrückt!«

Dag feilscht mit Begeisterung, aber ich komme mir immer wie ein herzloser Ausbeuter dabei vor. Der Fahrer spürte das offenbar. »Madam«, flehte er, »ich habe eine Frau und fünf Kinder! Sie müssen essen!«

»Es tut mir so schrecklich leid«, murmelte ich zerknirscht.

Er trat gegen einen der Säcke. »Die sind so schwer, sie machen mir kaputt meinen Wagen. Ich nehm sie mit, und ich brauche neue Reifen, neue Federung, neu alles!«

»Okay«, sagte Dag. »Treffen wir uns in der Mitte. Sieben Dollar, oder ich such mir ein anderes Taxi.«

»Hah, dann suchen Sie nur, suchen Sie!«

»Paß auf das Gepäck auf, Maria«, sagte Dag und marschierte auf ein paar wartende Taxis zu.

»Nein, nein, kommen Sie zurück!« schrie der Fahrer und rannte ihm nach. Ich starrte auf die ausgebeulten Säcke und fragte mich düster, wozu wir eigentlich diesen ganzen Krempel in der Weltgeschichte herumschleppten. Doch plötzlich kam Dag mit dem Fahrer zurück. Sie lachten und schüttelten sich die Hände, und ein paar Minuten später waren wir samt unserem Gepäck auf dem Weg nach Suva.

Wir fuhren über die Insel Vita Levu, an verdorrten Hügeln und saftiggrünen Zuckerrohrfeldern vorbei. Überall voll behängte Wäscheleinen vor armseligen Baracken aus Ästen und Wellblech. Männer stolzierten im Schatten grellbunt gestreifter Sonnenschirme herum, Frauen trugen Bündel mit Feuerholz auf dem Kopf. Wir hielten an einem Straßenstand und kauften grüne Kokosnüsse bei einem barfüßigen Jungen. Er köpfte sie mit einer riesigen Machete, damit wir die süße, erfrischende Milch trinken konnten, dann schnitzte er kleine Löffel aus der Schale, mit denen wir das weiche, gallertartige Fruchtfleisch herausschabten.

»Davon könnte ich leben«, sagte ich begeistert.

»Du wirst es wahrscheinlich müssen«, konterte Dag.

Wir brauchten über eine Stunde, als wir die eine Meile vom South Seas Hotel bis zum Büro der Fluggesellschaft im Zentrum der Stadt gingen. Es war unsere erste Begegnung mit den Tropen, und wir waren wie zwei Dreijährige, die mit großen, staunenden Augen herumliefen und alle paar Sekunden anhielten, um eine neue Entdeckung zu bewundern: riesige violette Bananenbüschel, die an schwerbeladenen Stauden hingen, Bäume voller Papayas, Straßen, die mit Frangipani- und Hibiskusblüten übersät waren. Der Boden war rot und feucht, die Luft schwer von fremden Gerüchen, die Vegetation saftig, üppig und geradezu unanständig fruchtbar. Kein Wunder, daß die Tropen so ein sexy Image haben, sagten wir uns, obwohl uns jegliche Fleischeslust abhanden kam, sobald wir in unser feuchtschwüles, zellenartiges Hotelzimmer zurückkehrten, das wir mit einer ganzen Sippe von glänzend braunen Kakerlaken teilen mußten.

Wir rafften uns aber trotzdem zum Essen auf und genehmigten uns ein spätes Mittagessen an Jake Tuleles Imbiß-Wagen. Jake hatte eine nußbraune Haut, nackte Füße und einen kultivierten britischen Akzent. Er war zwar in Fidschi geboren und aufgewachsen, aber er hatte vierzehn Jahre lang in England gelebt, wo er bei der Royal Air Force gearbeitet und nebenher an der London School of Business studiert hatte. Sein umgebauter Caravan war grellbunt mit Taro-Blättern, Fallschirmen und Nautilus-Muscheln bemalt, und dazwischen prangten Slogans wie »We serve with speed to your delicate taste. To the caravan with haste!« (Köstlich, billig und schnell wie der Wind – kommt zum Caravan geschwind!) Der gebratene Fisch, den er uns vorsetzte, schmeckte wirklich köstlich, aber die gebackene Taroknolle war pappsüß und so klebrig und ungenießbar wie Tapetenkleister.

»Ich kann das nicht essen«, flüsterte ich Dag zu und ließ das Zeug auf den Boden fallen, wo sich ein paar ausgehungerte Katzen darüber hermachten.

Wir erzählten Jake, daß wir mit dem Kajak um die Salomon-Inseln paddeln wollten.

»Das ist ja ein tolles Abenteuer«, sagte er. »Obwohl es da ziemlich primitiv sein soll. Kaum jemand geht dorthin.«

Bei der Fluggesellschaft bekamen wir dasselbe zu hören.

»Es gibt nicht viele Touristen auf den Salomon-Inseln«, sagte uns die Frau dort. »Deshalb sind die Flüge auch so teuer.«

Wir schluckten, als sie uns den Preis nannte – er lag weit über unserem Budget. Niedergeschlagen kehrten wir ins South Seas Hotel zurück. In den Rattansesseln auf der Veranda fläzten sich zwei junge Engländer. Der eine trug zerrissene Shorts und blonde Dreadlocks, der andere hatte einen kahlrasierten Kopf und einen Ring in der Nase.

»Ich hab letzte Woche auch versucht, auf die Salomonen zu kommen«, sagte der mit dem Nasenring mitleidsvoll. »Ich hab mich für einen Job auf einer Yacht beworben, aber der reiche Stinker, dem sie gehört, wollte mich nicht nehmen.«

Dag und ich tauschten einen Blick aus. »Wo war die Yacht?« fragten wir ihn.

»Latoka Marina, in der Nähe von Nandi«, sagte er und wischte sich die Nase mit dem Handrücken ab. »Vielleicht ist sie noch da, so wählerisch, wie die sind – die lassen nicht jeden an Bord.«

Vierundzwanzig Stunden später waren wir in Latoka, einer ziemlich trostlosen Zuckerfabrik-Stadt, und auf dem Weg zum Yachthafen. Bevor wir dorthin kamen, brach plötzlich ein tropisches Unwetter über uns herein, und in wenigen Minuten war die Hauptstraße ein einziges Schlammbad, in dem die Frösche herumhüpften. Wir hatten keine Lust, wie zwei ertrunkene Ratten am Hafen aufzukreuzen, und suchten nach einem Unterschlupf.

»Hier herein«, rief uns eine Frau von ihrer Türschwelle aus zu. »Kommen Sie und trinken Sie Tee bei mir.« Sie trug einen leuchtend scharlachroten Seidensari, und ihre grauen Haare waren straff zurückgekämmt und zu einem Knoten geschlungen. Über ihr hing ein Schild an einem Bambuspfahl. Es verkündete in kindlichen Schriftzügen:

S. S. Mudalier's
Sarghändler und Erfrischungsbar

Wir traten in einen engen, düsteren Raum mit roten Backsteinwänden und einem quietschenden Deckenventilator. Ein Tisch und drei Stühle standen neben der Tür. An der Rückwand thronten mehrere Särge auf roh gezimmerten Holzgestellen; mit dem mattschwarzen Anstrich und den stumpfen Messinggriffen sahen sie so leicht und unwirklich aus wie Bühnenrequisiten.

»Willkommen!« rief Mrs. Mudalier und schenkte uns ein goldblitzendes Lächeln. »Ich mache Ihnen heißen Tee mit Brot und Butter, sehr gut!«

Während sie den Kerosinofen in Gang brachte, erzählte sie uns, daß sie in Fidschi geboren und ein Abkömmling jener indischen Arbeitssklaven war, die einst hierher verschleppt worden waren, um in den Zuckerrohrfeldern zu schuften. Das Sarggeschäft war seit vielen Jahren in der Familie ihres Mannes, und sie selbst hatte vor kurzem die »Erfrischungsbar« eröffnet.

»Verkaufen Sie viele Särge?« fragte ich.

»Ja! Ja! Die Leute sterben immer, und das ist gut für uns.« Sie reichte jedem von uns eine Tasse süßen, milchigen Tee und stellte eine Platte mit hellen, gebutterten Brötchen vor uns hin. Während wir aßen, ging sie im Zimmer auf und ab, zupfte an ihrem Sari herum und bombardierte uns mit Fragen. Wo wir herkämen? Was unser Beruf sei? Warum wir in Latoka waren?

»Wir sind auf dem Weg zum Hafen«, erzählte ihr Dag. »Wir suchen eine Mitfahrgelegenheit auf die Salomon-Inseln.«

Aber ich merkte, daß sie gar nicht hinhörte. »Haben Sie unverheiratete Brüder?« fragte sie.

»Dag hat einen«, sagte ich.

»Ist sehr schwer, einen guten Mann für meine Tochter zu finden«, vertraute sie uns an. »Sie ist sechsundzwanzig und sehr klein. Aber sie ist ein gutes Mädchen. Ist Ihr Bruder groß? Was hat er für einen Beruf?«

»Er baut Klaviere«, sagte Dag und fügte hinterlistig hinzu: »Aber ich bin sicher, daß er auch Särge machen könnte.«

»Sehr gut! Sehr gut! Mein Mann wird alt, er braucht Hilfe. Haben Sie ein Foto von Ihrem Bruder?«

Als ich merkte, wie ernst es ihr war, suchte ich schnell nach einer taktvollen Ausrede. »Er hat eine Freundin...«, fing ich an.

»Ich weiß, ich weiß«, sagte Mrs. Mudalier traurig. »In Kanada haben alle netten großen Männer schon eine Freundin. Sie interessieren sich nicht für meine arme, kurze Tochter. Möchten Sie noch Tee?«

Nach der fünften Teerunde ließ der Regen endlich nach, und wir brachen wieder zum Hafen auf. Ungefähr dreißig Yachten lagen dort vor Anker. Ein großer blonder Mann studierte die Anschlagtafel, und als wir unseren Zettel mit der Aufschrift »Zwei Köche und ihr Kajak suchen Überfahrt auf die Salomon-Inseln« anhefteten, schaute er uns aufmerksam an, sagte aber nichts.

»Und was machen wir jetzt?« fragte ich Dag.

»Gar nichts – morgen wiederkommen«, meinte er.

Der blonde Mann räusperte sich. »Ich bin Soren, Skipper auf der Swedish Caprice«, sagte er und hielt uns seine Hand hin. »Wir fahren auf die Salomon-Inseln, und unser Koch ist in Urlaub. Könnt ihr jetzt gleich zu einem Interview an Bord kommen?«

Am nächsten Morgen in aller Frühe verschwand der rote Sack mit unserem Kajak im geräumigen Bauch der Swedish Caprice. Während Soren das Schiff aus dem Hafen steuerte, führten uns Ole und Gael, die beiden anderen Crew-Mitglieder, in unserem neuen Zuhause herum.

Es war fünfundzwanzig Meter lang, die Decks waren aus Teakholz und die Innenwände mit glänzend poliertem Mahagoni verkleidet. Es hatte ein vollautomatisches Navigationssystem, elektronisch steuerbare Segel, ein Faxgerät, einen Tauch-Kompressor, einen Wasserentsalzer, zwei Kühlschränke, zwei Tiefkühltruhen, eine Waschmaschine mit Wäschetrockner, ein Videogerät und einen CD-Player mit riesigen Boxen, die über das ganze Schiff verteilt waren.

»Sie gehört einem schwedischen Geschäftsmann«, erklärte Gael. »Wir segeln sie für ihn um die Welt. Er kommt nur alle paar Monate mal an Bord.«

Sie machte die Tür zu einer Kajüte mit Doppelkoje auf. »Hier schlaft ihr.«

»Oh, schau mal, wir haben sogar ein eigenes Badezimmer«, rief ich begeistert und starrte auf das Marmorwaschbecken mit den glänzenden Messinghähnen. »Und hier die Betten in der Wand!«

»Das sind Hundekojen, Maria«, zischte Dag mir zu.

Ole lächelte. »Du bist wohl noch nicht oft gesegelt«, sagte er.

»Nur in einem Kajak«, gab ich zu.

»Das hier ist viel einfacher«, tröstete er mich, »du wirst schon sehen.«

Oben auf dem Deck erwartete uns eine neue Überraschung. Wir kreuzten an winzigen Palmeninselchen mit blendendweißen Sandstränden vorbei. Wo die umliegenden Riffs auftauchten, färbte sich das Wasser von Aquamarinblau zu Gletschergrün, und es sah aus, als sei es von unten her angestrahlt. Uns fiel vor lauter Staunen der Kiefer herunter. »Das ist ja Wahnsinn!« rief ich.

»Was?« fragte Soren.

»Das da«, sagte ich und schwenkte meine Arme herum. »Es ist ganz genau so, wie man sich die Südsee immer vorstellt ...«

»Richtig kitschig«, warf Dag ein.

»...wie auf einem Touristenposter!«

Soren kratzte sich nachdenklich am Kopf. »Ich bin schon zu lange hier«, meinte er. »Für mich ist das ganz normal.«

Bald war kein Land mehr in Sicht, und es gab nichts mehr zu sehen, außer ab und zu einen Schwarm fliegender Fische. Die Passatwinde füllten die Segel und schoben uns mit stetigen zwölf Knoten vor sich her. Soren, Ole und Gael wechselten sich auf Deck ab, und Dag und ich kochten drei Mahlzeiten pro Tag. Wir hielten uns an unsere altbewährte Team-Arbeit: Ich putzte und schnippelte das Gemüse und machte hinterher den Abwasch, und Dag übernahm den kreativen Teil. Er ist ein phantastischer Koch, und er kann aus den armseligsten Zutaten die köstlichsten Mahlzeiten zaubern, was uns bei unseren Kajaktrips immer sehr zugute gekommen ist. Auf der Swedish Caprice konnte er aus dem vollen schöpfen – die Tiefkühltruhen waren mit Fleisch, Fisch und Gemüse vollgestopft, die Schränke mit Päckchen und Dosen, und im Kühlschrank lagerte eine ganze Batterie edler französischer Weine.

»Wir fangen lieber mit was ganz Einfachem an«, meinte Dag, als wir unser erstes Abendessen in Angriff nahmen. Nun mag es ja sein, daß ein Coq au vin an Land relativ einfach zuzubereiten ist, aber in einer Schiffskombüse, unter vollen Segeln, ist das eine ganz andere Sache. Wir hatten beide noch nicht raus, wie man sich aufrecht hält, wenn sich das Schiff auf die Seite legt, und so stolperten wir hilflos herum, während Dag das Hähnchen zu tranchieren versuchte und ich an meinen Zwiebeln herumsäbelte. Der Pazifik warf sich schäumend gegen das Bullauge über dem Herd, und bald wurde uns ziemlich schwindlig.

»Na, wie läuft's bei euch?« fragte Soren, als er an der Kombüse vorbeikam – er hielt sich mühelos aufrecht.

»Bestens, bestens«, krächzten wir im Chor.

Ein paar Sekunden später prallte eine besonders heimtückische Welle mit voller Wucht gegen das Schiff, und die Swedish Caprice fing wild zu schlingern an. Die Hähnchenteile ergriffen die Flucht, die Schranktür spuckte Gewürzgläser, Saucenflaschen und eine große Mehltüte aus. Die Tüte zerplatzte auf Dags Rücken, und ich wurde in Sorens Arme geschleudert, der noch von Glück sagen konnte, daß ich ihm nicht mein scharfes Küchenmesser in den Hals rammte.

Wunderbarerweise war die Crew trotzdem mit unserem Essen und unserer Gesellschaft zufrieden. Soren meinte sogar, wir sollten die Salomonen links liegen lassen und bis zu den Philippinen mitfahren, wo der Besitzer an Bord kommen würde. Das Angebot war verlockend, besonders wenn wir abends im lauen Wind an Deck saßen und Wein tranken, eingelullt vom Knarren der Takelage und vom Klatschen der Wellen, und den Geschichten unserer neuen Freunde lauschten. Sie waren alle mehr oder weniger zufällig in dieses Leben gestolpert. Gael hatte einem Freund geholfen, ein funkelnagelneues Boot an seinem Bestimmungsort abzuliefern.

»Wir sind fünf Monate lang von Frankreich nach Mauritius gesegelt«, sagte sie. »Und sobald ich dort war, bin ich auf einem anderen Schiff angeheuert worden. Es hat zwei Jahre gedauert, bis ich wieder in Frankreich war.« Nun befand sie sich auf ihrem zweiten großen Segeltörn. Und wieder war sie schon zwei Jahre von zu Hause weg, »aber diesmal weiß ich nicht, wann ich zurückkomme«.

Soren hatte in Schweden Architektur studiert, aber er wollte erst noch ein bißchen in der Welt herumsegeln, bevor er sich beruflich festlegte. Er hatte sich für eine Atlantik-Überquerung anheuern lassen, und mittlerweile waren zehn Jahre vergangen, und er hatte es immer noch nicht geschafft, nach Schweden zurückzukehren und Häuser zu bauen. Ole sollte die Autowerkstatt seines Vaters in Dänemark übernehmen, »aber ich schiebe es immer wieder auf. Zu Hause herumhängen und Autos verkaufen, das kann ich mir nach all dem hier einfach nicht mehr vorstellen.«

Auch wir konnten uns kaum noch vorstellen, daß wir dieses bequeme Luxusleben gegen monatelange Strapazen eintauschen sollten. Aber der Kajak im Bauch der Swedish Caprice zerrte an unserem Gewissen. Schließlich holten wir ihn heraus; wir bauten ihn auf und banden ihn an der Reling fest. Ich lehnte mich dagegen, wenn ich meine Notizen machte, und ich konnte buchstäblich spüren, wie enttäuscht er von mir war.

Nach fünf Tagen auf hoher See erreichten wir die Insel Efate in Vanuatu. Port Vila, der Yachthafen, wimmelte von Schiffsmasten mit australischen, neuseeländischen, britischen, französischen und amerikanischen Flaggen. Und in dem strohgedeckten, offenwandigen Clubhaus drängten sich die Besitzer – die »Yachties«, wie sie sich nannten. Sie strahlten soviel unbekümmerte Lebensfreude aus, daß es schon fast an Borniertheit grenzte. Sie schienen sich alle untereinander zu kennen, und es gab pausenlos lautstarke Begrüßungsszenen mit viel Hallo und Schulterklopfen. Und weil gerade »Happy Hour« war, schütteten sie einen Drink nach dem anderen in sich hinein. Eine einheimische Band grölte westliche Pop-Songs in die Menge, und nach wenigen Minuten war die kleine Tanzfläche gerammelt voll, und ich mittendrin – Ole hatte mich hineingezerrt.

»Hast du schon mal *kava* probiert?« brüllte er, während wir im Takt zu der Musik herumhüpften.

»Ja, einmal, in Fidschi«, schrie ich zurück. »Ich hab nicht viel gemerkt.«

Kava ist ein mild narkotisierendes Getränk, das aus den Wurzeln des Pfefferstrauchs gewonnen wird. »Das Zeug hier ist das stärkste im ganzen Pazifik«, behauptete Ole. »Und weißt du, warum? Die Wurzeln werden von unberührten Knaben gekaut.«

Einer der Yachties war zu der Band auf die Bühne geklettert. »I wanna sing ›Rawhide‹ – den Peitschenschlag!« bellte er ins Mikrophon.

Die Menge johlte begeistert.

»Los, bringt mir eine Peitsche!« kommandierte er.

Es war höchste Zeit, abzuhauen und sich irgendwo ein bißchen Kava zu besorgen.

Ein Taxi brachte Dag, Ole und mich aus Port Vila hinaus, an Zuckerrohrfeldern und Bananenplantagen vorbei. Nach fünfzehn Minuten Fahrt bogen wir in einen Feldweg ein und parkten vor einem wellblechgedeckten Schuppen. Drinnen stand ein Mann hinter einem Tisch mit einem großen Kessel, einem Stapel Kokosnußschalen und einer Geldkassette. Ein paar Sturmlampen hingen von der Decke, aber die wenigen Gäste saßen zusammengekauert in den dunklen Ecken.

»Kava macht total licht- und geräuschempfindlich«, flüsterte Ole.

Einer der Gäste schlurfte zur Theke hinüber, schüttete eine halbe Kokosnußschale voll Kava in sich hinein und wankte wieder in seine Ecke zurück. Es gab keine Unterhaltung, man hörte nichts als Räuspern, Husten und Spucken im Raum. Niemand nahm die geringste Notiz von uns. Ich setzte mich, während Dag und Ole zum Ausschank gingen. In dem trüben Licht, unter der niedrigen Decke und neben dem kleinen Vanuatu-Barmann sahen die beiden lächerlich groß aus, wie zwei überlange Schatten. Sie kamen mit drei randvollen Kokosnußschalen zurück. Ich warf auf meine einen mißtrauischen Blick und nippte vorsichtig daran. Das Getränk war ziemlich dickflüssig, und im Gegensatz zu dem erfrischenden Kava auf Fidschi hatte es einen unangenehmen, säuerlichen Nachgeschmack.

»Und was ist mit Hepatitis?« flüsterte ich Dag zu.

»Du glaubst doch nicht im Ernst, daß im Hinterzimmer ein paar kleine Jungen sitzen und die Wurzeln kauen?« sagte Dag, aber ich sah, daß er zögerte, bevor er seine Portion hinunterkippte. Nach ein paar Sekunden fühlten sich meine Lippen und meine Mundhöhle ganz taub an, dann wurden meine Augenlider und Beine schwer. Ich wollte lieber nichts mehr davon, aber meine beiden Gefährten waren bald bei der dritten Runde angelangt. Als Ole zum viertenmal nachfaßte, schwankte er bereits und mußte sich an der Theke festhalten, während der Barmann das Kava einschenkte. Dag hatte neben mir zu husten und zu spucken angefangen; er saß vornübergebeugt da, die Ellbogen auf die Knie gestützt.

»Ich glaube, wir sollten jetzt gehen«, flüsterte ich ihm zu.

»Das Zeug ist phantastisch«, murmelte er zurück.

Zum Glück schwenkte der Barmann im selben Moment den Kessel herum, um zu zeigen, daß er leer war, und ich führte die schlurfenden Männer zu unserem Taxi hinaus.

Im Yachtclub war die Stimmung mittlerweile ziemlich desolat. Die Band war verschwunden, und der Peitschen-Typ spielte Mundharmonika für die wenigen Paare, die noch auf der Tanzfläche herumhüpften. Der Rest unserer Mannschaft war nirgends in Sicht. Um vom Dock zur Swedish Caprice zu kommen, mußten wir auf einer drei Meter über dem Wasser schwebenden Planke entlangbalancieren. Es war schon bei Tag schlimm genug, aber nachts im Dunkeln, von Alkohol und Kava umnebelt, war es eine echte Zerreißprobe. Zum Glück kamen wir trotz einiger wackeliger Augenblicke heil hinüber. Jemand anders hatte allerdings nicht soviel Glück gehabt. Unter Deck brannten alle Lichter, und die Stereo-Anlage lief in voller Lautstärke. Eine feuchte Spur aus Pfützen und Fußabdrücken führte zu unserer Kajütentür. Drinnen lag ein Haufen klatschnasser Kleider auf dem Boden, und zwei Crew-Mitglieder von einem anderen Boot hatten sich in unserer Koje zusammengerollt. Gael war nirgends zu sehen, und Sorens Kajütentür war abgeschlossen. Dag und Ole waren mittlerweile auf den Sofas im Saloon weggesackt und schnarchten mit weit offenem Mund vor sich hin.

Ich holte eine Flasche Wein aus dem Kühlschrank, schenkte mir ein Glas ein und ging damit auf Deck. Gleich hinter dem Hafengelände lag ein offener Markt. Die Leute von den umliegenden Inseln kamen hierher, um ihre Produkte zu verkaufen. Die meisten konnten sich kein Zimmer für die Nacht leisten und schliefen auf Säcken neben ihren Bündeln mit Früchten und Gemüse. Von meinem Platz aus sah ich ein paar Frauen, die Seite an Seite auf dem Boden lagen. Eine Katze rieb sich an ihren nackten Füßen und ignorierte die langschwänzigen Ratten, die überall herumhuschten. Ich brütete eine Weile darüber nach, wie grotesk das doch alles war: Da kam ich aus einer schmuddeligen Kava-Kaschemme auf diese Luxus-Yacht zurück, wo ich gemütlich an Deck sitzen, französischen Wein trinken und auf die Frauen hinunterschauen konnte, die so arm waren, daß sie sich nicht einmal ein Dach über dem Kopf leisten konnten. Ich fühlte mich auf einmal ziemlich unbehaglich. Ich ging nach unten, suchte mir eine leere Koje und flüchtete mich in den Schlaf.

Am nächsten Morgen herrschte Katerstimmung auf der Swedish Caprice, und es dauerte seine Zeit, bis die falschen Leute verschwunden und die richtigen wieder aufgetaucht waren. Schließlich versammelten wir uns zu einem späten Frühstück an Deck und plauderten mit den Leuten auf den Booten, die rechts und links von uns vor Anker lagen. Das eine gehörte einem Kalifornier, der sein Vermögen am Börsenmarkt gemacht hatte, das andere einem australischen Ehepaar. Zehn Jahre lang hatten sie auf die Yacht gespart, mit der sie jetzt in der Welt herumsegelten. Sie verrieten uns, wo man am besten einkaufen konnte, und beschwerten sich, daß es hier keine gut gefüllten, voll klimatisierten Supermärkte gab wie in Latoka oder Honiara. Auf dem Markt war es mittlerweile lebendig geworden – Frauen stapften auf breiten, nackten Füßen herum und balancierten Körbe mit Ananas und Papayas auf den Köpfen; andere saßen auf dem hartgebackenen Lehmboden, neben sich riesige Bananenblätter, auf denen sie fein säuberlich Taroknollen ausgebreitet hatten. Hühner schmachteten in Bambuskäfigen, zwischen Buden eingequetscht, die allen möglichen Touristennepp anboten – *sulus* und Schnitzereien und »Baströcken« aus recyceltem Plastik.

»Ein toller Kajak«, rief der Kalifornier herüber, als ich das Geschirr abräumte. »Wie viele Meilen hat der denn schon hinter sich?«

»Ungefähr fünf«, sagte ich. Er hielt es für einen dummen Witz.

Von Port Vila segelten wir nach Espiritu Santo, der größten Insel in Vanuatu, und legten in einer Bucht an, die ringsum von dichtem Dschungel eingeschlossen war. Es war ein unheimlicher, düsterer Ort und unerträglich heiß. Der Himmel war schwer von Kumulus-Wolken, und während der immer wiederkehrenden Regenschauer klatschten dicke Regentropfen auf die flache, glatte, graue See.

Zum ersten Mal seit vielen Jahren war Dag krank. Er hatte sich eine böse Erkältung geholt und lag schniefend und niesend in unsrer Kajüte, während der Rest der Mannschaft beim Abendessen auf Deck saß. Wir waren gerade beim Nachtisch, als zwei Männer in einem Einbaum angepaddelt kamen. Sie hatten nichts an außer ihren zerlumpten Shorts. Unten in ihrem Boot lagen ein paar kleine Papageienfische. Wir riefen ihnen Grüße zu, aber sie starrten uns nur mit unbewegten Gesichtern an. Als ich sie davonpaddeln sah, verwandelte sich mein Unbehagen in eine plötzliche Erkenntnis: Ich wollte an einsamen Stränden zelten und über einem Lagerfeuer kochen, und nicht zwischen Leinenlaken schlafen und von Porzellantellern essen. Ich spürte, daß die Swedish Caprice mit ihrem Luxus und Reichtum eine unüberwindliche Barriere zwischen mir und dem Land errichtete, durch das ich reisen wollte. Nachts im Bett vertraute ich Dag meine Gefühle an.

»Unser Kajak wird den Leuten hier genauso fremd vorkommen«, meinte er.

»Ja, aber ich fühle mich nicht so schlecht dabei«, beharrte ich schwach.

Die Krankheit hatte Dags Optimismus ausgehöhlt. »Vielleicht sehnst du dich noch mal nach der Swedish Caprice zurück ...«, brummte er düster.

Nachts träumte ich von malariaverseuchten Sümpfen, von Haien und Krokodilen und von gräßlichen Insekten, die mir über den ganzen Körper krabbelten. Kurz vor Tagesanbruch schreckte ich hoch und stellte fest, daß ich eine Blasenentzündung hatte. Dag schwitzte vor Fieber.

In den nächsten fünf Tagen stieg Dags Temperatur stetig an, und ich wurde zu meiner Blasenentzündung auch noch seekrank. Gael übernahm die Küche, während ich mich an Deck schleppte und wild entschlossen auf den Horizont starrte, um im nächsten Moment wieder aufzuspringen und zur Toilette hinunterzustürzen. Ich konnte keine Antibiotika bei mir behalten, und am dritten Tag entdeckte ich Blut im Urin. Dags Fieber wurde immer schlimmer, und er hustete fürchterlich. Am Morgen des vierten Tages schauten wir aus unserem Kajütfenster und sahen den südlichsten Zipfel der Salomon-Inseln vorübergleiten. Monatelang hatten wir die 900 Meilen lange Inselgruppe auf Karten studiert und uns vorzustellen versucht, wie sie wohl aussah. Die Wirklichkeit überstieg alle unsere Erwartungen: Üppiger, dichter Dschungel hüllte die steilen Berghänge ein, Nebelschwaden hingen in den Tälern, und an den gelben Stränden standen Blätterhütten auf Pfählen über dem Wasser. Eine Gruppe von Pilot-Delphinen tauchte aus dem Wasser auf, und Schmetterlinge, so groß wie Handteller, segelten vorüber. Wir starrten fast eine Stunde lang aus dem Bullauge, dann legten wir uns zurück und lächelten wehmütig über die Ironie des Schicksals. Da waren wir nun, am ersten Schauplatz unseres großen Abenteuers, und wir schafften es kaum, aus unserer Koje herauszuklettern!

Krankenhaus-Horror

»Ihre Körper sind sehr heiß«, verkündete Dr. Pimbo Ogatuti. Nachdem er unsere Stirn gefühlt und sich die Litanei unserer Beschwerden angehört hatte, entwirrte er eines der drei Stethoskope, die um seinen Hals hingen, und hörte Dags Brust ab. »Wie lange wollen Sie in Honiara bleiben?« fragte er. Nicht länger als unbedingt nötig, war die Antwort, obwohl wir es natürlich ein bißchen taktvoller auszudrücken versuchten.

Was wir bisher von Honiara, der Hauptstadt der Salomonen, gesehen hatten, war nicht gerade verlockend. Die Hauptstraße war unerträglich heiß und feucht und von trostlosen Läden gesäumt. Horden von wild aussehenden jungen Männern lungerten davor herum. Sie waren klein und muskulös, hatten dichtes, buschiges Haar und bloße Füße. Ihre Wangen waren mit Betel vollgestopft, ihre Lippen und Zähne rostbraun verfärbt, und das Straßenpflaster um sie herum war mit rotem Speichel gesprenkelt. Wie so viele waren sie in Honiara gestrandet, magisch angezogen von einer Stadt, in der es nur eine Ampel und einen Lift gab, die ihnen aber, verglichen mit ihren abgelegenen Dörfern, geradezu als der Gipfel des Fortschritts erscheinen mußte. Wir ernteten ein paar mißtrauische Blicke, als wir auf dem Weg zum Arzt an den Männern vorbeistolperten. Das war auch nicht weiter verwunderlich: Touristen sind ein ziemlich ungewohnter Anblick in Honiara, erst recht zwei so kränklich aussehende Exemplare wie wir.

Wir erzählten Dr. Ogatuti, daß wir drei Monate lang bei den Salomonen paddeln wollten und deshalb so schnell wie möglich wieder fit sein mußten.

»Könnten wir vielleicht ein paar Tests machen ...?« fing Dag an.

»Ach, Tests, dumme Tests! Ist nicht nötig«, rief der Doktor und schrieb jedem von uns ein Rezept aus. »Bald können Sie mit Ihrem Boot fahren.« Genau das hatten wir natürlich hören wollen.

Vor dem Mendana-Kitano-Hotel parkten mehrere Minibusse, aus denen ganze Trupps von ältlichen Japanern und Amerikanern hervorquollen – Veteranen aus dem Zweiten Weltkrieg, die hierhergekommen waren, um die Orte zu besichtigen, an denen sie sich einst erbitterte Schlachten geliefert hatten. In der offenen Empfangshalle saßen lilienweiße australische Geschäftsleute in Shorts und langen weißen Socken. Sie tranken Bier und studierten uralte Ausgaben des »Sidney Herald«. »Der Laden hier ist verdammt teuer«, warnte uns einer. »Aber alle anderen Hotels sind die reinsten Kloaken.«

Das war leider keine Übertreibung, wie wir bald feststellen mußten, als wir per Taxi die Handvoll Touristenunterkünfte in Honiara abklapperten. Wir trösteten uns damit, daß es ja nur für ein paar Tage war, und checkten in das Mendana Kitano ein. Von unserem Balkon aus schauten wir zu, wie die Swedish Caprice die Anker lichtete, aus dem Hafen hinaussteuerte und nach Norden davonsegelte. Traurig winkten wir unseren Freunden nach.

»Hör dir das mal an«, sagte Dag und las mir einen Abschnitt aus der örtlichen Zeitung vor. »Das Kilu'ufi-Hospital bestätigt jetzt unsere Meldung, daß in einem Garten in Krankenhausnähe ein amputiertes Bein gefunden wurde. Das Bein ist vermutlich von einem Hund aus dem Verbrennungsofen gestohlen worden, bevor es sachgerecht entsorgt werden konnte.«

Wir schworen uns schaudernd, daß wir keinen Fuß über die Schwelle dieser Grusel-Klinik setzen würden. Zwei Tage später hatte Dag konstant vierzig Grad Fieber, und ich hatte solche Nierenschmerzen, daß ich mich kaum noch aufrecht halten konnte. Wir hatten also gar keine Wahl.

Eine mißmutige Pförtnerin saß hinter einem verstaubten Glasfenster. »Sie müssen zu Dr. O'Brien«, sagte sie. »Gehen Sie durch die Notaufnahme und dann um die Ecke.«

In der Station gab es ungefähr zehn Betten mit zerknitterten grauen Laken. Ein Mann krümmte sich vor Schmerzen, drei kleine Kinder kauerten ängstlich zusammen, ein paar Frauen lagen da mit ihren Babys an der Brust. An einem Tisch saß ein Halbwüchsiger und hielt laut stöhnend seinen Arm. Nirgends war ein Arzt oder eine Krankenschwester in Sicht.

Wir setzten uns in der prallen Sonne auf eine Bank und warteten, daß wir an die Reihe kamen. Neben uns saß eine junge Mutter mit ihren beiden Kindern. Sie hatten struppiges, strohblondes Haar und Narbenmuster auf ihren braunen Wangen. Alle drei schauten uns mitleidig an.

»*Youpelas sick?*« fragte die Frau schüchtern. »Ihr krank?«

»Ja«, sagte ich. »Fieber.«

»Fiebi?« Sie nickte weise. »*Youpelas plenti sick* – ihr viel krank.«

Dr. O'Brien war Ire und ziemlich kurz angebunden. Er verschrieb mir ein anderes Medikament, winkte ungeduldig ab, als Dag von Sputum-Tests und Röntgenaufnahmen anfing, und schickte ihn zur Blutuntersuchung ins Labor. Als wir die Treppe hinuntergingen, eilte eine weißgekleidete Frau mit einem Karton voller Blutproben an uns vorbei. Eines der Glasröhrchen war umgefallen, und das Blut lief ihr über die Hände und tropfte durch den Boden der Schachtel hindurch.

Dag mußte seine Blutprobe ins Malaria-Labor bringen. »Folgen Sie den Pfeilen«, hatte man ihm gesagt. Die Pfeile führten uns wieder die blutbefleckte Treppe hinunter und eine schmierige Wand entlang zu einem Fenster, das mit einem Brett verbarrikadiert war. »Klopfen und warten« stand darauf.

Wir klopften und warteten. Das Brett glitt zur Seite, eine Hand kam aus dem Dunkel hervor und packte Dags Glasröhrchen. »Fünfzehn Minuten!« verkündete eine körperlose Stimme.

Vorsichtig stiegen wir über eine offene Abflußrinne mit rotem Wasser, Schleim und aufgeweichten Kartonschnipseln und betraten das »Wartezimmer«, ein Stück Eisenblech auf Zementpfosten. Ringsherum wucherten riesige Orchideen, ihre gelben Blüten zitterten im Wind.

»Mr. Goning!«

Eine Hand streckte ein weißes Blatt aus dem dunklen Fenster heraus.

»Das mußt du sein«, sagte ich.

Dag überquerte wieder die Abflußrinne und nahm das Blatt.

»Der Test ist positiv!« sagte er entsetzt.

Wir studierten das Testergebnis. Dag Goning, Kanadier, positiv ...

»Mr. Goning!«

Diesmal erschien ein Kopf im Fenster. »Geben Sie mir Ihr Testergebnis, bitte.«

Das Papier verschwand in der Dunkelheit, und ein paar Sekunden später tauchte es wieder auf. Der »Positiv«-Stempel war herausgekratzt worden, und darunter hatte jemand »Negativ« hingekritzelt.

»Fehler!« rief die körperlose Stimme.

»Ich bin sicher, daß es nichts Ernstes ist«, meinte Dr. O'Brien. »Das Klima hier macht den Touristen anfangs immer zu schaffen. Nehmen Sie die Medikamente zu Ende, die Dr. Ogatuti Ihnen verschrieben hat, dann dürften Sie schnell wieder obenauf sein.«

Auf dem Rückweg zum Mendana Hotel hielten wir beim Büro der Schiffahrtslinie an und buchten zwei Tickets zur New-Georgia-Inselgruppe, dem Ausgangspunkt für den ersten Teil unseres Kajaktrips. Die Fähre ging am nächsten Sonntag, und bis dahin waren es noch ganze sechs Tage – wir hatten also reichlich Zeit, uns zu erholen. Dachten wir jedenfalls.

Die Woche verging in einem Nebel aus Schmerzen und Fieber. Wir verließen kaum unser Hotelzimmer. Tagsüber lauschten wir auf das Geklapper und die Stimmengeräusche, die aus der offenen Bar unter uns heraufdrangen, und nachts dröhnte die blecherne Musik einer Tanztruppe durch die Wände. Wenn die Zimmermädchen zum Saubermachen kamen, setzten wir uns auf den Balkon und schauten sehnsüchtig auf den Ozean hinaus. Meine Blasenentzündung klang allmählich ab, aber Dags Zustand hatte sich kein bißchen gebessert. Er hatte in den letzten zwei Wochen fast nichts gegessen und war völlig erschöpft vom vielen Husten und vom Fieber. Unser Schiff segelte ohne uns ab, und einen Tag später waren wir wieder im Krankenhaus. Wir warteten in der grellen Sonne vor Dr. O'Briens Zimmer, bis Dag plötzlich umkippte.

»Guter Gott!« sagte Dr. O'Brien. »Wie ist er bloß in diesen Zustand gekommen!«

Bei der Röntgenaufnahme zeigte sich ein Schatten auf Dags Lunge – Lungen- und Brustfellentzündung lautete die Diagnose, und er bekam ein entsprechendes Medikament verschrieben. Innerhalb von achtundvierzig Stunden war das Fieber weg, sein Appetit kehrte allmählich zurück, und wir buchten zwei neue Tickets nach New Georgia.

Es dauerte nicht lange, bis wir unseren Proviant beisammen hatten, denn das Angebot war mehr als dürftig. Im chinesischen Supermarkt kauften wir Reis, Dosenfisch, Zucker, Milchpulver, Tee, und nach langem Suchen trieben wir sogar ein bißchen Knoblauch auf. Der Markt in Honiara war eine ziemlich triste Angelegenheit: armselige Erdnußhäufchen unter schwarzen Schirmen, welke Lauchzwiebelbündel und überreife Bananenstauden auf dem festgebackenen Schlamm aufgereiht. Wir kauften Tabak, um unseren aus Kanada mitgebrachten Vorrat an Tauschgegenständen aufzustocken – Köder, Angelleinen, Nadeln, Faden, Luftballons. Dann aßen wir an einem der Imbißstände am Rand des Markts zu Mittag. Neben der Theke stand ein großes, einschüchterndes Schild:

An alle Kunden
– Sie sollen hier nicht rumsitzen und Geschichten erzählen
– Bringen Sie kein Essen von anderen Snack-Bars hierher
– Stellen Sie die Stühle nicht an andere Tische um
– Betelkauen und Herumspucken ist streng verboten!
– Wenn Sie hier nichts verloren haben,
DANN HAUEN SIE AB!

Wir schlangen hastig unser Hühnchen mit Reis hinunter und verdrückten uns.

Am Abend breiteten wir die einzelnen Teile unseres Kajaks auf der Hotelterrasse aus, um nachzuprüfen, ob unterwegs nichts beschädigt worden war. Einer der lilienweißen Australier kam zu uns herübergeschlendert, in der Hand eine Bierdose im Styroporbehälter. »Was soll das denn werden?« fragte er.

Wir wollten zu den New-Georgia-Inseln fahren, erzählten wir ihm, und mit dem Kajak durch die Marovo-Lagune paddeln, die angeblich größte Insel-Lagune der Welt, und dann weiter durch die kleinere Roviana- und die Vonavona-Lagune. Von dort aus wollten wir nach Santa Isabel weiterreisen, wo wir die Insel entlangpaddeln und die Manning-Straße zur Vaghena-Insel überqueren würden.

»Du liebe Güte, das hört sich aber verdammt hart an«, meinte er. »Besonders für so zwei halbe Portionen wie ihr beide!«

»Ich kann ihm gar nicht böse sein«, sagte Dag, als wir uns am Abend zum Schlafengehen fertigmachten. »Schau uns doch bloß mal an!« Seite an Seite betrachteten wir uns in dem bodenlangen Spiegel. Die wochenlange Krankheit hatte ihre Spuren hinterlassen – Dags muskulöse Waden waren zu mageren Hühnerbeinen zusammengeschmolzen, und ich sah aus wie eine Gottesanbeterin mit meinen eckigen Schultern und dem dürren Hals.

»Fünf Jahre hartes Kajaktraining«, zitierte ich aus unserem ursprünglichen Sponsoring-Vorschlag, »haben dieses Paar zu einem ausdauernden, robusten Survival-Team zusammengeschweißt ...«

»Hör auf!« protestierte Dag. »Beim Lachen tut mir die Brust weh!« Prustend fielen wir ins Bett. Bereit oder nicht, morgen würden wir jedenfalls aufbrechen.

Das Paradies hat seine Tücken

Die Iuminau lag am Kai von Honiara und puffte Rauch in die Luft wie ein alter Mann, der zufrieden an seinem Pfeifchen nuckelt. Drei Stunden vor der Abfahrt war das rostige Fährschiff schon brechend voll. Die Toiletten quollen bereits über, und der klimatisierte Erste-Klasse-Aufenthaltsraum roch nach Kotze. Wir hievten unser Gepäck über eine enge Treppe auf das Oberdeck hinauf, wo ein unbeschreibliches Gedränge herrschte. Es war, als wären wir in eine Versammlung von Melanesier-Delegationen aus allen Winkeln des Inselreichs geraten. Sämtliche Hautfarben von blaßbraun bis ebenholzschwarz waren vertreten, und bei den Haaren reichte die Palette von Schwarz und kraus bis glatt und Strohblond. Männer kauerten auf ihren Matten und kauten Zuckerrohrstücke. Frauen lehnten sich gegen Betel- und Kokosnußsäcke. Dazwischen türmten sich Bananenstauden, und lebende Schweine lagen zusammengeschnürt und in bunte Tücher gewickelt auf dem Boden. Die Leute rückten bereitwillig beiseite, als wir auftauchten. Hände streckten sich uns entgegen, um uns mit dem Gepäck zu helfen, und bald hatten wir ein bequemes Plätzchen gefunden. Immer neue Passagiere kamen an Bord, und jedesmal fing das bereitwillige Beiseiterücken von vorne an, bis ich praktisch auf einem kleinen Mädchen draufsaß, das mich mit großen Augen anstarrte, während der Vater in ihren Haaren eifrig nach Nissen suchte.

Als wir ungefähr eine Stunde unterwegs waren, quetschte sich ein älterer Mann in Shorts durch die Menge und steuerte auf unseren Platz zu. »Wo sind Ihre Kinder?« fragte er.

Als er hörte, daß wir keine hatten, machte er ein langes Gesicht.

»Es tut mir so leid. Ich bete zu Gott, daß er Ihnen einen Sohn schickt.«

Der Mann hieß Jim Kolikeda und war ein pensionierter Lehrer aus dem Dorf Mbili, wo wir in dreizehn Stunden an Land gehen wollten – der Ausgangspunkt für unseren Kajaktrip durch die Marovo-Lagune. Jim war auch ein aktives Mitglied der Adventisten-Kirche, und weil wir die einzigen Weißen an Deck waren, hatte er uns für eine Spende ausersehen.

»Wer hat Sie nach Mbili eingeladen?« wollte er wissen, während er uns eine Quittung ausschrieb.

Wir mußten zugeben, daß wir dort keine Menschenseele kannten.

»Die Leute glauben, daß die Nacht voller Geister ist«, sagte er. »Sie fürchten sich, wenn sie zwei weiße Menschen aus der Dunkelheit auftauchen sehen. Ich sage ihnen, daß ihr meine *wantoks* aus Übersee seid und daß ihr in meinem Haus wohnt.« »Wantok« ist ein dehnbarer Begriff, der sowohl Verwandte als auch enge Freunde einschließt. Auf den Salomon-Inseln ist es ein ungeschriebenes Gesetz, daß man einen Wantok beherbergen muß, auch wenn er ungebeten und unangemeldet auftaucht. Jim versicherte uns, daß die Leute im Dorf mit seiner Erklärung vollauf zufrieden sein würden.

Kurz darauf schlossen wir Bekanntschaft mit dem einzigen Touristen, der außer uns an Bord war. Er war aus der Ersten Klasse an Deck gekommen, um sich aufzuwärmen. Er war Österreicher, hatte einen Walroßschnauzer und lief in einer Art Kampfanzug herum – mit einer Menge Taschen für Revolver, Patronen und Messer. Er sagte uns, daß er als Empfangschef in einem der besten Hotels von Salzburg arbeitete und seine Ferien immer an einem möglichst fernen, abgelegenen Ort verbrachte. Aber diesmal hatte er sich wohl zu weit hinausgewagt.

»In der Ersten Klasse ist es wie in der Antarktis«, beschwerte er sich, »und eine Frau kotzt die ganze Zeit. Und hier draußen«, er schwenkte seinen Arm über den Säcken, Körben und grunzenden, feuchtnasigen Schweinen herum, »das ist die Hölle. Bloß gut, daß meine Mutter das nicht sieht. Sie würde einen Herzschlag kriegen und tot umfallen.«

Kaum war er in die Erste Klasse zurückgekehrt, da beugte sich ein Mann zu uns vor, der uns die ganze Zeit neugierig beobachtet hatte. Er wollte wissen, ob wir im selben Dorf lebten wie der Mann, mit dem wir eben gesprochen hätten. »*Em wantok bilong you?*« fragte er. »Ist er ein Verwandter von euch?« Wir konnten sagen, was wir wollten, er glaubte uns einfach nicht, daß wir den Österreicher noch nie vorher gesehen hatten.

Gegen Mitternacht drosselte die Iuminau ihre Motoren, und ein Anker wurde heruntergelassen.

»Das ist Mbili«, sagte Jim.

Jenseits der Fähre lag pechschwarze Dunkelheit, kein noch so winziger Lichtschimmer deutete auf ein Dorf oder einen Hafen hin. Aus dem Dunkeln tauchten zwei Einbäume mit Bootsmotor auf. Wir wurden in den einen verfrachtet, und unser Gepäck landete auf Säcken und Tuchbündeln in dem anderen, das mit seiner bedrohlich schwankenden Ladung in die Nacht davonglitt.

Zehn Minuten später lief unser Einbaum am Strand auf. Leuchtkäfer funkelten in den Bäumen, und die Luft war feucht und schwer. Unser Gepäck lag ein paar Meter weit weg im Sand. Mühelos hievte Jim den Sack mit dem Kajak auf seine Schultern und stapfte auf einem Pfad durch die Bäume davon, während wir mit unseren restlichen Sachen hinter ihm her stolperten. Sein Haus stand auf Pfählen, es hatte ein Wellblechdach, Sperrholzwände und geflochtene Grasjalousien, die von Zweigen gehalten wurden. Aus den hinteren Räumen drang lautes Schniefen und Kindergeschrei. Jims Frau Linethy begrüßte uns. Sie war rund und herzlich und ziemlich direkt.

»Mußt du auf die Toilette?« fragte sie und führte mich den Pfad wieder hinunter zu einem felsigen Strandstück, wo sie sich diskret abwandte.

An Schlaf war in jener ersten Nacht in Mbili nicht zu denken. Unser Bett war eine Matte, die in einem Winkel des Hauptraums lag. Das Blechdach über uns verströmte nach und nach die ganze Hitze, die es tagsüber gespeichert hatte. Wir rollten uns so weit voneinander weg, wie es unser Leinenschlafsack gestattete, und da lagen wir – schwitzend und hechelnd wie Hunde im Hochsommer. Moskitos sirrten um uns herum. Katzen balgten sich unter dem Haus, und ein Nachbarsbaby schrie die ganze Nacht. Es war noch dunkel, als die Hähne ihre Stimmbänder aufwärmten, und kaum drang der erste Lichtstrahl durchs Fenster, begannen die Hühner zu gackern, die Hunde bellten, und jemand warf einen Außenbordmotor an. Dann kam eins von Jims Kindern aus dem Schlafzimmer und brüllte vor Schreck wie am Spieß, als es uns entdeckte.

Später frühstückten wir mit Jim und Linethy zusammen – *pawpaw,* Kokosnußkekse, die wir aus Honiara mitgebracht hatten, und Wasser aus der Regentonne. Mbili war ein Adventistendorf, und seine Bewohner durften weder Tee noch Kaffee, noch Alkohol trinken.

»Manchmal kommen eure Wantoks in ihren Yachten«, sagte Jim, »und sie bringen uns viele Probleme. Sie tauschen Bier und Whisky gegen Schnitzereien ein, sie geben unseren jungen Männern schlechte Gedanken. Und dann gehen sie mit Speeren auf unsere Riffe, und sie fangen Fische, ohne um Erlaubnis zu fragen, ohne Entschädigung! Ihr müßt euren Wantoks sagen, daß sie das nicht tun dürfen!«

Fast jeder Fußbreit Land auf den Salomonen befindet sich in Privatbesitz, und zwar nach einem komplizierten Halter- und Nutzer-System. Erstbesitzer wie Jim haben das Verfügungsrecht über das Land und können bestimmen, was damit passiert, während Zweitbesitzer das Recht haben, auf dem Land zu leben, die Felder zu bebauen und an den umliegenden Riffen zu fischen. Da 90 Prozent der Inselbewohner vom Ackerbau und vom Fischen leben, werden diese Rechte eifersüchtig gehütet, was nicht selten zu langwierigen Gerichtsprozessen führt. Wenn wir hier ohne Erlaubnis gefischt oder gezeltet hätten, wäre das wohl ungefähr dasselbe, wie wenn sich bei uns zu Hause ein wildfremder Mann in unserem Bett eingenistet und unseren Kühlschrank ausgeräumt hätte. Als wir die Karte von der Marovo-Lagune hervorholten, um Jim unsere geplante Route zu zeigen, wischte er mit dem Finger über den unteren Teil, der kleine Inselchen, Riffe und Meer einschloß.

»Das ist alles mein Land«, sagte er mit breitem Grinsen. »Ich erlaube euch, dort zu bleiben. Ihr seid sehr großzügig zu unserer Kirche gewesen, ihr müßt nichts bezahlen.«

Wir brauchten eine ganze Stunde, um unseren Kajak zusammenzubauen, und das Einladen dauerte noch einmal so lange. Im Schatten eines riesigen Banyanbaums hatten sich die Dorfbewohner zusammengeschart und schauten fasziniert zu, wie wir mit wasserdichten Säcken und Kameras hantierten und herumdiskutierten, was wohin sollte. Die Neugier unserer Zuschauer verwandelte sich jedoch bald in fassungsloses Staunen, als wir mit unserem Sonnenschutzritual anfingen – wir setzten Sonnenbrillen und breitkrempige Leinenhüte auf und schmierten jeden Zentimeter nackter Haut mit Sonnenschutzcreme ein. »Sie wollen wissen, warum ihr alle diese seltsamen Dinge tut«, sagte Jim.

Ohne die dunkle Brille würde uns die Sonne blenden, erklärten wir ihnen, und ohne die Sonnencreme würde unsere Haut so rot wie eine Hibiskusblüte werden. Die Dorfbewohner schüttelten mitleidig den Kopf, und wir paddelten ziemlich belämmert davon.

Die Lagune dehnte sich über sechzig Meilen weit vor uns aus. Sie war mit kleinen, dschungelbewachsenen Inselchen übersät, so als hätte sich die New-Georgia-Insel in einem Wutanfall geschüttelt und eine ganze Ladung von Bergsplittern ins Meer geschleudert. Wenn wir auf die Ufer zupaddelten, wurden wir von warmen, duftenden Brisen empfangen, und manchmal flatterte ein Flughund träge aus den Bäumen auf und umkreiste uns, als sei er der Abgesandte einer unsichtbaren Macht, die irgendwo tief im Herzen des Waldes hauste. Das war der Dschungel meiner Kindheitsträume: riesige, seltsam geformte Bäume, behängt mit Lianengirlanden, das Tageslicht von einem dichten Blätterdach ausgesperrt, die Dunkelheit von Lichtbalken durchbohrt, in denen ein Heer von Insekten tanzte. Es war überwältigend schön, gewiß, aber das Paradies hat seine Tücken, besonders wenn man noch nicht akklimatisiert ist. Die Temperatur betrug etwa 32 Grad Celsius, und die Luftfeuchtigkeit lag bei fast 100 Prozent. Der Schweiß floß in Strömen übers Gesicht, die Brille rutschte mir von der Nase, mein breitkrempiger Hut wurde unerträglich schwer, und ich hatte das Gefühl, durch Sirup zu paddeln. Nach zwei Stunden hatten wir erst drei Meilen zurückgelegt und waren total erschöpft. Nirgends war ein Strand in Sicht, nur mangrovenumsäumte kleine Inseln. In einem dieser Mangrovensümpfe fanden wir ein bißchen Schatten unter den stachligen Blättern einer riesigen, dickblättrigen Pflanze.

»Meinst du, ich kann mal schnell aussteigen und pinkeln?« fragte ich Dag. »Oder gibt's hier Krokos?«

»Jim hat gesagt, Krokodile sind in der Marovo-Lagune praktisch ausgerottet«, sagte Dag.

»Woher weiß er das?«

»Weil er hier lebt.«

»Die Marovo-Lagune ist groß.«

»Das Wissen der Einheimischen ist in solchen Fällen immer noch die verläßlichste Informationsquelle«, belehrte mich Dag.

Ich war zwar keineswegs beruhigt, aber ich sprang aus dem Boot und versuchte auf einer dicken Wurzel das Gleichgewicht zu halten.

Seit wir Mbili verlassen hatten, waren wir keiner Menschenseele begegnet, aber kaum zog ich meine Shorts runter, da tauchte auch schon ein Mann in einem Einbaum aus dem Mangrovendickicht auf. Zum Glück war er weit mehr an unserem Kajak interessiert als an meinem nackten, weißen Hintern, so daß er gar nicht erst auf lüsterne Gedanken kommen konnte. Wie die meisten Einheimischen hatte er von klein auf paddeln gelernt und war praktisch im Einbaum zu Hause, aber ein Kanu wie unseres hatte er noch nie gesehen. Er beugte sich darüber, streichelte den Rumpf und steckte seinen Kopf in die Sitzluke, um herauszufinden, wie dieses seltsame, wunderbare Boot konstruiert war. Dag erklärte ihm, daß man es zusammenfalten und in einem Sack verstauen konnte.

»Wirklich, ihr macht es kaputt?« fragte er. »Ihr tut es in einen Korb?« Er hieß Montgomery und war auf dem Heimweg in sein Dorf, nachdem er hier auf der Insel im Garten gearbeitet hatte.

Er zeigte uns den Weg nach Njapuana, der einzigen Laguneninsel mit einem kilometerlangen Sandstrand. Jim hatte uns erlaubt, dort zu zelten. Aus der Ferne sah die von tiefhängenden Kokospalmen beschattete Insel geradezu ideal aus. Als wir auf den Strand zuglitten, fiel eine Kokosnuß herunter und platschte ins Wasser. Wir schleiften den Kajak ins Trockene hinauf, und da kam schon die nächste auf uns zugesaust und hinterließ direkt neben uns einen beachtlichen Krater im Sand. Bis wir endlich ein Plätzchen außer Schußweite gefunden und das Zelt aufgebaut hatten, war ich klatschnaß vor Schweiß. Sehnsüchtig starrte ich auf die Lagune hinaus. »*Mi suim long hia?*« fragte ich Montgomery, der jetzt sorgfältig unser Zelt untersuchte. »Kann ich hier schwimmen?«

»Jaaa«, sagte er.

Dag zeigte über das flache, türkisfarbene Wasser hinaus auf die tiefere, smaragdgrüne Stelle, wo das Korallenriff steil abfiel. »*Gat bigfela sharks long hia?*« fragte er. »Gibt es hier Haie?«

»Jaaa.«

»Okay, was soll's«, meinte Dag. »Auf den Salomonen gibt's überall Haie. Wir werden uns dran gewöhnen müssen.«

Wir setzten unsere Schnorchel auf und gingen ins Wasser. Dag steuerte auf den Absturz zu, aber ich blieb lieber im flachen Wasser. Ein paar Minuten später sah ich einen Baby-Hai. Er war ungefähr fünfundzwanzig Zentimeter lang, hatte einen großen Kopf, einen runden Körper und pummelige Flossen. Er sah mehr wie ein niedliches Plüschtier aus, so daß ich ihn furchtlos anstarrte. Aber dann tauchte ein anderer Hai auf, und der war gar nicht niedlich. Er war ungefähr eineinhalb Meter lang und hatte eine schwarze Zeichnung auf seinem schmalen weißen Körper. Er kam von hinten auf mich zugeschwommen, und ich bildete mir ein, daß er den Kopf nach mir umdrehte, bevor er abzog. Prustend und platschend rettete ich mich ans Ufer, wo ich auf allen vieren im Sand landete.

Dag hatte den Aufruhr mitgekriegt und war mir gefolgt. Jetzt stand er knietief im Wasser und kanzelte mich ab. »Das war doch bloß ein harmloser Ammenhai! Aber wenn du dich so hysterisch aufführst, lockst du sämtliche gefährlichen Haie im ganzen Umkreis an!«

Offenbar hatte ich das bereits geschafft, denn jetzt kam Dag an den Strand gestolpert. »Ein Hammerhai!« keuchte er. »Mindestens drei Meter lang! Er ist direkt an mir vorbeigeschwommen, gleich unter dem Riff – der zischt ab wie ein D-Zug!«

»*Bigfela Shark*«, erklärte ich Montgomery. »Hammerhai.«

Er zuckte die Achseln. »*Hammerhead im no gat tis*«, sagte er lässig.

»Was?« rief ich ungläubig. »Der hat keine Zähne?«

»Im tru«, behauptete er. »Ist wahr.«

Mein Vertrauen in das Wissen der Einheimischen bekam einen ziemlichen Knacks.

Im Morgengrauen schreckten wir hoch – etwas trommelte auf unsere Zeltkuppel. Faustgroße Blüten mit rosaweißen Blütenblättern und langen scharlachroten Staubgefäßen lagen über den Strand verstreut. Sie fielen von dem Baum über uns herunter, und wenn sie auf unser Zelt oder im Sand aufprallten, verströmten sie einen süßlichen, durchdringenden Geruch. Die Lagune war glatt wie ein Spiegel; eine schillernde Eidechse huschte über meine Füße; ein weißer Kakadu mit zitronengelben Schwanzfedern flog vorbei; Papageien schwatzten in den Zweigen über meinem Kopf. Es war November, ein Monat, den ich sonst nur in dicken Pullis und Socken überstand, und jetzt war ich hier, noch vor Sonnenaufgang, und hatte nichts außer meinem *sulu* an, einem dünnen Baumwoll-Wickelkleid.

»Es kommt mir fast wie ein Wunder vor«, schrieb ich in mein Tagebuch.

Ein paar Tage lang paddelten wir zwischen unzähligen Inseln an der Lagune entlang. Der Ozean war ruhig und friedlich. Wir hörten keine anderen Geräusche als die von Wind, Wasser und Vögeln, und der Nachthimmel strahlte in vollem Glanz, von keinem noch so schwachen elektrischen Licht getrübt. Allmählich fanden wir den Rhythmus und die Routine, die nötig waren, um monatelang zu zweit auf einem winzigen Boot und in einem winzigen Zelt existieren zu können. Wir teilten die Arbeit unter uns auf – den Kajak ein- und ausladen, das Camp aufbauen und abbrechen. Wir schufen uns unseren persönlichen Freiraum: Die linke Seite des Zelts neben der Schlafmatte war mein Revier, die rechte gehörte Dag. Bald war unser Leben auf die einfachsten Bedürfnisse reduziert. Wir hatten nur jeweils eine Garnitur Kleider zum Wechseln, und wir lebten hauptsächlich von Fisch, Reis und Kokosnüssen. Wir brauchten uns um nichts weiter zu kümmern als um die Frage, wo wir übernachten würden und wie viele Kilometer wir bis dahin zurücklegen mußten, und unsere einzige Sorge war, genügend Trinkwasser zu finden und gesund zu bleiben. Letzteres war allerdings lebenswichtig, wenn man bedenkt, wie isoliert und verletzlich wir waren.

Wir nahmen geradezu andächtig unsere Malariapillen. Kleine Schnitte oder Kratzer behandelten wir sofort mit Jod, damit sie nicht zu eitern anfingen. Am schlimmsten waren allerdings die vielen Pilzinfektionen. Dag entwickelte etwas, das er als »Sackfäule« bezeichnete, ich hatte Scheidenpilz, und Fußpilz hatten wir alle beide. Jeden Abend lagen wir schwitzend im Zelt, gesalbt und gepudert und mit Insektenschutzmittel eingesprüht, und dachten an die sinnlichen tropischen Nächte, die unsere Freunde uns prophezeit hatten.

Dieselben Freunde hatten mir auch eine Höllenangst vor Haien und Krokodilen eingejagt, aber wir merkten bald, daß uns von den winzigen malariabringenden Moskitos viel mehr Gefahr drohte. Eines Nachmittags, nachdem wir an endlosen Mangrovensümpfen vorbeigepaddelt waren und die Hoffnung auf einen geeigneten Lagerplatz schon langsam aufgegeben hatten, kamen wir an eine nur wenige Meter vom Strand entfernte Lichtung im Dschungel. Wilde Orchideen wuchsen hüfthoch um ein freies Plätzchen, das mit trockenen Palmblättern bedeckt war.

Dankbar stellten wir unser Zelt auf und schnorchelten dann am Riff herum. Regenbogenfarbene Papageienfische kauten geräuschvoll an tischplattengroßen Korallenstöcken, ein kleiner durchsichtiger Kalmar pulsierte rhythmisch vor sich hin... So fasziniert waren wir von dieser Unterwasserwelt, daß wir gar nicht merkten, was an der Oberfläche vor sich ging. Eine Wolke von Moskitos war aus unserem Orchideenparadies aufgestiegen und stürzte sich zielsicher auf die zwei rosa Fleischhügel, die aus dem Wasser herausragten. Zu spät versuchten wir uns in Sicherheit zu bringen, und vor lauter Panik schlossen wir einen Teil der Wolke mit uns im Zelt ein. Nachdem wir eine halbe Stunde lang erbarmungslos unter den Moskitos gewütet hatten, blieb uns nichts anderes übrig, als in unserem Gefängnis auszuharren, obwohl es noch nicht einmal vier Uhr war und unerträglich heiß. Wir gaben uns die größte Mühe, unsere Stiche nicht zu kratzen, und lauschten gottergeben auf das Geheul der kleinen Biester, die sich draußen in einen wahren Blutrausch hineinsteigerten. Sie bedeckten das ganze Zelt, schwärmten über den Fliegengittern und streckten ihre Stechrüssel durch die winzigen Löcher. Dag nahm meine Augenbrauenpinzette und setzte zum Vergeltungsschlag an, aber es war ein nutzloses Unterfangen: Für jeden Moskito, den er außer Gefecht setzte, drängten tausend neue heran. Das Abendessen war mehr als trostlos: eine Dose zweitklassiger einheimischer Thunfisch, der wie Katzenfutter aussah und auch so schmeckte, und ein Päckchen muffiger, aufgeweichter Schiffszwieback. Dann lagen wir da, schwitzten und lauschten auf die Geräusche des Dschungels. Etwas krachte durch die Äste, durchdringende Schreie hallten durch die Bäume. Wasser tropfte von den Blättern, Insekten schwirrten, Frösche quakten, und Landkrabben raschelten durch die trockenen Palmblätter. Dummerweise hatten wir unser Zelt direkt über einem Krabbenloch aufgebaut, und der frustrierte Besitzer versuchte die ganze Nacht unermüdlich durch die Bodenplane zu krabbeln.

Es war bedeutend angenehmer, in den Blätterhütten der Dörfer zu übernachten. In Chubikopi auf der Insel Vangunu wurden wir von David Livingstone Nonga und seiner Familie aufgenommen. Die Häuser von Chubikopi standen auf Pfählen über dem Wasser. Dahinter lagen bewaldete Steilhänge mit gerodeten Gartenflächen. Als wir auf das Dorf zupaddelten, liefen aufgeregt johlende Kinder am Strand entlang, und die Erwachsenen beobachteten unsere Ankunft von den Veranden aus. Ihre anfängliche Schüchternheit machte bald der Neugier Platz.

»Was passiert mit dem Boot, wenn ein Sturm kommt?« fragten die Männer, als wir den Kajak an einem der Häuserpfähle festmachten. »Warum haben die Paddel zwei Blätter? Was ist der Zweck eurer Reise?«

Während Dag mit den Männern redete, winkten mich die Frauen zu sich auf die Veranda. Ich trat in ein kühles, luftiges Haus. Der Boden bestand aus Bambus- und Mangrovenholzlatten, die Wände und das Dach aus getrockneten Pandanusblättern, und das Ganze war mit Lianenranken zusammengebunden. Ich nahm meine Sonnenbrille und meinen Hut ab, und die Haare fielen mir in dünnen, schweißnassen Strähnen ins Gesicht. Die Frauen kicherten und tuschelten in einer weichen, melodischen Sprache miteinander, die sich ein bißchen wie Italienisch anhörte. Kinder spähten hinter dem Rücken ihrer Mütter hervor; eins von ihnen streckte die Hand aus und strich vorsichtig über die Härchen auf meinem Arm, ein anderes schielte mißtrauisch auf meine Sandalen.

David führte uns auf einem Pfad aus Kokosnußschalen durchs Dorf. Der Platz um die Häuser herum war sorgfältig gekehrt, und die kleinen Gärten waren voller exotischer Lilien. Wir hielten kurz beim Dorfladen an. Es war ein häßlicher Bau aus Holz und Wellblech, drinnen herrschte eine Bruthitze, und es gab nicht viel zu kaufen, aber der Laden war offenbar Davids ganzer Stolz. »Ein festes Gebäude«, prahlte er. »Alle im Dorf möchten so ein Haus mit einem Metalldach und einem Regentank, aber nur wenige können es sich leisten.«

Es gab noch ein »festes« Gebäude in Chubikopi, nämlich die Grundschule. Sie bestand aus zwei Klassenzimmern, die Böden waren aus gestampften Korallen. Es gab weder Schreibtische noch Bänke, noch sonst irgendwelche Möbel, außer ein paar alten Schultafeln. Einhundertundzwanzig Schüler wurden hier unterrichtet, und nur ein Bruchteil davon würde es schaffen, in eine der wenigen weiterführenden Schulen des Landes zu kommen. »Wenn ein Schüler ein Stipendium für die höhere Schule bekommt«, erzählte uns David, »dann hilft das ganze Dorf zusammen, damit ihm die Familie Kleider und Bücher kaufen kann.«

In der rauchigen Küchenhütte half ich Davids Frau Merver, das Abendessen zuzubereiten. Während sie Taro- und Cassava-Wurzeln in Bananenblätter wickelte und auf einen heißen Stein legte, bearbeitete ich einen Kohlkopf, von dem ich sorgfältig alle Stiele entfernte und dann die Blätter zerrupfte. Draußen vor der Hütte saß Mervers ältester Sohn rittlings auf einem Baumstumpf und schabte Kokosnußhälften aus. Er häufte das Fruchtfleisch in eine Schüssel und quetschte den dicken, weißen Saft heraus. Merver rührte die Flüssigkeit in ein bißchen warmes Wasser ein, fügte den Kohl und den von uns mitgebrachten Dosenthunfisch hinzu und ließ das Ganze leise vor sich hinköcheln.

»Als ich euch in eurem Kanu gesehen habe, mußte ich lachen«, sagte sie. »Weiße Leute und paddeln! Paddeln ist unser Brauch, nicht eurer.«

Es überraschte sie, daß Dag und ich verheiratet waren. »Ich habe gehört, daß weiße Leute das nicht machen«, sagte sie. »Wieviel hat er für dich bezahlt?«

»Nichts«, gab ich zu.

»Nichts!« Sie riß ungläubig die Augen auf. »Keinen Brautpreis? Für mich hat David viele Schweine, Jamswurzeln und Matten bezahlt!«

Ich fragte sie, wie sie David kennengelernt hatte.

»Meine Eltern haben mir gesagt, ich soll ihn heiraten. Sie sagten, er ist ein guter Mann und kümmert sich um mich.«

»Warst du glücklich?«

»Ich war sehr böse!«

»Hättest du dich weigern können, ihn zu heiraten?«

»Nein. Zuviel Ärger.«

»Hatten deine Eltern recht? Ist er ein guter Mann?«

»Er ist nicht faul. Manche Leute hier haben nicht einen Cent für Kerosin oder Seife, aber sie können Essen auf den Feldern anbauen und Sagopalmen für Häuser fällen. Aber manche Leute sind zu faul, um selber einen Garten oder ein Haus zu machen, und dann gehen sie zu ihren Wantoks und leben von ihnen.«

Den ganzen Nachmittag hatten zwei Wantoks von David auf der Veranda herumgelegen, Betel gekaut und ihre Köpfe auf leere Cola-Dosen gebettet. Als wir die Schüsseln ins Haus trugen, waren sie immer noch da und setzten sich zum Essen auf. Es schmeckte alles stark nach Rauch, und das Taro war so süß und klebrig, daß ich es kaum hinunterbrachte. Merver, die mich scharf beobachtete, lief hinaus und holte einen Krug Wasser und zwei brandneue Gläser, auf denen noch die Etiketten klebten. »Ich habe gehört, daß weiße Leute Wasser zum Essen trinken«, sagte sie.

Nach einem kurzen, dramatischen Sonnenuntergang fiel die Dunkelheit wie ein Vorhang herunter. Vor der Veranda quakten die Frösche, und Flughunde zankten sich in den Bäumen. Riesige Insekten stürzten sich in die Kerosinlampe. Vier Kinder lagen auf dem Bauch darum herum und blätterten in einem zwanzig Jahre alten National-Geographic-Heft. Als ich Merver nach dem Alter der Kinder fragte, machte sie ein ratloses Gesicht. »Das da ist in der Zeit der Ngali-Nuß geboren«, sagte sie und zeigte auf das größte. »Und das da in der Zeit der Ananas.«

Wir schliefen draußen auf der Veranda. Gegen Morgen schreckte ich hoch – ein Schützenfisch hatte seine Insektenbeute verfehlt und spritzte mich durch die Ritzen im Bambusboden an. Ein paar Minuten lang lag ich da und lauschte – der Ozean schwappte gegen die Hauspfähle, leises Atmen drang aus den Zimmern heraus, ein Gecko raschelte im Blätterdach über meinem Kopf, die Vögel trillerten im Dschungel. Ich machte die Augen auf und spähte durch die Fußbodenlatten hinunter: Unser Kajak schaukelte friedlich neben Davids Einbaum. Der Himmel war rosa und violett gestreift, und am Horizont breitete sich ein orangeroter Schimmer aus. Ich schlich die Verandatreppe hinunter und hinüber zum Klohäuschen. Es war auch aus Blättern gebaut und stand auf Pfählen über dem Wasser. Direkt daneben war ein Schweinepferch, und ein großes Schwein schnüffelte durch das Gatter und grunzte mich an. Als ich auf die Veranda zurückkam, war David schon auf.

»Trinkst du Tee mit uns?« fragte er.

Er war entsetzt, als ich ihm gestand, daß ich Chubikopi für ein Adventistendorf gehalten hatte. »Wir gehören zur United Missionary Church! Die Adventisten sind schlechte Leute, sie kommen von Amerika mit ihrem vielen Geld, sie predigen die Verdammnis, sie verbieten den Leuten zu tanzen, sie stehlen unsere Gemeinden. Ich hoffe, ihr habt in Mbili der Adventistenkirche kein Geld gegeben.«

Bevor wir Chubikopi verließen, gaben wir David ein paar Angelhaken und Angelschnur, Luftballons für die Kinder und eine Spende für die Schule. Ein Geschenk anzunehmen ist auf den Salomonen gleichbedeutend mit Schulden machen, und was immer man bekommt, muß in absehbarer Zeit zurückgezahlt werden. David sah ziemlich nervös aus, als er unsere Geschenke annahm. »Zum Dank für eure Gastfreundschaft«, versicherten wir ihm.

»Das ist zuviel«, sagte er. »Jetzt müssen wir euch noch etwas dazugeben.«

Und so paddelten wir mit einem großzügigen Cassava- und Kokosnußvorrat auf dem Deck unseres Kajaks davon.

Kopfjäger

»Gibt es wieder Krieg?« schrie Häuptling Nathan und starrte uns durch seine schmutzigen Brillengläser an.

Nach zehn Tagen in der Marovo-Lagune waren wir über das äußere Riff zu einem Ort namens Hele Bar gepaddelt und dann an der ungeschützten Südwestküste von New Georgia entlanggekreuzt. Es war später Nachmittag, als wir zwischen zwei küstennahen Inseln hindurch in den Schutz der Roviana-Lagune glitten. Nach ungefähr einer Meile kamen wir an ein festes Haus auf Pfählen, das dicht am Wasser stand, und Häuptling Nathan stürzte heraus und winkte uns an Land.

»1941 ist ein japanischer Mann in so einem Kanu gekommen«, erzählte er uns. »Ein Jahr später hat der Zweite Weltkrieg angefangen. Ich erinnere mich noch, wie die Spitzen der Palmen weggeschossen wurden. Es gab soviel Lärm, soviel Leiden. Der Krieg ging zu Ende, die Bäume sind über die zerschmetterten Flugzeuge gewachsen, und wir hatten wieder Ruhe und Frieden. Und heute schaue ich durch mein Fenster und sehe euch in eurem Boot, und ich hatte sehr viel Angst. Ich habe zu meiner Frau gesagt, daß ein neuer Krieg in die Roviana-Lagune kommt.«

Ein Unwetter war uns durch die Lagune gefolgt, und Nathan scheuchte uns in sein Haus. Er erzählte uns, er sei zweiundachtzig Jahre alt, der Erstbesitzer von fünf Dörfern und mitten in einem Gerichtsprozeß wegen irgendwelcher Landnutzungsrechte. Er schien sich richtig auf die Verhandlung zu freuen.

»Ich werde gewinnen!« verkündete er triumphierend. »Ich gewinne immer, weil ich seit vielen Jahren alle Dinge in meinem Leben aufschreibe!«

Bevor wir gingen, holte er ein fleckiges altes Schulheft hervor und schrieb unsere Namen und unser Alter auf, die Tatsache, daß wir kinderlos waren, und unsere ehrenwörtliche Versicherung, daß wir keinen neuen Krieg ankündigten.

Als wir zu einer der kleinen Inseln paddelten, die Häuptling Nathan gehörten, trafen wir einen Mann, der von seinem Einbaum aus fischte. Er benützte einen Zweig, ein Stück Schnur und einen Stoffetzen als Köder.

»*Yu laikim yangfela coconuts* – möchtet ihr Kokosnüsse?« fragte er und holte zwei grüne Früchte aus seinem Boot hervor.

Wir tranken den Saft und aßen das Fruchtfleisch als Vorspeise zu unserem Abendessen, das aus Reis und gedünsteten Lauchzwiebeln bestand. Wir hatten die Zwiebeln am Tag zuvor in der Marovo-Lagune eingetauscht, und jetzt wimmelten sie von Ameisen. Wir bliesen die riesigen Biester sorgfältig heraus, bevor wir die Zwiebelrohre kleinschnitten. Der Mann kam wieder und reichte uns einen kleinen Papageienfisch.

»Das ist bestimmt sein einziger Fang heute«, meinte Dag, aber wir konnten es nicht ablehnen. Zum Dank schenkten wir ihm ein Stück Nylon-Angelleine und einen grellbunten Köder. Zuerst war er einfach sprachlos, dann wollte er unbedingt in sein fünf Meilen entferntes Dorf paddeln und uns Kartoffeln bringen. Zum Glück konnten wir ihn nach langem Hin und Her dazu überreden, daß er bei uns blieb und unser Essen mit uns teilte. Während der Fisch vor sich hinbrutzelte, fragte ich den Mann, ob es in der Roviana-Lagune Krokodile gebe.

»*Plenti pukpuk* – viele Pukpuk!« rief er. »*Tumora, you twofelas kam long ples bilong me, and lukluk long pukpuk.*«

»Er will, daß wir mit ihm in sein Dorf kommen und die Krokodile anschauen«, übersetzte Dag, als er mein belämmertes Gesicht sah. Er dachte, ich hätte Probleme mit dem Pidginenglisch, aber ich hatte den Mann nur zu gut verstanden!

Ein Salzwasserkrokodil lag keuchend auf dem Boden eines Petroleumtanks, der noch aus dem Zweiten Weltkrieg stammte. Halbwüchsige Krokodile starrten uns aus bananenblattgedeckten Bambuskäfigen an. Die Erwachsenen, ein Männchen und ein Weibchen, waren getrennt untergebracht – in zwei Pferchen aus zugespitzten Baumstämmen, die in den Boden gerammt und mit dicken Lianenschnüren zusammengebunden waren. Ich spähte über den Zaun zu dem Weibchen hinein. Sie schlief mit weit offenem Rachen in der Sonne. »Nicht so nahe!« rief Likey, der englischsprechende Sohn des Mannes, der uns nach Nusa Hope eingeladen hatte.

Die Beine unter dem Bauch der Krokodil-Dame schienen plötzlich zu wachsen, und sie warf sich mit schnappenden Kiefern gegen die Baumstämme. Die Stämme bebten und zitterten, aber sie hielten.

»Sie denkt, daß Sie ihre Eier stehlen wollen«, erklärte Likey. Erst jetzt ging mir auf, was der große Hügel in der Mitte des Käfigs zu bedeuten hatte.

»Sag ihr, daß das nicht stimmt«, rief ich und wich schleunigst zurück. »Ich werd mich hüten!«

Silas, der alte Mann, der sich die Krokodile als Maskottchen hielt, kam aus dem Haus heraus. Er trug eine Muschelkette um den Hals und einen Kranz aus Frangipani-Blüten auf dem Kopf. Seine Frau kauerte im Dunkel der Hütte und versuchte einen Blick auf mich zu erhaschen, während ich genauso neugierig zu ihr hineinspähte. Ihre nackte Brust war mit geheimnisvollen Tätowierungen übersät, und sie hatte riesige Löcher in den Ohrläppchen, die vom jahrelangen Tragen der schweren Muschelstücke in die Länge gezogen waren. Silas redete pausenlos in Roviana auf uns ein, einem Dialekt, von dem wir kein einziges Wort verstanden.

»Er sagt, er füttert die Krokodile mit Hühnern, Schweinen und Hunden«, übersetzte Likey.

»Mit lebendigen?« fragte ich.

»Sie sind lebendig, bis er sie in den Pferch tut. Dann sterben sie vor Angst.«

Kaum waren wir im Dorf aufgetaucht, kamen alle Kinder aus der Schule gestürzt. Ein Lehrer rannte mit einem Bambusstock herum und versuchte vergeblich, seine kleine Herde wieder in die Klassenräume zurückzutreiben. Schließlich läutete er wütend die Schulglocke. Das wirkte: Die Kinder sausten in einer riesigen Staubwolke davon.

»Wo kommen die Krokodile her?« fragte ich Likey.

Er starrte mich an, als ob ich nicht ganz richtig im Kopf wäre. »Von hier«, sagte er und schwenkte seine Arme über die Lagune und die mangrovengesäumten Strände. Nach einem letzten, ziemlich ängstlichen Blick auf die Krokodile setzten wir unsere Reise fort.

An einer der Blätterwände von Häuptling Gideon Bukas Haus hing ein Foto aus einer Zeitschrift, das Chris Evert beim Tennismatch in Wimbledon zeigte. Gideons Frau huschte aufgeregt umher, scheuchte die Hühner hinaus und schimpfte mit ihren Nachbarn, die durch die Türen und Fenster des Hauses zu uns hereinspähten. »Achtet nicht auf diese Leute«, sagte Gideon. »Es kommen nicht oft weiße Menschen nach Baraula. Aber nächsten Monat kommen zehn Peace-Corps-Arbeiter, die hier Pidgin und traditionelles Kochen lernen. Wir graben eine Latrine für sie, einen Ort, wo sie sich hinsetzen können. Es tut mir leid, daß die Latrine für euch noch nicht fertig ist.«

Wir wußten nie so recht, wie wir das leidige Toilettenthema erledigen sollten, weil die Gewohnheiten in den einzelnen Dörfern so unterschiedlich waren. In den United-Missions-Dörfern gab es winzige Blätterhäuschen, die auf Pfählen über dem Wasser standen. Die Adventisten-Dörfer benützten getrennte Strände für Männer und Frauen. In einem Anglikaner-Dorf hieß es, ich sollte mir einfach »irgendeinen Felsen suchen«. In Baraula kamen wir jetzt zum erstenmal mit der »Christian-Fellowship-Kirche« in Berührung, und hier galten möglicherweise wieder ganz neue Hygiene-Vorschriften. Gideons Frau Mary begleitete mich zur »traditionellen Toilette«. Wir gingen an langen Reihen von Bambuskäfigen mit schnüffelnden Schweinen vorbei, bis wir nach ungefähr zehn Minuten an eine Bananenpflanzung kamen. Mary zeigte auf einen schmalen Weg, der sich durch die großen, grünen Blätter auf eine Lagune zuschlängelte. Schließlich landete ich an einem langen, ungeschützten Strand, wo jederzeit ein Fischer in seinem Einbaum auftauchen und mich mit heruntergelassenen Hosen ertappen konnte. Völlig frustriert kehrte ich zu Mary zurück, die sich wunderte, daß ich schon fertig war.

Wir bauten unser Zelt mitten im Dorf im Schutz eines halbfertigen Hauses auf. An den Dachsparren über uns waren Haifischflossen zum Trocknen aufgehängt. Drei Reihen von neugierigen Kindern saßen um uns herum und beobachteten uns stumm, so als ob wir auf einer Bühne agierten. Sie verschwanden erst, als es dunkel wurde und der weiche Schein von Kerosinlampen aus den Häusern drang.

Genau wie der umliegende Dschungel war Baraula alles andere als ruhig bei Nacht. Babys schrien sich in den Schlaf. Erwachsene schnarchten, westliche Popmusik dröhnte krachend und knisternd aus einem Radio. Gegen drei Uhr morgens kroch ich aus dem Zelt und wanderte mit der Taschenlampe zur »traditionellen Toilette«. Auf dem Trampelpfad durch die Bananenblätter trat ich fast auf einen zwanzig Zentimeter langen Tausendfüßler. Der Gedanke an diese furchterregenden Kreaturen und die Angst vor dem Fieber, das der schmerzhafte Biß hervorruft, hätte mich beinahe in die Flucht geschlagen. Aber ich biß die Zähne zusammen, verbannte die Krokodile aus meinen Gedanken und watete mit Todesverachtung ins Meer hinein, wo ich mein Geschäft so schnell wie nur möglich verrichtete.

Leuchtend türkisgrünes Wasser, das um die mit weißem Sand gesäumten Palmeninseln zu Gletscherblau verblaßte: Vonavona war die kleinste der drei Lagunen und die idyllischste. Von hier aus waren es nur noch ein paar Paddelstunden bis Munda, wo wir die Iuminau zurück nach Honiara erreichen mußten. Wir verpaßten absichtlich die erste Fähre und kreuzten mehrere Tage lang durch die Lagune. Unsere Anwesenheit sprach sich schnell herum, und immer wieder erschienen Männer in unserem Camp, um Fischhaken einzutauschen. Sie brachten Hummer mit rosa und grünen Panzern, schimmernde Fische vom Riff, saftige Wassermelonen, Kokosnüsse. Eines Abends blieb ein Fischer namens Charlie bei uns und nahm an unserem Festmahl teil. Er nagte sorgfältig jeden einzelnen Fischknochen ab und machte sich über den Kopf des Hummers her – er fand es höchst seltsam, daß wir das andere Ende vorzogen. Während wir aßen, erzählte er uns von einem Ort in der Lagune, wo die sterblichen Überreste ehemaliger Häuptlinge und die Trophäen aus alten Kopfjägertagen aufbewahrt wurden. Das interessierte uns natürlich, und wir fragten, wie wir dorthin kämen, aber er schüttelte nur den Kopf.

Skull Island, die »Schädelinsel«, sei *tambu,* warnte er uns. »Wenn ihr allein hingeht, werdet ihr krank und sterbt. Der Häuptling der Mandou-Insel muß euch hinbringen.«

Charlie erzählte dem Häuptling, daß wir uns für die Skull Island interessierten, und der Häuptling schickte uns seinen ältesten Sohn Pinto als Begleitung. Wir einigten uns auf eine Gebühr von 20 Salomonen-Dollars, und dann brachen wir zusammen auf. Pintos Einbaum leckte fürchterlich. Er schöpfte das Wasser mit den Füßen aus, während er wie ein Wahnsinniger paddelte. Wir strampelten eilig hinterher und folgten ihm zu einem winzigen, windgepeitschten Vulkanausläufer am Rand des äußeren Riffs. Auf der fernen Seite jagten riesige Brecher ihre Schaumfontänen in die Luft. Wir legten auf der Leeseite an und erreichten nach ein paar Schritten im Herzen der Insel eine von Unterholz befreite Lichtung mit einer Steinpyramide. Der Anblick raubte mir fast den Atem: Dutzende von Schädeln waren über den Steinhaufen verstreut; sie steckten in den Ritzen oder lagen auf dem Boden um die Pyramide herum. Auf den Schädelkappen wucherten weiches Moos und Flechten, und wirre Wurzeln krallten sich in die spinnwebenüberzogenen Augenhöhlen. Dazwischen lagen Armknochen, Beinknochen, Rippen, eine alte Lehmpfeife und ein Haizahn herum. Einige der Schädel waren beunruhigend klein, bei anderen fehlte der Unterkiefer. Alle schienen uns mißtrauisch anzustarren. Pinto hob einen Schädel auf und steckte ihn zwischen zwei Felsen.

»Ich darf sie anfassen, aber ihr nicht«, warnte er uns. »Einmal ist ein weißer Mann hierhergekommen – er hat seine Zigarette in einen Kiefer gesteckt und ein Foto gemacht. Bald danach ist er an der Drei-Tage-Malaria gestorben.« Hirnmalaria – die tödlichste Art. Mit gesteigerter Ehrfurcht betrachtete ich das geschnitzte hölzerne Kästchen, das ganz oben auf der Pyramide stand. Es war mit grau-rosa Flechten überzogen, und im Innern lagen ein gutes Dutzend Schädel auf einem Bett aus Riesenmuscheln, der traditionellen Währung der Salomonen.

»Hier haben wir unsere Häuptlinge hergebracht, bevor die Missionare kamen«, erklärte Pinto. »Mein Urgroßvater ist hier drin. Und mein Großvater ist da drüben.« Er zeigte durch das Gestrüpp zu einem Grabstein und einem Kreuz mit der Inschrift: »Devito Vino. 23. Dezember 1986.«

Obendrauf stand ein schmuddeliger Glaskrug mit ein paar armseligen Plastikblumen, während ringsum die farbenprächtigsten Blüten auf Büschen und Bäumen wuchsen.

»Von wem... Ich meine... diese Schädel – von wem...« Pinto wartete geduldig. »Wo kommen sie her?« stieß ich schließlich hervor.

»Die meisten kommen von Santa Isabel«, sagte er. »Unsere Leute haben die Köpfe der Männer genommen und die hellhaarigen Frauen als Sklavinnen hierhergebracht.«

»Wir wollen auch nach Santa Isabel«, erzählte ich ihm.

»Da sind nicht mehr viele Leute übrig«, meinte er.

Weil wir bei Nacht nach Honiara zurückfuhren und Regen angekündigt war, genehmigten wir uns eine der beiden einzigen Kabinen auf der Iuminau. Sie erschien uns auf den ersten Blick vergleichsweise luxuriös, mit großen Fenstern, zwei Einzelbetten, einem Schreibtisch und einem Badezimmer. Bei genauerer Betrachtung war sie allerdings weniger verlockend. Braune Kakerlaken hingen an den gelben Wänden, die Laken waren fleckig, und das Badezimmer war schmierig und mit Schamhaaren übersät. Aber wenigstens konnten wir hier ruhig schlafen, ohne uns um unser Boot und unser Gepäck sorgen zu müssen. Das dachten wir jedenfalls. Kaum hatten wir uns auf einem der Betten ausgestreckt, weckte uns die erste Durchsage. In dem Lautsprecher über unseren Köpfen ertönte eine schrille Stimme – da das Wetter so rauh sei und wir die offene See ansteuerten, brüllte sie uns ins Ohr, sollten wir alle unsere Sachen auf Deck gut festmachen und vor allen Dingen aufpassen, daß unsere »*pikininies*«, unsere Sprößlinge, nicht über Bord kugelten. Bald schlingerte das Schiff wild herum, und die Badezimmertür knallte pausenlos auf und zu. Kakerlaken purzelten von der Decke auf uns herunter, und plötzlich knirschte und raschelte es in einer Ecke der Kabine. Das Geräusch kam näher und zog an unserem Bett vorbei in eine andere Ecke. Als wir das Licht anknipsten, sahen wir, daß eine Plastiktüte und ein Stück Papier aus dem Abfallkorb neben der Tür herausgezerrt und in ein Loch in der Wand gestopft worden waren.

»Das ist bloß eine Ratte«, murmelte Dag. Er knipste das Licht wieder aus und zog das Laken über den Kopf.

Die ganze Nacht raschelte die Ratte um uns herum. Bis zum nächsten Morgen hatte sie noch mehr Papierfetzen in das Loch gestopft, eines meiner Notizbücher angenagt, sich durch einen wasserdichten Sack gefressen und sieben Löcher mit deutlichen Zahnspuren in Dags T-Shirt hinterlassen.

Als wir uns der Guadalcanal-Insel und Honiara näherten, saß ich im Bett und schaute Dag beim Anziehen zu. Er war braungebrannt, hatte einen struppigen Bart im Gesicht, und nach drei Wochen Fisch- und Kokosnuß-Diät war er fast wieder so kräftig wie früher. Er schüttelte seine sonnengebleichten Haare, um ein paar verirrte Kakerlaken loszuwerden, dann schlüpfte er in seine schmuddeligen Shorts und das angefressene T-Shirt, und ich dachte plötzlich, daß er schon lange nicht mehr so glücklich ausgesehen hatte.

Inselleben

»Ich hab Sie gar nicht wiedererkannt!« rief der Angestellte der Schiffahrtslinie, als wir in sein Büro kamen. »Sie sehen so gesund aus!«

Als wir ihm sagten, daß wir nach Santa Isabel fahren wollten, machte er ein langes Gesicht. »Da gehen keine Touristen hin! Es gibt keine Straßen, keine Hotels! Sie werden sich langweilen.«

Wir versicherten ihm, daß wir weder Straßen noch Hotels brauchten. Wir wollten mit unserem Kajak die ganze Südwestküste der Insel erforschen, der längsten aller Salomon-Inseln, dann die kleine Inselgruppe am westlichen Zipfel umrunden und die Manning-Straße in Richtung Choiseul-Insel überqueren.

»In zwei Tagen geht ein Schiff nach Santa Isabel«, sagte er. »Aber die Abfahrtszeit kann sich verschieben – bis zu sechsunddreißig Stunden.«

»Und wie erfahren wir das?«

Er zuckte die Achseln. »Schalten Sie das Radio ein. Oder behalten Sie das Schiff im Auge. Wenn Rauch aus dem Schornstein kommt, können Sie an Bord gehen.«

Am selben Abend um neun Uhr spuckten die Schlote der Ligomo V dicken, schwarzen Rauch in die Luft – vierundzwanzig Stunden vor der regulären Abfahrtszeit! Es war ein kleiner Holzfrachter mit einer Schlagseite von mindestens zehn Grad, halb so groß wie die Iuminau und doppelt so primitiv. Wir machten die ganze Nacht kein Auge zu, während wir über eine barmherzigerweise ruhige Salomonen-See dampften. Gegen Morgen setzte uns ein Rettungsboot am südlichsten Zipfel von Santa Isabel ab. Die Ligomo V tuckerte davon, und wir bauten unseren Kajak auf – wir waren müde, verschwitzt und fühlten uns plötzlich sehr allein. Den ganzen Tag paddelten wir an der zerklüfteten, ungeschützten Küstenlinie nach Nordwesten. Weiße Sandbuchten wechselten mit schwarzen Stränden und dschungelbedeckten Klippen ab. Der Kajak ächzte und krümmte sich in der starken Dünung, und ausgerechnet in diesem Augenblick erzählte mir Dag, daß er unser Notortungsgerät und unser UKW-Funkgerät in Honiara gelassen hatte.

»Hier draußen ist sowieso keiner, der uns retten kann«, sagte er fröhlich. »Also hab ich den Krempel erst gar nicht mitgenommen.«

Im Lauf des Vormittags ballten sich dicke graue Wolken über unseren Köpfen zusammen, und gegen Mittag schütteten sie ganze Sturzbäche über uns aus. Als wir an einer küstennahen Felseninsel vorbeipaddelten, stiegen Hunderte von Fregattvögeln in einer riesigen, wirbelnden Spirale zum Himmel auf. Blaue Eisvögel schossen an uns vorbei, und riesige Schmetterlinge, deren Flügel auf einer Seite braun und auf der anderen leuchtend blau waren, gaukelten träge durch die Luft. Am Nachmittag umrundeten wir eine steile Landzunge, wo das Wasser von den zurückstürzenden Wellen ziemlich aufgewühlt war. Dahinter lag ein Dorf, winzig klein vor den steil aufragenden Berghängen.

Eine Menschenmenge versammelte sich am Strand, und mehrere Leute platschten ins Wasser und zogen uns samt unserem Boot an Land. Eine grauhaarige Frau mit nacktem Oberkörper und einer Pfeife im Mund griff in meine Sitzluke, zerrte die Gepäckstücke heraus und reichte sie an die Kinder weiter.

»Wo gehen die hin?« flüsterte ich Dag nervös zu, als die Kinder mit seinen Kamerataschen auf dem Kopf hinter den Blätterhütten verschwanden. Ich hätte mir keine Sorgen zu machen brauchen. Die Leute auf Santa Isabel sind berühmt für ihre Gastfreundschaft, und in jedem Dorf steht eine leere Blätterhütte für durchreisende Gäste bereit. Auf den Stufen der Gästehütte von Kilokaka erwartete uns der Dorfvorsteher James mit seinem kleinen Enkel – unser Gepäck war säuberlich hinter ihm aufgestapelt. In den letzten zwei Monaten hätten nur zwei Leute in der Hütte übernachtet, erzählte uns James – ein Regierungsbeamter und jemand von der Gesundheitsbehörde.

»Irgendwelche Weißen in Kajaks?« fragte ich ihn.

»Nein, keine weißen Leute«, versicherte er. »Seit drei Jahren nicht mehr!« Feierlich nahm er unsere Geschenke entgegen – ein bißchen Tabak und ein paar Fischhaken – und ermutigte seinen Enkel, den Luftballon zu nehmen, den wir ihm hinhielten.

»Ich bringe euch Taro zum Essen«, verkündete er.

»Wir haben unser eigenes Essen dabei«, sagte ich schnell. »Aber wir würden gern ein paar Früchte eintauschen, wenn jemand was übrig hat.«

Als erstes kam eine Frau mit einem Arm voll Papayas. Wir boten ihr Nähnadeln zum Tausch an, aber sie schüttelte den Kopf. »Luftballon«, beharrte sie.

Dann tauchte ein spindeldürrer alter Mann auf – in der einen Hand hielt er eine riesige Machete, in der anderen eine schwere Staude voll harter, grüner Bananen. »Die können wir doch nicht alle mitnehmen«, flüsterte ich Dag zu.

»Es wird uns nichts anderes übrigbleiben«, murmelte er zurück. »Der arme Kerl hat extra seinen Garten geplündert.« Er reichte dem Mann ein paar rostfreie Fischhaken, die dieser sorgfältig untersuchte und dann zurückgab. »Luftballons«, sagte er.

Eine andere Frau brachte uns Ananas, ein Mann kam mit Kokosnüssen, Kinder rollten Orangen über den Fußboden, und jemand bot Eier an. Bald drängte sich eine lärmende Menschenmenge vor unserer Tür, und vor uns lag mehr Essen, als wir in unserem Kajak überhaupt transportieren konnten. Und alle wollten Luftballons.

Als es dunkel wurde, eilten die Frauen und Kinder nach Hause, aber ein paar Männer blieben zum Schwatzen und fragten uns bis Mitternacht über das Leben in Kanada und England aus. Kaum waren wir eingeschlafen (oder jedenfalls kam es uns so vor), da wurden wir von lautem Trommeln direkt neben unseren Köpfen aufgeweckt. Die Nachbarhütte war eine Kirche, und der Pastor saß draußen im Dämmerlicht und rief seine Schäfchen zum Gebet, indem er wie verrückt mit zwei Holzstöcken auf einer Schlitztrommel herumhämmerte. Dag stand sofort auf, aber ich zog mir das Laken über den Kopf, in der Hoffnung, daß der Radau bald aufhören würde. Es ging eine halbe Stunde so weiter. Gegen sechs Uhr döste ich wieder ein, aber plötzlich hatte ich das Gefühl, beobachtet zu werden. Vorsichtig machte ich ein Auge auf und starrte auf drei blonde Köpfe, die aus einem Loch im Bambusboden herausragten. Direkt unter mir saßen ein Dutzend weitere kleine Zuschauer mit gekreuzten Beinen auf dem Boden und starrten durch die Latten zu mir herauf.

»*Wefelas go lukim haus bilong yu?*« fragte der mutigste von den drei Köpfen. »Dürfen wir dein Haus besuchen?«

Sie nahmen mein gequältes Stöhnen für Zustimmung, und innerhalb von Sekunden schwirrte eine ganze Kinderschar um mich herum. Ich stellte mich schlafend, während sie meine Kopfhaut nach Läusen absuchten. Aber das wurde ihnen bald langweilig. Ich richtete mich auf, wühlte in unserem Sack mit den Tauschgegenständen herum und zog einen Luftballon hervor. Sie reichten ihn feierlich herum, dann gaben sie ihn zurück. Ich blies ihn auf.

»*Yu ple olgeta long balloon*«, sagte ich – »spielt zusammen mit dem Luftballon«, und dabei stieß ich den Ballon zur Demonstration mit der flachen Hand in die Luft.

Die Kinder drängten stumm zur Hütte hinaus, dann ertönte lautes Jubelgeschrei, und ich konnte mich in Ruhe anziehen, während draußen das Luftballonspiel weitertobte. Es kam, wie es kommen mußte: Plötzlich gab es einen lauten Knall, gefolgt von fassungslosem Schweigen. Ein Kind erschien auf der Türschwelle: »*Balloon gud no more*«, sagte es mit zitternder Stimme. »Ballon ist nicht mehr gut.«

»Kein Problem«, sagte ich.

»Kein Problem?«

»Kein Problem.«

Und von da an hörte man im Dorf nichts anderes mehr als: »Kein Problem, kein Problem!«

Ich fand Dag vor der Kirche, wo er das Opossum-Baby eines Dorfbewohners bewunderte.

»*Im bite?*« fragte er. »Beißt er?«

»*Im no bite*«, versicherte der Besitzer, und im selben Moment hieb das Opossum seine Zähne in Dags Zeigefinger. Ein anderer Mann tauchte mit einem winzigen Wildschwein an einer Lianenleine auf. Er warf Dag das laut quiekende Tier in die Arme.

»Was ist denn hier los?« fragte ich.

»Ich hab ihnen gesagt, daß ich Tierarzt bin«, erklärte er. Als nächstes tauchte ein Mann mit einem Flughund-Baby auf. Es hing kopfüber an einem Stück Bambus, den Kopf in der weichen, samtigen Haut zwischen seinen langen Fingern verborgen, die wie Flügel um den Körper lagen.

»*Im kaikai*«, sagte der Besitzer und stupste es an. »Das ist Essen.« Die Flügel klappten auseinander, und darunter kam ein pelziger schwarzer Körper mit einem spitzen Gesicht, Teufelsohren und braunen hervorquellenden Augen zum Vorschein. Der kleine Flughund gähnte und riß sein rosa Maul mit den winzigen, scharfen

Zähnen auf. Dann streckte er seine Flügel und kratzte sich ausgiebig mit der gekrümmten Spitze eines Zeigefingers.

»So siehst du morgens auch aus«, sagte ich zu Dag.

»Ich hab eine Idee«, meinte er.

Ich konnte mir schon denken, was. »Aber das geht doch nicht ...«, fing ich an.

»Er kann vom Mast runterhängen«, sagte Dag. »Schau mal, er ist doch schon ganz zahm ...«

»*Yufelas laikim?*« fragte der Besitzer. »Ihr mögt ihn?«

»*Wefelas laikim tumas!*« bestätigte Dag begeistert.

»*Yufelas taikim!*« bot der Besitzer an. »Ihr nehmt ihn!«

»Wir können ihn nicht nehmen!« sagte ich energisch.

»Aber er ist so süß«, bettelte Dag. Er nahm das Flughundbaby von seinem Bambusstock herunter und hängte es an meinen Arm. Eine Klaue über die andere setzend, kroch es schnurstracks auf meine Achselhöhle zu.

»Dag, bitte nimm es weg!«

»Wir könnten es mit nach Kanada nehmen! Unser Haus ist ideal dafür!«

Der Flughund streckte jetzt einen langen Finger aus und hakte sich in meinem Haar fest.

»Nimm ihn runter!«

»Okay, okay«, brummte Dag und machte das Flughundbaby los.

»*Sori tumas*«, sagte er bedauernd zu dem grinsenden Besitzer. »*Misis belong mi no laikim* – meine Missis mag ihn nicht.«

Obwohl die wenigen Dörfer an der Küste weit auseinanderlagen und es weder Straßen noch Telefonverbindungen gab, eilte die Nachricht von den zwei Weißen im Kajak uns weit voraus. Als wir ein paar Tage später nach Samasodu kamen, wartete der Dorfvorsteher am Strand auf uns. »Wir haben euch schon erwartet«, sagte John Selwyn. »Euer Haus ist bereit. Heute abend findet unser Weihnachtsspiel statt, und ihr seid die Ehrengäste.«

In der Dorfhalle wehten Zierbänder aus Bananenblättern vom Blechdach, und eine Flickendecke aus alten Laken und Sulus war als Bühnenvorhang an einem Seil befestigt. Die Zuschauer kauerten auf Matten am Boden, Babys schliefen auf dem Rücken ihrer Mütter, Kleinkinder wackelten herum und stolperten über schlafende Hunde. Der Himmel draußen war sternenübersät, die Palmen rauschten im warmen Wind, und das Klatschen der Wellen drang vom Strand herüber. Unter dem Vorhang, der nicht ganz bis zum Boden reichte, rannten ungefähr ein Dutzend Paar nackte schwarze Füße herum.

Der Lehrer erschien und stellte zwei Kerosinlampen an beiden Seiten der Bühne auf, dann stellte er sich dazwischen und rang die Hände. »*Mi sori long disfela drama*«, fing er an. »Es tut mir leid wegen diesem Spiel.«

Er sei bei einer Versammlung in Honiara gewesen, erklärte er feierlich, seine Rückkehr habe sich verzögert, und deshalb habe er nur wenig Zeit gehabt, das Spiel zu schreiben, es einzustudieren oder die Kostüme näher zu begutachten. Der Vorhang wurde aufgezogen, und ein Mädchen und ein Junge in weißen Bettlaken kamen zum Vorschein. Beide sahen ziemlich verlegen aus. Der Junge hatte zwei Flügel aus Pappe auf dem Rücken und hielt ein Stück Papier in der Hand.

»Der Erzengel Gabriel kommt zu Maria, um ihr die frohe Botschaft zu verkünden«, erklärte der Lehrer.

Gabriel las mit monotoner Stimme von seinem Zettel ab: »Fürchte dich nicht. Maria, du bist voll der Gnaden. Du wirst ein Kind von Gott, dem Herrn, empfangen. Und du wirst einen Sohn gebären. Und du sollst ihm den Namen Jesus geben.«

Maria starrte ausdruckslos vor sich hin. »Wie kann das sein? Wo ich doch Jungfrau bin.«

Der Lehrer stampfte vor der Bühne auf und ab und rang die Hände. Gabriel räusperte sich und fuhr fort: »Sogar Elisabeth, deine Verwandte. Wird in ihrem hohen Alter ein Kind bekommen. Und sie, von der es hieß, sie sei unfruchtbar. Ist im sechsten Monat, denn nichts ist unmöglich im Herrn.«

Ein langes Schweigen folgte, während Gabriel und die Jungfrau Maria immer verzweifelter dreinschauten.

»Vorhang!« zischte der Lehrer, und die Sulus und Bettlaken wurden zugerissen.

Gabriel, jetzt ohne Flügel, und die Jungfrau Maria betraten nun die vordere Bühne.

»Josef und Maria!« verkündete der Lehrer. »Kein Platz in der Herberge!«

Das hochheilige Paar wanderte vor dem Vorhang auf und ab, während sich dahinter die zehn Fußpaare, die zum Chor gehörten, zusammenrotteten. »*Silen nie, holy nie*«, fing der Chor mit weichen, unsicheren Stimmen zu singen an, »*all is cam, all is brie* ...«

Erst beim vertrauten Refrain wurden die Stimmen lebendig. »*SLEEEEP IN HE-VENLY PEAS!« schrien sie. »SLEEE-EEEP IN HE-VENLY PEAS.*«

Als das Lied zu Ende war, flüchteten Josef und Maria hinter den Vorhang. Ärgerliches Murren ertönte, Füße schlurften hin und her, dann wurde der Vorhang aufgerissen, und ein ziemlich verdatterter Chor kam zum Vorschein. Maria und Josef knieten rechts und links neben einer leeren Schachtel, und drei Jungen mit Pappekronen auf dem Kopf standen unsicher am Bühnenrand.

»Weil ich in Honiara war«, erklärte der Lehrer dem Publikum, »bin ich nicht dazugekommen, die Worte der Heiligen drei Könige einzustudieren und das Jesuskind zu machen.«

Eine Frau aus dem Publikum bot großzügig ihr Baby an, aber der völlig entnervte Lehrer lehnte ab. »Kommt, Könige!« sagte er unwirsch, und die drei Jungen schlurften stumm zu der leeren Schachtel und schauten ehrfürchtig auf sie hinunter. Dann fiel der Vorhang zum letzten Mal.

»Das Spiel ist zu Ende«, sagte der Lehrer. »Es tut mir leid, daß wir es nicht besser vorbereiten konnten, aber ich war in Honiara.«

Samasodu war das erste Dorf auf unserer Route, das fließendes Wasser hatte. Am nächsten Morgen wusch ich an der Wasserstelle unser Frühstücksgeschirr, während neben mir ein paar Frauen ihre ohnehin auf Hochglanz polierten Töpfe mit Sand scheuerten. Eine von ihnen packte meinen kleinen, rußgeschwärzten Wasserkessel und machte sich entschlossen darüber her. Ihre Freundin übernahm daraufhin die Bratpfanne. Ich versuchte sie so taktvoll wie möglich davon abzubringen, weil ich die Teflonbeschichtung retten wollte, aber sie machte unbeirrt weiter.

»Was ist der Zweck eurer Reise?« fragte sie.

Das hatte man uns schon hundertmal gefragt, und ich wußte immer noch keine befriedigende Antwort darauf. Eine Abenteuerreise, für die man sich ein Jahr lang beurlauben läßt – der Gedanke war für die Leute hier, die kaum das Nötigste zum Leben hatten, einfach zu abwegig. Während ich immer noch nach Worten suchte, feuerte die Frau bereits eine neue Frage auf mich ab.

»Ist es wahr, daß du alle deine Kinder zu Hause gelassen hast?«

»Ich habe keine Kinder«, sagte ich.

Sie war so niedergeschmettert von dieser Neuigkeit, daß ich ihr endlich die Bratpfanne aus der Hand nehmen konnte. Um sie wieder ein bißchen aufzumuntern, fragte ich sie: »Wie viele Kinder hast du?«

»Fünf«, sagte sie. »Aber nur drei sind bei mir. Meine Schwester ist unfruchtbar, und deshalb habe ich ihr meine beiden Jüngsten gegeben.« Sie dachte einen Augenblick nach. »Du mußt deine Wantoks bitten, daß sie dir ein paar von ihren Kindern geben.«

Ich stellte mir vor, was wohl meine Brüder und Schwägerinnen dazu sagen würden – und Dag erst, wenn ich einen von meinen lebhaften Neffen und Nichten bei uns aufnehmen würde. Ich wollte ihr schon erklären, daß es in meinem Teil der Welt nicht so einfach war, ein Kind zu adoptieren, aber sie war offensichtlich so zufrieden mit der Lösung, die sie gefunden hatte, daß ich es lieber sein ließ.

Nach Samasodu kamen fünfzig Meilen unbewohnte Küste, bis zu dem Dorf Kia an der Nordspitze von Santa Isabel. Wir paddelten an den äußeren Riffen vorbei, und wenn wir sie überqueren mußten, schickten wir jedesmal ein Stoßgebet zum Himmel, daß keine heimtückische Welle kommen und unseren Kajak auf den Korallen zerschmettern möge. Und wir drückten uns die Daumen, daß uns das gute Wetter treu blieb. Im glatten, kristallklaren Wasser kreuzten Haie an uns vorbei – sie waren neugierig, aber nicht aggressiv. Delphine sprangen im Sonnenlicht oder ließen sich neben unserem Boot auf dem Rücken treiben, so daß wir ihre blendendweißen Bäuche bewundern konnten. Und Schildkröten streckten den Kopf aus dem Wasser, um Luft zu schnappen.

Eines Abends zelteten wir auf einem schwarzen Sandstrand, der wie frisch gepflügt aussah. Es waren die Spuren von riesigen Lederschildkröten, die um diese Zeit des Jahres an Land kamen, um in der Nacht ihre Eier im Sand abzulegen. Sobald es dunkel war, spazierten wir am Strand entlang und sperrten Augen und Ohren auf. Bald hörten wir ein tiefes Grunzen. Wir schlichen auf das Geräusch zu, Dag knipste die Taschenlampe an, und wir fuhren entsetzt zurück, als wir sahen, was der Lichtkegel erfaßt hatte: Die Schildkröte war mindestens eine halbe Tonne schwer; ihr zerklüfteter Panzer ragte mehr als einen Meter über dem Boden empor, und ihre Vorderfüße waren vorn zweieinhalb Meter auseinandergespreizt. Aber wir hatten nichts von ihr zu befürchten: Sie war so mit den Vorbereitungen fürs Eierlegen beschäftigt, daß sie uns vermutlich gar nicht wahrnahm.

In der nächsten Stunde buddelte sie ein enges Loch in den Sand, wobei sie ihre Hinterbeine als Schaufeln benützte. Dann fing sie an, ihre Eier in das knapp ein Meter tiefe Loch zu legen. Sie waren überraschend klein, ungefähr wie Golfbälle. Als sie aus ihr herauspurzelten, ging ihr Grunzen in ein langgezogenes Stöhnen über, und große, gallertartige Tränen quollen ihr aus den Augen. In einer halben Stunde legte sie ungefähr hundert Eier ab. Eine Weile lag sie keuchend da, als müsse sie neue Kräfte sammeln. Dann scharrte sie Sand über die Eier, klopfte ihn zärtlich fest und füllte das Loch auf. Inzwischen stöhnte sie vermutlich aus purer Erschöpfung, aber ihre Arbeit war noch nicht zu Ende. Sie schleppte sich zur Seite, grub zwei weitere Löcher und füllte sie als Köder für die räuberischen Echsen auf. Endlich hatte sie ihre Aufgabe erfüllt, sie drehte sich um und wankte zum Wasser zurück. Die Wellen schlugen über ihrem Panzer zusammen, und weg war sie.

Die ganze Nacht tauchten Schildkröten wie mythische Urweltriesen aus der Brandung auf, und wir blieben wach und beobachteten sie. Kurz vor Tagesanbruch kehrten die letzten in ihr Element zurück. Wir schafften es, noch eine Stunde zu schlafen, bevor die Sonne aufging, und als wir schließlich aus dem Zelt krochen, war der ganze Strand mit meterlangen Waranen übersät, die eifrig nach ihrem Frühstück buddelten.

Mürrisch durch den Mangel an Schlaf setzten wir unsere Reise fort. Wir paddelten an langen, ungastlichen Sumpf- und Mangrovenabschnitten vorbei und durch ein Gewirr von steilen Felseninseln, wo kein Lüftchen sich bewegte und es unerträglich heiß war. Meine Pilzinfektion und diverse Salzwasserschrunden machten mir zu schaffen, und ich rutschte ständig in meinem Sitz herum, um den Juckreiz zu lindern. Wenn es hart auf hart kommt, versuch's mit Visualisierungstechniken, hatte mir eine Freundin in Kanada geraten.

Gehorsam stellte ich mir vor, ich sei ein Einsiedlerkrebs, der sich in sein kühles, dunkles Schneckenhaus verkriecht. Es funktionierte nicht. Dann stellte ich mir vor, daß ich zwischen kühlen, glatten Laken in einem abgedunkelten Zimmer lag. Das funktionierte auch nicht.

»Laß uns bald irgendwo anhalten«, sagte ich.

»Gute Idee – kannst du mir vielleicht auch verraten, wo?« fauchte Dag.

»Du hast doch die Karte, sind da keine Strände eingezeichnet?«

»Schau doch selber nach – ich mach das schließlich schon den ganzen Tag, jetzt bist du dran!«

Streiten und gleichzeitig weiterpaddeln war mittlerweile kein Problem mehr für uns. Dag schleuderte mir seinen Zorn in den Rücken; ich schleuderte den meinen in den Ozean.

»Mein Gott, du sollst mir doch bloß sagen, ob es hier irgendwelche Strände gibt!«

»Nein, gibt es nicht.«

»Und was machen wir dann?«

»Keine Ahnung, vielleicht fällt dir ja mal zur Abwechslung was ein!«

»Wieso mir? Wir machen doch sowieso bloß, was du willst!«

Ein durchdringender Pfiff beendete unseren Streit. Wir drehten uns um und sahen einen Mann, der uns von einer der Felseninseln aus zuwinkte. »Hello! Hellooo! Da drüben!« schrie er und lotste uns in eine kleine, im Mangrovendickicht versteckte Bucht, in der ein offenes Haus auf Pfählen über dem Wasser stand.

Die kleine Insel Kora war ganz anders als die properen, traditionellen melanesischen Dörfer, die wir bis jetzt gesehen hatten. Kerosinflaschen aus Plastik schwammen zwischen den Mangrovenwurzeln herum. Unter einer Wäscheleine waren Kleider in den Schlamm getrampelt. Wellblech- und Feuerholzstücke lagen auf dem Boden verstreut. Ein mit Kokosnußschalen gepflasterter Weg war halb fertig aufgegeben worden. Neben einer baufälligen Küchenhütte lagen geräucherte Seegurken auf dem Boden, und zerzauste Hühner kratzten im Dreck. Aber Victor Thagramana begrüßte uns herzlich, stieß einen Haufen Kleider und Bettzeug beiseite und legte eine Sitzmatte für uns beide neben die offene Tür des winzigen Hauses. Er sagte uns, er sei der Chef der Polizeikapelle von Honiara, und die Insel Kora sei sein Land. Er war mit seiner Frau Christina, einer Polynesierin, und seiner Tochter Jemima über Weihnachten hierhergekommen, um Christines Mutter Rhonda zu besuchen, die hier, in der einzigen Ansiedlung auf Kora, lebte.

»In Honiara muß ich hart arbeiten, um Geld zu verdienen, und ich gebe alles für Essen und Miete aus«, sagte Victor. »Hier lebe ich kostenlos. Ich esse Cassava aus dem Garten und Fische aus dem Meer. Wenn ich Geld brauche, verkaufe ich ein paar Seegurken oder Kopra. Ich mag das Inselleben. Ich vergesse die Arbeit.«

Während Victor sich freute, daß er die Arbeit vergessen konnte, waren die Frauen auf dem Meer draußen und fingen das Abendessen. Am späten Nachmittag kamen sie in ihrem Einbaum vom Riff zurück und sangen polynesische Lieder beim Paddeln. Victors Frau und seine Schwiegermutter waren stattliche Matronen mit krauser Haarwolle. Seine neunzehnjährige Tochter Jemima dagegen war schlank, muskatnußbraun und trug nur einen lässig geschlungenen Sulu, der ihr ständig vom Busen herunterrutschte. Glatte schwarze Haare rahmten ihr Gesicht ein und fielen ihr bis auf die Hüften. Um die Stirn trug sie einen Kranz aus frischem Kurkuma, und in einer Hand hielt sie die Tagesausbeute von mehreren großen Riff-Fischen.

Nach dem Abendessen, das aus Reis und Fisch bestand, schenkte Dag Victor ein bißchen Tabak. »Wir haben seit einer Woche keinen Tabak mehr gehabt!« rief Victor. »Jetzt seht ihr nur noch lächelnde Gesichter!«

Er riß ein paar Seiten aus einem Schulheft heraus und rollte mehrere dicke Zigaretten, wovon er die erste seiner Schwiegermutter reichte. Dann holte er einen großen, verbeulten Kessel mit *kalevi* hervor, einem starken Gebräu aus vergorenem Kokospalmensaft. »Das wird heute abend alles ausgetrunken«, verkündete er begeistert und reichte mir eine Kokosnußschale mit der trüben, leicht sprudelnden Flüssigkeit. »Sonst brennt es Löcher in den Kessel!«

Das Kalevi schmeckte gut, war aber sehr stark, und nach zwei Schalen fing ich an zu gähnen. Ich ließ Dag und Victor mit dem Kessel allein und half den Frauen, Moskitonetze am Dach aufzuhängen und Matten und Laken darunterzulegen. Es dauerte nicht lange, bis ich eindöste. Rhonda und Christina schnarchten geräuschvoll, eine Seegurke explodierte auf dem Räuchergestell in der Küchenhütte, und unter mir schwappte das Wasser um die Mangrovenwurzeln.

»Das ist Inselleben!« hörte ich Victor rufen. »Du trinkst, du fällst um, du schläfst, du stehst wieder auf und gehst fischen!«

Im Morgengrauen hob eine Hand unser Moskitonetz an einem Zipfel hoch und schob einen Glaskrug mit frisch gepflückten Orchideen herein. Ein paar Minuten später wurde das Netz wieder hochgehoben, und diesmal tauchte eine Thermosflasche mit zwei Plastiktassen auf unserer Matte auf. In der Thermosflasche war ein heißes Getränk aus Lemongras, Wasser und Zucker.

»Wir sind im Paradies«, meinte Dag.

Bis wir das Moskitonetz abgehängt und die Matte aufgerollt hatten, tauchte Jemima auch schon mit unserem Frühstück auf: Schiffszwieback, selbstgemachte Kokosnußmarmelade, mit reichlich Ameisen gewürzt, und drei gekochte Eier. Dag schälte eines davon, und plötzlich stieg uns ein durchdringender Schwefelgestank in die Nase, und ein ziemlich weit entwickelter Embryo kam zum Vorschein.

»Ich kann das nicht essen«, flüsterte ich.

Dag dagegen kann fast alles essen. Er wühlte eine Flasche Sojasauce aus unserem Proviantsack hervor und kippte eine reichliche Portion über das geschälte Ei.

»Nicht!« sagte ich und schaute voller Entsetzen zu, wie er das ganze Ei in den Mund steckte und mit grimmiger Miene zu kauen anfing. Er schluckte, griff nach der Wasserflasche und trank eine halbe Minute lang, ohne abzusetzen. Dann schob er die zwei restlichen Eier in die Taschen seiner Shorts.

»Bin gleich wieder da«, sagte er und schlenderte durch die Mangroven davon.

Kurze Zeit später kam Jemima zu mir herüber. »Willst du schwimmen gehen?« fragte sie und meinte, ob ich mich waschen wollte. Sie raffte ihren Sulu über den Brüsten zusammen und führte mich den Kokosnußschalenweg entlang, der bald in einen Trampelpfad überging und sich durch riesige Farne bis zu einer Stelle schlängelte, wo Wasser aus dem Felsen hervorströmte und einen kleinen, trüben Tümpel bildete. Ringsherum lagen zerbrochene Plastikschüsseln, Wäscheseifeklumpen und noch mehr in den Boden getrampelte Wäschestücke. Jemima hockte sich neben den Tümpel und ließ ihre langen Finger über die Wasserfläche gleiten. Ich kauerte mich neben sie und fragte mich, was jetzt wohl von mir erwartet wurde. Jemima schaute nach rechts und nach links, ihre dunklen Augen suchten das dichte Blättergewirr um uns herum ab. Dann beugte sie sich zu mir herüber.

»Dein Mann ist in die Mangroven gegangen«, flüsterte sie. »Ich hab's gesehen.«

»Ja«, flüsterte ich zurück und suchte nach einer Ausrede wegen der Frühstückseier.

»Macht er seine Toilette an Land?« fragte sie. »Oder im Meer?«

»Manchmal im Meer«, sagte ich, »und manchmal an Land.«

»Land ist gefährlich!« zischte sie. »Es gibt *velas* hier in der Gegend!«

Wir hatten schon eine Menge über die Velas gehört, die Zauberer, die ihre Macht angeblich dadurch erlangen, daß sie den Menschen umbringen, den sie am meisten lieben. Man hatte mich gewarnt, daß ein einheimisches Mädchen Dag in sich verliebt machen könnte, wenn sie ihm ein Haar stahl und damit zu einem Vela ging. Wir hatten auch von Velas mit krummen Fingern gehört, die uns töten konnten, indem sie unsere Geister in einen Korb sperrten. Und es gab Velas, die unsere Fußabdrücke stehlen und dadurch Besitz von uns ergreifen konnten. Jemima tischte mir jetzt eine neue Variante auf: »Wenn du deine Toilette an Land machst, kann der Vela ein Stück davon nehmen und böse Magie damit machen. Aber das Meer hat einen guten Geist, und wenn du deine Toilette dort machst, kann der Vela es nicht anfassen.«

»Wo sind denn diese Velas?« fragte ich.

Ihre Augen irrten ängstlich herum. »Überall. Manche Orte sind nicht gesegnet, und böse Geister leben in den Bäumen.«

Über uns raschelten die Blätter, und ich schaute hoch und starrte direkt in die Augen eines großen, grünen Warans.

»Wir machen unsere Toilette im Meer«, versprach ich ihr, und wir liefen schnell den Pfad hinunter ins helle Sonnenlicht.

Die Tage glitten träge vorbei. Jeden Nachmittag paddelten wir mit den Frauen zum Riff, um zu fischen und nach Seegurken zu tauchen. Auf dem Rückweg hielten wir in den Mangrovensümpfen an und sammelten Feuerholz. Einmal schnorchelten wir um die Überreste eines Kampfflugzeugs aus dem Zweiten Weltkrieg herum. Die Maschine war erstaunlich intakt geblieben, sie ruhte auf einem Flügel in sieben Meter tiefem, sonnengeflecktem Wasser. Ich versuchte mir die Gewehrsalven, das Feuer, die Angst des Piloten vorzustellen, als das Flugzeug abstürzte. Aber jetzt wuchsen Dornenkorallen auf dem Ruder, eine Muräne ringelte sich um die Halterung eines Maschinengewehrs, und alle Spuren vergangener Gewalt waren ausgelöscht.

Abends saßen wir unter den Sternen, tranken Kalevi, erzählten uns Geschichten und zogen uns zum Schlafen ins Haus zurück, wo sich die Moskitonetze in der warmen Brise um uns herum bauschten.

»Bleibt hier über Weihnachten«, sagte Victor eines Abends. »Bleibt doch hier. Wir bauen euch ein Haus.«

Es war ein verlockender Gedanke, den Rest unserer Weltreise zu vergessen und statt dessen ein paar Monate auf Kora zu verbringen. Und eines Morgens wurde uns klar, daß wir schleunigst aufbrechen mußten, wenn wir hier je wieder wegkommen wollten. Nach dem letzten Frühstück wand Jemima uns ein paar Frangipani-Girlanden um den Kopf und überreichte uns ein Glas ameisengewürzter Marmelade. Wir schenkten unseren Gastgebern ein paar Angelschnüre und Köder, den restlichen Tabak, einen Hut und ein T-Shirt. Sie quetschten sich in ihren Einbaum, paddelten mit uns zum äußeren Riff und sangen polynesische Abschiedslieder. Als wir das Riff überquerten, strömten mir die Tränen übers Gesicht, und das offene Meer vor mir war nichts als ein verschwommener Fleck. Hinter uns schaukelten die Thagramanas in ihrem Kanu und sangen, bis wir außer Sicht waren. Die sanften Melodien verklangen allmählich, aber einmal noch tönte Victors Stimme laut und klar herüber: »Vergeßt nicht das Inselleben! Kommt zu uns zurück!«

Eine Belohnung

Nach Kora kam uns das Dorf Kia geradezu großstädtisch vor. Blätterhütten drängten sich an der schmalen Küstenlinie, und vor den gut gefüllten Läden lungerten Betel kauende junge Männer mit an die Ohren gepreßten Kofferradios herum.

»*Oh mi Anita!*« hieß der derzeitige Hit. »*Mi bilong yu! Yu breakin' heart bilong mi! Mi kam back again, mi hope yu wait mi!*« (Oh, meine Anita, du gehörst mir! Du brichst mir das Herz. Komm zu mir zurück! Ich hoffe, du wartest auf mich!)

In einem der Läden, wo wir unsere Lebensmittelvorräte aufstockten, trafen wir eine Frau namens Edith, die ein Jahr lang in Ottawa gelebt hatte und bald nach Melbourne fliegen würde, um ihren Abschluß als Krankenschwester zu machen.

»Ich gehe in fremde Länder, wo ich die neuesten Methoden lerne«, sagte sie, »dann komme ich hierher zurück, in eine Station voller Patienten, die glauben, daß man sie verhext hat. Manchmal frage ich mich, ob meine Ausbildung nicht die reine Zeitverschwendung war.«

Sie lud uns ins Haus ihrer Eltern ein, wo ihr Vater Fischköpfe auf einem Kerosinofen kochte, während die Mutter Kokosnüsse ausschabte.

»Ich bin hergekommen, um nach meinem Zuhause und meinen Eltern zu sehen«, sagte Edith. »Ich gehe heute abend oder morgen nach Honiara zurück, je nachdem, wann die Fähre kommt, deshalb machen sie mir etwas zu essen für die Reise. Seht ihr jetzt, wie hart das Inselleben ist? Keine Elektrizität, kein fließendes Wasser. Den ganzen Tag im Garten arbeiten, dann stundenlang Essen zubereiten.«

Ich fragte sie, wie sie sich gefühlt hatte, als sie nach Kanada gekommen war.

»Ich war überwältigt – so wie die Leute aus Kia, wenn sie zum erstenmal nach Honiara kommen, oder wie ihr, wenn ihr hierherkommt. Aber dann habe ich mich daran gewöhnt. Das ist ja das Problem – man gewöhnt sich an etwas, und schon muß man sich wieder verändern. Manchmal denke ich, es wäre besser gewesen, wenn ich zu Hause geblieben wäre, anstatt auf die höhere Schule und aufs College zu gehen. Mein Leben ist so verwirrend. Ich weiß nicht, wohin ich gehöre.«

Die Fischköpfe kochten über, während Ediths Vater unsere Karte studierte. Wir erzählten ihm, daß wir versuchen wollten, eine Fahrrinne durch das Insellabyrinth nördlich von Santa Isabel zu finden und dann die Manning-Straße zu überqueren, die für ihre unberechenbaren Strömungen und Kabbelungen bekannt ist.

»Sollen wir den Kanal bei Flut oder lieber bei Ebbe durchqueren?« fragte Dag.

»Jaaa«, sagte Ediths Vater.

Dag versuchte es noch einmal. »Wann ist die beste Zeit, durch den Kanal zu fahren?«

Ediths Vater kratzte sich am Kopf. »Morgen«, sagte er.

Unberechenbare Strömungen brachten uns vom Kurs ab, Inselchen und Buchten, die nicht auf unserer Karte eingezeichnet waren, tauchten auf, und bald waren wir völlig verloren. Steilhänge ragten über uns auf, und der schwüle und beklemmende Dschungel kam immer näher. Als wir den Kanal suchten, führten uns eine Reihe von alarmierenden Biegungen und Windungen in Sackgassen, wo riesige Baumwurzeln aus dem Wasser wuchsen und das Rankengewirr so dicht war, daß wir das Boot durchschleppen mußten. Dicke, stachlige Blätter rissen uns die Haut auf und krallten sich in unsere Haare. Der Gedanke an Krokodile verfolgte uns. Einmal steckten wir zwischen tiefhängenden Zweigen fest und schaukelten hilflos im flachen Wasser, umzingelt von großen Stechrochen mit schwarzen Schwanzflossen und gefleckten Rücken, die um unser Boot herumflitzten. Wir brauchten Stunden, bis wir den Kanal gefunden hatten, und zu diesem Zeitpunkt war unser Trinkwasservorrat schon bedenklich zusammengeschrumpft. Gegen Abend wichen die steilen Dschungelwände endlich zurück, und wir sichteten das offene Meer. Wir waren durch. Kurz vor dem Ende des Kanals fanden wir eine geschützte Bucht mit einem kleinen Strand, einer Felsenklippe und einem – Fluß! Wir konnten unser Glück kaum fassen und paddelten auf den Strand zu. Als der Tag zu Ende ging und winzige Fledermäuse über unseren Köpfen herumflitzten, brutzelte Dag Cassava-Scheiben über einem kleinen Feuer, während ich mich im Fluß wusch. Wir waren so erleichtert, daß uns das Toben der Brandung draußen in der Manning-Straße nicht weiter beunruhigte.

Vier Stunden lang kämpften wir unermüdlich gegen starke Strömungen und hohe Wellen, aber am Ende winkte uns die Belohnung: die Arnavon-Inseln, ein paar unbewohnte Landbrocken, von Wind und Wellen geformt, in der Mitte der Manning-Straße. Die Insel, auf der wir uns ein paar Tage ausruhen wollten, hatte einen keilförmigen Strand, dessen Spitze ins leuchtendblaue Meer ragte. Es war eine unglaublich schöne, romantische Stelle, die einsame Insel, von der jeder träumt. Wir rissen unsere Kleider herunter, die so steif vom Salz waren, daß sie praktisch von alleine stehen blieben. Wir brauchten keine Angst zu haben, daß wir mit unserer Nacktheit Anstoß erregen könnten – es waren weit und breit keine menschlichen Spuren zu sehen, nicht einmal ein Boot am Horizont oder die Kondensstreifen eines Düsenjets am Himmel.

Um die Insel herum zog sich ein Korallenriff, faszinierend geformt von den Strömungen und unberührt von Menschenhand. Am Rand des Riffs gab es einen schwindelerregenden Absturz, ein nacktes Kliff, wo das Sonnenlicht von den schattigen Tiefen verschluckt wurde und riesige Papageienfische und Barsche neugierig angeschwommen kamen, um die beiden seltsamen Wesen zu bestaunen, die da in ihr Reich eindrangen. Ich warf nur einen Blick über den Rand des Kliffs, schnorchelte dann aber lieber im flachen Wasser mit den idyllischen Korallengärten. Doch Dag trieb sich ganze Stunden beim Kliff herum, mit Tauchergürtel, Flossen und ein paar tiefen Atemzügen voll Luft gewappnet, um möglichst tief hinunterzukommen. Seine Harpune nahm er allerdings gar nicht erst mit, denn die Fische waren dafür viel zu groß. »Ich kann froh sein, wenn die mich nicht zum Abendessen verspeisen«, meinte er.

Wenn ich nicht gerade schnorchelte, tat ich wenig mehr, als mich von einem Schattenplätzchen zum nächsten zu bewegen. Rings um mich her lagen verwitterte graue Kokosnüsse im Sand verstreut, einige von ihnen hatten frische grüne Triebe mit zarten, gerippten Blättchen an der Spitze. Einsiedlerkrebse krabbelten geschäftig herum, und durch die Büsche konnte ich unbeholfene Großfußhühner beobachten, die ihre großen Eier in den warmen Sand legten, um sie von der Sonne ausbrüten zu lassen. In den Zweigen über mir hüpften rote Papageien herum, pickten an den Blüten und schimpften miteinander. Eisvögel tauchten im Sturzflug ins Wasser, weiße Kakadus schossen vorbei. Riesige Insekten schwirrten pausenlos um mich herum, angelockt von meiner feuchten, klebrigen Haut. Es war so heiß, daß man nicht viel anderes tun konnte, als sich zurückzulegen und nachzudenken. Ich machte mir Sorgen um Dag, der draußen vor dem Riff herumschwamm. Was, wenn er von einem Hai angegriffen wurde? Wenn er mit einer schrecklichen, klaffenden Wunde zurückkam? Wir hatten zwar ein chirurgisches »Nähbesteck« dabei, aber er war der Mediziner in der Familie! Und wenn er überhaupt nicht zurückkommen würde? Mit dem Fernglas suchte ich ein fernes Riff ab, wo perfekt geformte Wellen sekundenlang in der Luft erstarrten und ihre glatten, grünen Bäuche zeigten, bevor sie in einem Wirbel von weißem Schaum zusammenbrachen. Und weiter draußen auf der Manning-Straße trafen Wind und Meeresströmungen aufeinander und schleuderten Wellen hoch, die den ganzen Horizont verwischten. Wen sollte ich in dieser grenzenlosen Weite aus Himmel und Wasser um Hilfe bitten? Doch bevor ich so richtig in Panik geraten konnte, tauchte zum Glück Dags Kopf zum Luftschnappen auf, und die Sonne glitzerte auf seinem Körper, bis er samt Flossen wieder im Wasser verschwand.

Unsere Vorräte waren mittlerweile so zusammengeschmolzen, daß sie auf dem Boden des einst prall gefüllten wasserdichten Proviantsacks herumklapperten. Eines Abends kochten wir ein paar Taroblätter auf, die wir aus Kia mitgebracht hatten. Obwohl sie schon völlig verwelkt waren, dünsteten wir sie zusammen mit etwas geschabtem Kokosnußfleisch, und das Ergebnis war recht schmackhaft.

»Sie sind ganz zart«, meinte Dag nach dem ersten Bissen. »Ich weiß gar nicht, warum die Leute hier das Zeug immer so lange kochen.« Beim zweiten Bissen fiel mir plötzlich wieder ein, was ich in den Küchenhütten der Dörfer gesehen hatte.

»Sie kochen...«, fing ich an, aber Dag faßte sich bereits an den Hals und starrte mich mit hervorquellenden Augen an.

»Was ...?« krächzte er. »Sie kochen sie ...«, brachte ich gerade noch heraus, bevor sich meine Kehle vollends zuschnürte. Tausend brennende, juckende Stachel durchbohrten meine Speiseröhre, und schreckliche Gedanken fuhren mir durch den Kopf – ich sah uns mit aufgeschnittenen Luftröhren, ich sah uns herumstolpern und qualvoll ersticken, und ich dachte an unsere armen Leichen, die hier monatelang unentdeckt vor sich hinmodern würden ... Aber dann merkte ich, daß die Symptome zumindest nicht schlimmer wurden und daß wir beide noch atmeten.

»Taroblätter muß man zweimal kochen«, krächzte ich schließlich rauh.

»Danke für den Tip«, keuchte Dag zurück.

Der halbe Wasservorrat ging drauf, bis unsere Kehlen sich einigermaßen erholt hatten. Es wurde höchste Zeit, daß wir die Manning-Straße überquerten und die Dörfer auf der Vaghena-Insel erreichten. »Wir dürfen hier sowieso nicht mehr länger rumtrödeln – das Wetter kann jeden Moment umschlagen«, meinte Dag. »Und außerdem müssen wir in Vaghena eine Fähre nach Honiara erwischen. In einer Woche geht nämlich unser Flug nach Australien, weißt du.«

Ich wußte es, aber ich wollte lieber gar nicht daran denken.

Verpaßte Schiffe

Bis zum nächsten Mittag hatten wir die Manning-Straße vollends überquert und kamen nach Kukutin, einem Dorf an der Südwestseite von Vaghena. Hier erfuhren wir, daß das letzte Schiff vor Weihnachten bereits abgefahren war. In zwei Tagen sollte eine andere Fähre von Noro aus gehen, einem Ort auf New Georgia, siebzig Kilometer weit weg über dem New-Georgia-Sund.

»Dann paddeln wir eben nach Noro«, schlug ich vor.

Dag starrte mich entgeistert an. »Machst du Witze?«

»Wir brechen vor Sonnenaufgang auf«, beharrte ich.

»Und wenn wir schlechtes Wetter bekommen? Wir müßten fünfundsechzig Kilometer auf dem offenen Meer zurücklegen. Ist dir klar, wie gefährlich das ist? Tickst du nicht mehr richtig?«

Anscheinend tickte ich wirklich nicht mehr richtig. »Wir sind fit und total akklimatisiert«, sagte ich großartig. »Das wäre doch ein guter Abschluß für unseren Südsee-Trip.«

»Falls wir es überleben«, knurrte Dag, aber es gefiel ihm sichtlich, daß ich auch mal die Initiative ergriff und mit einer verrückten Idee daherkam.

Die melanesische Urbevölkerung von Vaghena ist im vorigen Jahrhundert durch Krankheit und Kopfjägerei vollkommen ausgelöscht worden. Vor ungefähr dreißig Jahren siedelten Mikronesier von den überbevölkerten Gilbert-Inseln nach Vaghena über, wo sie drei Dörfer gründeten, von denen Kukutin das größte ist. Im Unterschied zu den Melanesiern haben die Gilberteser keine nennenswerte Ackerbautradition und leben hauptsächlich von dem unerschöpflichen Reichtum der umliegenden Gewässer. Vor kurzem hat ein taiwanesisches Unternehmen einige Investitionen auf Vaghena getätigt: Die Fischer wurden mit Motoren für ihre Boote ausgerüstet, in den Dörfern wurden generatorbetriebene Tiefkühltruhen installiert, und die Firma hat sich vertraglich verpflichtet, die ganze Ernte an Riesenmuscheln und Langusten aufzukaufen. Der Fang wird regelmäßig mit Schnellbooten abgeholt. Und so kam es, daß Vaghena, eine abgelegene Insel ohne Straßen, ohne Telefon, ohne Elektrizität oder fließendes Wasser, praktisch über Nacht zur Konsumgesellschaft gehörte.

In der engen Flußmündung von Kukutin mußten wir unser Boot durch schmutziges, mit Müll und mit Fischabfällen verseuchtes Wasser steuern. Neben einer schmalen Brücke lag ein großes, modernes Motorboot vor Anker, auf dessen Bug mit plumpen Schriftzügen »Mr. Muscle« geschrieben war. Auf dem Deck lungerte ein kaugummikauender taiwanesischer Fischhändler in Blue jeans und engem T-Shirt herum, und aus dem Kofferradio tönte eine Pop-Version von »Jingle Bells«. Als er uns sagte, daß wir die Fähre nach Honiara verpaßt hatten, fragten wir ihn, ob wir hier im Dorf irgendwo zelten könnten. »Da müßt ihr mit Henry reden«, meinte er.

Henry saß mit nachdenklichem Gesicht und gekreuzten Beinen auf einer über den Korallenfußboden der Küchenhütte ausgelegten Matte. Er war ein stämmiger, untersetzter Mann mit traurigen Mandelaugen und dichten grauen Haaren, die aus der breiten Stirn zurückgekämmt waren. Er trug nichts als ein Handtuch, das er im Sulu-Stil um seine Hüften geschlungen hatte, und eine große

Digital-Armbanduhr. Zerzauste Hühner pickten zwischen den Korallen nach Krümeln, und wenn eines von ihnen Henry zu nahe kam, verscheuchte er es mit dem Palmblatt, das er als Fächer benützte. Seine Frau June, die ebenfalls groß, breitgesichtig und mit einem Handtuch bekleidet war, warf eifrig Holz in den bauchigen Kochherd und schöpfte Essen aus rußgeschwärzten Töpfen auf eine Reihe von Blechtellern. Bald war die Matte mit den verschiedensten Gerichten bedeckt: Süßkartoffeln, Reis, Corned beef mit Zwiebeln, Hummer, frisches Brot und Margarine. Eines der Hühner erwischte ein paar Schnäbel voll Reis, bevor sich Henrys Zorn auf ihm entlud; laut gackernd rannte es mitten durch das Corned beef zur Tür hinaus.

»Eßt!« befahl Henry. Er war sehr bekümmert über unseren Plan, nach Noro hinüberzupaddeln, und von Zeit zu Zeit wischte er sich mit dem Handrücken über die Augen und stieß einen tiefen Seufzer aus. »Bitte, macht nicht diese schreckliche Reise«, sagte er.

Henry war ein einflußreicher Mann in Kukutin. Er besaß einen Gemischtwarenladen, er hatte ein Haus mit Blechdach und einen Generator, und er betrieb das Dorfkino. Nach dem Essen gingen wir in seinen Laden und kauften ein paar Tüten »Cheese Twisties«, ein paar Rollen gefrorenen Fruchtsirup und zwei Karten für die Nachmittags-Videovorstellung. Ein Video! Das kam uns geradezu Science-fiction-mäßig vor, nachdem wir zwei Monate an einsamen Stränden und in abgelegenen Dörfern verbracht hatten. Wir folgten Henry in das Hinterzimmer seines Ladens. Der Zementboden war mit brüchigem Linoleum bedeckt, und die Fenster mit Blechfolien abgedunkelt. Wir mußten uns auf die beiden einzigen Stühle setzen, zwischen ein Durcheinander von alten Ölkannen, Reissäcken, Seilenden und leeren Kartons. Die Zuschauer – an der Wand lehnende Männer und auf dem Boden kauernde Teenager und kleine Kinder – starrten wie gebannt auf einen großen Bildschirm, auf dem Cher in einem enganliegenden schwarzen Trikot mit wirkungsvoll plazierten Löchern herumtanzte. »If I could turn back time!« sang sie und warf ihr Becken vor.

Auf breiten, bloßen Füßen stapfte Henry zum Videogerät und drückte auf einen Knopf – schon war Cher verschwunden. In der plötzlichen Stille hörte man das rhythmische Stampfen des

Generators. Henry steckte eine Kassette in den Apparat, und das Nachmittagsprogramm begann. Es war ein chinesischer Film, nicht synchronisiert und ohne Untertitel, so daß die Handlung völlig unverständlich blieb. Aber die Zuschauer waren trotzdem fasziniert und brüllten begeistert Beifall, wenn wieder jemand erstochen oder geköpft wurde.

»Komm, wir gehen«, flüsterte ich Dag zu, aber er stopfte sich weiter mit Cheese Twisties voll, ohne die Augen auch nur eine Sekunde lang vom Bildschirm zu nehmen. Er drehte sich nicht einmal um, als ich durch eine Seitentür hinausschlüpfte.

Draußen stieg ein säuerlicher Geruch vom Fluß auf. Es war früher Nachmittag, die heißeste Zeit des Tages. Männer lagen im Schatten der Häuser herum, die auf Pfählen mehrere Fuß hoch über dem Boden errichtet waren. Auf dem grauen Sand saßen ein paar Frauen und flochten Strohdachteile aus leuchtendgrünen Sagopalmblättern. Zwei Mädchen trugen einen Bambuspfahl zwischen sich, an dem ein Eimer Wasser hing. Nackte Kinder spielten im Staub und schossen mit Gummibändern um die Wette. Eine Henne und mehrere Küken wanderten in den Laden, aber sie wurden erbarmungslos verjagt und kamen gackernd und flügelschlagend wieder herausgerannt. Ein Motorboot donnerte in die Flußmündung und machte der friedlichen Szene vorläufig ein Ende. Der Fahrer stellte den Motor ab und brüllte etwas zu den schlafenden Männern hinüber, die bald alle zusammenliefen.

»Was ist denn los?« fragte ich eine der Frauen.

»Sie haben große Schildkröten gefangen«, sagte sie.

Es brauchte zwei Männer, um eine Schildkröte zu schlachten. Mit vereinten Kräften hievten sie das unglückliche Geschöpf aus dem Boot und legten es auf den Rücken. Ein Mann stellte sich auf die Vorderfüße, damit es sich nicht bewegen konnte. Der andere nahm ein langes, scharfes Messer, mit dem er am Innenrand des Panzers entlangschnitt. Dickes Blut quoll heraus und floß dann in Strömen, bis das Wasser sich hellrot färbte. Der Mann fuhr mit dem Messer unter die Bauchhaut und löste sie mit einem sauberen Schnitt ab. Pulsierende Eingeweide kamen zum Vorschein. Die Schildkröte lebte immer noch. Hilflos hob sie den Kopf und wedelte mit den Hinterfüßen. Der Mann legte das Messer weg, tauchte seine Hände in die Schildkröte und riß die Eingeweide heraus. Ich machte die Augen zu und dachte an die schlafenden Schildkröten, die wir beim Schnorcheln gesehen hatten, an die kleinen Schildkröten, die oft zum Luftschnappen vor unserem Kajak auftauchten, an die riesigen Lederschildkröten, die wir beim Eierlegen beobachtet hatten. Als ich die Augen wieder öffnete, drehte der eine Mann gerade die Flossenbeine der Schildkröte heraus, und der andere schabte den Panzer aus.

Sobald die Nachmittagsvorstellung zu Ende war, half uns Henry, unser Boot in dem schmutzigen Flußwasser auszuladen. Dann trugen er und June unsere Sachen zu ihrem Haus und bestanden darauf, daß wir oben in ihrem Wohnbereich übernachteten. Dünne Trennwände teilten den Raum in vier Zimmer auf, die mit Matten und Pappkartons möbliert waren. Aus einem dieser Zimmer wurden ein paar von Henrys offenbar sehr zahlreichen Kindern ausquartiert, damit wir einziehen konnten. Dann mußten wir die Außentoilette und die Badehütte besichtigen, eine eindrucksvolle Vorrichtung aus einem Zementteil zum Hinhocken und einer Blechbadewanne mit frischem Wasser zum Waschen. Und am Abend wählte Henry für die Videovorstellung mir zu Ehren einen englischen Film über die Bandenkriege in London aus.

Das Abendpublikum war zahlreicher als am Nachmittag, und es waren auch Frauen, junge Mädchen und kleine Babys dabei. Sie schauten zu, wie weiße Männer in Autos herumjagten, Safes knackten, Banken ausraubten und sich gegenseitig abknallten. Die Tonqualität war so schlecht, daß Dag und ich die Dialoge kaum verstehen konnten; für alle anderen Zuschauer muß die Handlung genauso unverständlich und fremd gewesen sein wie vorher bei dem chinesischen Film. Als die Lichter wieder angingen, kam Henry zu uns herübergetappt.

»Heute abend gibt es Tanz im Dorf«, sagte er. »Die Leute proben für Weihnachten. Möchtet ihr das sehen? Meine Tochter Agatha nimmt euch mit.«

In Sekundenschnelle kehrten wir aus der Londoner Unterwelt auf unsere tropische Insel zurück, wo sich Flughunde in den Papayabäumen zankten und ein warmer Wind von der See hereinwehte. Wir folgten Agatha auf schmalen Wegen zwischen strohgedeckten Häusern bis zum Gemeindehaus am Ende des Dorfes. Es war gerammelt voll. In der Mitte saß eine Gruppe von ungefähr zehn Männern auf dem Boden, die auf umgekehrte Holzkisten trommelten und die Menge zum Singen animierten – Lieder über Dorfangelegenheiten, über den Fischfang und über Jesus. An einem Ende des Hauses tanzten Frauen in T-Shirts mit Slogans wie »Surf City« oder »Rock 'n' Roll«, Baströcken und geschmückt mit Frangipani-Girlanden. Anders als die chaotischen Sänger tanzten sie mit präzisen, perfekt aufeinander abgestimmten Bewegungen. Jedoch Agatha war so damit beschäftigt, mich auszufragen, daß sie keine Zeit zum Mitmachen hatte.

»Warum hast du keine Kinder? Wie lange bist du schon verheiratet? Was hast du für eine Religion? Regnet es auch so in deinem Land?«

Ein tropischer Regensturm war plötzlich losgebrochen. Die Wassermassen hämmerten auf die Blechdächer und sprangen draußen vom Boden zurück in die Luft. Die Menge schob sich von den offenen Seiten des Hauses weiter nach innen und sang lauter denn je. Es war zehn Uhr, als wir zu Henrys Haus zurückkamen, wo der Generator noch immer stampfte und elektrische Lichter blitzten.

»Macht nicht diese Reise«, flehte Henry beim Frühstück. »Bleibt über Weihnachten hier.«

Wir versicherten ihm, daß die Überfahrt für uns keine Notlösung war, sondern daß wir es so wollten, aber er ließ sich nicht überzeugen. »Ihr seid wie mein Sohn und meine Tochter. Ich mache mir Sorgen um euch in dem kleinen Boot.«

Den ganzen Tag über stampfte der Generator, während wir in Henrys Haus saßen und unsere Ausrüstung durchsortierten. Da wir die Salomonen bald verlassen würden, wollten wir möglichst viel Ballast loswerden. Wir überhäuften Henry mit Geschenken: einem Tauchergürtel, Angelgerät, einem Fischgrill und dem Rest unserer Tauschgegenstände.

»Es ist viel zuwenig«, betonten wir, »um deine Gastfreundschaft damit zu bezahlen.« Und Henry nahm die Geschenke mit einer Mischung aus Dankbarkeit und tiefer Sorge entgegen. Am Abend führte er sein bestes Video vor, einen Film, in dem der junge Steve McQueen einen Halbblutindianer spielt. Der Streifen war offenbar auch beim Publikum sehr beliebt – es johlte begeistert bei der Szene, in der Steve McQueen einen Einbaum durch die Sümpfe von Louisiana paddelt. Sobald der Film zu Ende war, gingen wir ins

Bett, um möglichst ausgeruht für die lange Ozeanüberquerung zu sein. Wir stellten den Wecker auf vier Uhr, legten uns hin und warteten, daß die Lichter und der lärmende Generator wie am Abend zuvor um elf Uhr ausgingen. Aber nichts dergleichen. Das Stampfen des Generators ließ den Fußboden unseres Zimmers erbeben und schüttelte die Wände. Um zwei Uhr morgens stand Dag auf, um zur Latrine zu gehen. Er fand Henry in buddhaähnlicher Haltung und umgeben von weißen Federn vor der Küchenhütte, während seine Frau drinnen geschäftig herumhantierte.

»Warum seid ihr denn so spät noch auf?« fragte ihn Dag.

»Wir kochen ein Huhn«, sagte Henry.

Für uns natürlich. Mit unseren vielen Geschenken hatten wir die Waagschale der Großzügigkeit zu sehr auf unsere Seite geneigt, und jetzt fühlte sich Henry in unserer Schuld und wollte sich revanchieren. »Schlaft jetzt«, sagte er. »Ruht euch aus vor der Reise.«

Als es Zeit war aufzustehen, sagte uns lautes Schnarchen, daß die ganze Familie jetzt schlief. Vorsichtig stiegen wir über die Kinder auf der Veranda und schlichen zu unserem Boot hinunter. Doch ein paar Minuten später tauchten Henry, June und Agatha bei uns auf und hielten die Taschenlampen, während wir das Boot bepackten.

»Ihr müßt nicht auf diese Reise gehen«, sagte Henry. »Ihr könnt über Weihnachten bei uns bleiben.«

Wir dankten ihm noch einmal für seine Gastfreundschaft und sagten Lebewohl, und June reichte uns das Huhn und ein warmes, frisch gebackenes Brot.

Der Mond war schon untergegangen, der Nachthimmel tintenschwarz und die See so glatt und ruhig, daß sich die Sterne darin spiegelten – es war, als ob wir in den Himmel hineinpaddelten. Nach zehn Minuten drehte ich mich um; die Lichter in Henrys Haus waren endlich erloschen, und die Insel Vaghena und die dort verbrachte Zeit hätten genausogut ein Traum sein können.

Mit der Dämmerung zog eine Wolkendecke auf, und der frühe Morgen blieb kühl, und so konnten wir einen gleichmäßigen Paddelrhythmus finden. Gegen acht Uhr drängten riesige Kumuluswolken heran, die Regenschleier hinter sich herzogen. Aber nach wenigen Minuten kam die Sonne heraus, die Wolken lösten sich auf, und unsere T-Shirts waren schnell wieder trocken. Wir machten eine Pause, um zu frühstücken: Erdnüsse, Junes Brot und Jemimas Ameisen-Kokosnußmarmelade. Vaghena war nur noch eine schwache Linie am Horizont hinter uns. Keine Vögel waren in Sicht, keine Boote. Wieder einmal waren wir mutterseelenallein in der weiten Salomon-See, aber diesmal nicht auf einer Insel, sondern in einem winzigen Kajak.

Ein paar Kilometer von der Küste entfernt zu paddeln ist eine Sache – auch wenn die Landnähe nicht unbedingt eine Sicherheitsgarantie ist, aber psychologisch gesehen macht es einen Riesenunterschied. Das offene Meer zu überqueren ist dagegen etwas anderes, besonders wenn man die erste Hälfte geschafft hat und es kein Zurück mehr gibt. Von da an heißt es durchhalten, ob man will oder nicht – den Blick auf dem Kompaß, einen Paddelschlag nach dem anderen und mit der Hoffnung, daß das gute Wetter anhält.

Wir hatten keine Stürme, gegen die wir kämpfen mußten, keine Sturzwellen, keine starken Strömungen, keinen Gegenwind. Genau gesagt, wir hatten überhaupt keinen Wind. Die Luft war vollkommen still, als ob der Tag den Atem anhielte, und die Hitze hing wie ein schwerer, feuchter Vorhang vom Himmel. Um elf Uhr machten wir Mittagspause und holten das unglückliche Huhn heraus, das uns gestern nacht den Schlaf geraubt hatte. Es hatte eine unappetitliche blaßgraue Farbe, schmeckte aber überraschend gut. Wir aßen es mit dem salzigen Schiffszwieback, den wir in Henrys Laden gekauft hatten, und warfen die Überreste über Bord. Dann überlegten wir, ob wir einen Sprung ins Wasser riskieren konnten. Wir überquerten gerade einen Ozeanabschnitt, in dem die Hai-Fischer gute Fänge machten. Sie nehmen Rasseln aus Muscheln und Kokosnußhälften, die sie an dicke Lianenschnüre gebunden haben, mit aufs Meer und bewegen sie direkt unter der Wasseroberfläche, um die Haie anzulocken. »Da draußen«, hatte Henry uns gewarnt, »da draußen sind immer Haie auf der Lauer. Sie schauen und lauschen, und viele Dinge ziehen sie an.«

Viele Dinge? Finger, Zehen, Beine, Füße, Hühnerknochen? Den ganzen Morgen hatte mich diese Vorstellung davon abgehalten, ins kühle Wasser zu springen. Wenn ich pinkeln mußte, hängte ich mich einfach über den Bootsrand. Aber jetzt wurde der Wunsch zu schwimmen unwiderstehlich.

»Werden Haie von Hühnerknochen angelockt?« fragte ich Dag so beiläufig wie möglich.

»Nein, bloß von rosa Shorts«, meinte er grinsend.

Im nächsten Moment waren wir auch schon drin. Obwohl das Wasser ungefähr 28 Grad hatte, war es erfrischend kühl, verglichen mit der Außentemperatur von gut 35 Grad und der fast hundertprozentigen Luftfeuchtigkeit. Plötzlich sah ich aus dem Augenwinkel etwas Langes, Weißes aufblitzen. Mein Verstand sagte mir, daß es nichts Dümmeres gab, als in der unmittelbaren Nachbarschaft von Haien herumzustrampeln. Aber die Angst war stärker und fegte die Stimme der Vernunft einfach hinweg – wild um mich schlagend pflügte ich zum Boot zurück und brachte mich in Sicherheit.

»Da ist was im Wasser!« schrie ich zu Dag hinüber.

Er lag seelenruhig auf dem Rücken, die Arme hinter dem Kopf verschränkt, die Brust herausgedrückt, um mehr Auftrieb zu bekommen. »Meinst du das Klopapier?« sagte er lässig. »Das ist aus deiner Shortstasche rausgeschwommen.«

Gegen Mittag war unsere Haut völlig ausgetrocknet und salzverkustet, und jetzt wurde die Sonne erst richtig zur Qual. Sie knallte von der Wasseroberfläche zurück, in mein Gesicht und auf meinen Nacken, und machte meine Sonnenbrille und meinen Hut praktisch überflüssig. Die Hitze wurde zu einer beinahe körperlichen Macht. Sie senkte sich auf uns herunter, sie hämmerte auf unsere Köpfe und saugte die Feuchtigkeit aus unserem Körper. Die T-Shirts wurden unerträglich, also rissen wir sie herunter, tauchten unsere Sulus ins Meer und drapierten sie um unsere Schultern. Die Abstände zwischen unseren Ruhepausen wurden immer kürzer. Wir gingen jede Stunde ins Wasser und schließlich sogar alle fünfundvierzig Minuten. Wir konnten nichts mehr essen, sondern schütteten nur noch literweise Wasser in uns hinein, und wir waren heilfroh, daß wir so einen großen Vorrat mitgenommen hatten. Himmel und Meer bleichten immer mehr aus, bis der Horizont kaum noch zu erkennen war und vor meinen Augen zu tanzen begann. Meine Arme waren längst taub und gehörten mir nicht mehr – sie schienen Teil einer unerbittlichen Maschine zu sein, die darauf programmiert war zu paddeln, paddeln, paddeln ...

Am Nachmittag tauchten am Horizont allmählich die Inseln Kolombangara und New Georgia im Westen und im Süden auf. Um sechs Uhr konnten wir schon einzelne Bäume auf den Berghängen von New Georgia erkennen, und es sah so aus, als ob wir in wenigen Minuten dort sein würden. Wir wollten einen Strand suchen, dort übernachten und am nächsten Morgen in aller Frühe aufbrechen, um das letzte Stück bis Noro zurückzulegen. Jetzt, wo das Ende der Plackerei in Sicht war, spürte ich auch meine Arme wieder, und mein Kopf sagte mir, wie müde sie waren. Das Wasser erschien mit inzwischen dick wie Sirup, und es kostete ungeheure Kraft, das Paddel durchzuziehen. Die Sonne schlüpfte in feurigem Glanz hinter den Horizont und färbte die Wolken, die Kolombangara einhüllten, leuchtend orangerot. Eine Gruppe Delphine tauchte aus dem Wasser auf und sprang übermütig um uns herum. Abgesehen von ein paar fliegenden Fischen waren sie die einzigen Lebewesen, die wir an diesem Tag zu Gesicht bekommen hatten. Es wurde bereits dunkel, und wir hatten unser Ziel noch immer nicht erreicht.

»Ich hab ja schon mal was von zurückweichendem Haaransatz gehört«, stöhnte Dag, »aber daß es auch zurückweichende Küstenlinien gibt, ist mir neu.«

Langsam, ganz langsam kamen wir näher. Der Mond ging auf, versteckte sich aber bald wieder hinter einer dünnen Wolkendecke, die sich am Himmel ausbreitete. Vor uns lag New Georgia – ihre dschungelbewachsenen Hänge waren wie eine dichte, dunkle Wand, die von gespenstischen Schreien, Pfiffen, Schnalzern und Trillern widerhallte. Ein warmer Wind wehte uns entgegen, schwer und süß von den Düften tropischer Blüten und feuchter Erde, und das Geräusch der brechenden Wellen sagte uns, daß wir auf ein Korallenriff zusteuerten. Zentimeter für Zentimeter arbeiteten wir uns vorwärts, wir lauschten und starrten durch die Dunkelheit auf die weißen, schäumenden Wellen, wo wir das Riff nicht überqueren konnten, in der Hoffnung, irgendwo eine dunklere Stelle zu finden, wo das Wasser tiefer war und wir vielleicht hinüberkamen. Es gab keine dunkleren Stellen. Dag fluchte laut hinter mir.

»Wir haben heute den zwanzigsten«, sagte er. »Morgen ist Sommersonnenwende. Wir müssen auch noch ausgerechnet bei absolutem Niedrigwasser hier ankommen!«

»Und was machen wir jetzt?« fragte ich.

Wir wußten beide, daß es nur eine Antwort auf diese Frage gab, aber keiner von uns wollte sie aussprechen. Die Flut ging zurück, wir konnten das Riff nicht überqueren, also mußten wir einfach weiterpaddeln.

Gegen zehn Uhr wehte ein neuer Geruch vom Strand herüber: brennendes Holz. Wir sahen einen weichen Lichtschimmer durch die Dunkelheit schweben. Jemand lief mit einer Kerosinlampe vorbei. Wir lauschten angestrengt, und plötzlich hörten wir Stimmen und Hundegebell. Es war einfach zum Heulen – ein Lagerplatz in nächster Nähe und doch vollkommen unerreichbar! »Wir könnten hier sowieso nicht an Land gehen«, tröstete mich Dag. »Die Leute würden uns für Geister halten. Wir würden ihnen eine Todesangst einjagen.«

Meine Augen spielten verrückt: Die Kolombangara-Insel bäumte sich aus der See auf wie eine gigantische Flutwelle. Tropische Blitze schleuderten grelle, zappelnde Schlangen über den Himmel. Kurz vor Mitternacht beschlossen wir, daß es keinen Sinn hatte, weiterzumachen – wir waren viel zu müde. Wir warfen den Hochseeanker ins Wasser, damit das Boot nicht abdriftete, rollten uns zusammen und flochten unsere Beine um die Gepäcksäcke, die auf dem Boden verstaut waren. Es war alles andere als bequem, aber wir schliefen beide sofort ein. Lange dauerte die Atempause allerdings nicht: Drei Stunden später wachten wir wieder auf, völlig durchnäßt und durchgefroren. Aber jetzt hatten wir zwei mächtige Anreize, weiterzupaddeln: Vor uns erschien ein schwaches Licht, das den Hafen von Noro ankündigte, und im Osten verblaßten allmählich die Sterne am Himmel.

Die Dämmerung kam langsam und unauffällig – ein graues Leuchten, das die letzten Spuren der Nacht auslöschte –, als wir durch einen geschützten Wasserabschnitt zwischen Kolombangara und New Georgia paddelten und von weichen, weißen Stränden träumten. Aber leider war weit und breit keiner in Sicht. Sobald wir das Riff einigermaßen gefahrlos überqueren konnten, paddelten wir nach New Georgia hinüber, wo sich ein schmaler Küstenstreifen mit scharfkantigen Vulkanfelsen zwischen Wasser und Dschungel schob. Es war nicht viel besser als ein Nagelbrett, um sich darauf auszuruhen, das wußte ich aus Erfahrung, aber wir mußten unbedingt aus dem Boot herauskommen, und sei es nur, um uns ordentlich auszustrecken. Als wir uns dem Strand näherten, dachte ich zuerst, daß meine Augen mir wieder mal einen Streich spielten. Die Felsen bewegten sich, wogten auf ab. Und außerdem gaben sie seltsame schnalzende Geräusche von sich. Plötzlich hörte Dag zu paddeln auf. »Hier bringen mich keine zehn Pferde raus«, sagte er ruhig.

Eine dicke Schicht zappelnder Landkrabben zog sich zwischen Küstenlinie und Dschungelwand entlang. Zu Tausenden und Abertausenden kletterten und krabbelten sie herum, an manchen Stellen vier oder fünf übereinander. Mit wachsendem Grauen schauten wir zu, nur ein paar Meter vom Strand entfernt. Jede Krabbe hatte einen Eisack am Unterbauch, und sobald sie sich an den Rand der Felsen vorgearbeitet hatte, hob sie ihre Scheren hoch und wand und drehte ihren Körper in einem komischen Hula-Tanz, wobei sie eine Wolke von Eiern ins Wasser abgab. Dann machte sie kehrt und kämpfte sich durch die Flut ihrer andrängenden Artgenossen zurück. Das Wasser war trüb vor lauter Eiern, und farbenprächtige Fische schwärmten herum und genossen das Festmahl. Wieder einmal stellte ich eine überflüssige Frage, nur weil ich das Unvermeidliche nicht aussprechen wollte.

»Was machen wir jetzt?«

»Weiterpaddeln«, antwortete Dag.

Nach ein paar Meilen dünnte sich die Krebsschicht allmählich aus und verschwand schließlich ganz. Wir verankerten das Boot und wateten, vorsichtig über scharfe Felsbrocken kletternd, an Land. Fünfundzwanzig Stunden waren wir auf dem Meer gewesen; unsere Arme und Beine waren steif und müde, und der Hintern tat uns weh vom vielen Sitzen. Wir fanden ein Dschungelplätzchen, das gerodet und mit Cassava und Taro bepflanzt war. Ich legte mich auf einen umgestürzten Baumstamm, während Dag die letzte Thunfischdose aufmachte und ein paar Zwiebäcke damit belegte.

»Wir bekommen Gesellschaft«, sagte er plötzlich, und als ich hochschaute, sah ich zwei kleine Jungen, die einen Einbaum auf den Strand zerrten. Auf bloßen Füßen kletterten sie über die scharfen Felsen, setzten sich ein paar Meter von uns entfernt auf den Boden und starrten uns mit großen Augen an.

»Wie weit ist es bis Noro?« fragten wir sie.

»Zwei Stunden«, sagten sie.
»Also vier«, prophezeite ich und behielt recht.

Als wir wieder ins Boot kletterten, war mir noch genauso kalt wie in der Nacht, und ich wartete sehnsüchtig darauf, daß die Sonne endlich am Himmel hochstieg und mich aufwärmte. Was sie auch bald tat, und zwar viel mehr, als mir lieb war. Es war wieder ein vollkommen windstiller Tag, die Hitze war wie eine dicke Mauer, die von allen Seiten auf uns drückte. Alle vierzig Minuten gingen wir ins Wasser, dann jede halbe Stunde.

Kurz bevor wir zum letztenmal hineinsprangen, sah ich eine große graue Flosse durchs Wasser gleiten. Es war auf der Backbordseite, ungefähr dreißig Meter weit weg. Ein paar Sekunden lang kurvte sie auf uns zu, dann verschwand sie. Völlig ruhig dachte ich: Das war ein Hai.

Ich drehte mich zu Dag um. »Hast du gerade was im Wasser gesehen?«

»Nein«, sagte er und hievte sich aus seiner Sitzluke heraus. »Noch einmal schwimmen, und dann paddeln wir das letzte Stück bis Noro durch.« Dabei ließ er sich mit lautem Platschen rücklings ins Wasser fallen. Das ist vielleicht keine so gute Idee, dachte ich vage. Aber die Hitze war so fürchterlich, daß ich keinen vernünftigen Gedanken fassen konnte. In ein paar Sekunden war ich bei Dag im Wasser.

Als wir endlich die Leuchtbake an der Hafeneinfahrt von Noro sahen, johlten wir vor Freude. Ein leichter Wind kam auf, also hißten wir unser Segel und kreuzten langsam auf die rauchenden Schlote der Fischverarbeitungsfabrik von Noro zu. Auf der einen Seite des Hafens kletterten Arbeiterhäuser den Hang hinauf. Es waren häßliche, verwahrloste Gebäude mit Sperrholzwänden und Blechdächern. Auf der anderen Seite standen die Blätterhütten eines traditionellen Dorfs auf Pfählen über dem Wasser.

Nach dreißig Stunden Paddeln waren wir bei der japanischen Tai-Yo-Fabrik gelandet, woher der ganze Dosenthunfisch stammte, den wir in den letzten Monaten verspeist hatten. Wir legten an einem der Kais an, und sogleich kamen ein paar Arbeiter heruntergerannt, um uns zu begrüßen. Sie staunten, als wir ihnen erzählten, daß wir die ganze Strecke von Vaghena herübergepaddelt waren. Und wir staunten ebenfalls, als wir erfuhren, daß einer von ihnen – er hieß Peter – mit Henry verwandt war. »Er ist mein Brudervetter«, sagte er.

Peter nahm uns unter seine Fittiche. Zuerst führte er uns zu einem Platz, wo eine Schiffsladung voll Thunfisch mit frischem Wasser abgespritzt wurde. Er reichte uns den Wasserschlauch, und wir stellten uns abwechselnd unter den starken Strahl und wuschen das Salz aus Haut, Haar und Kleidern. Klatschnaß folgten wir Peter durch das Fabrikgelände. Nach dem Frieden und der Einsamkeit des Ozeans kam uns das hier wie ein verrückter Traum vor: klappernde Container, die auf Frachtschiffe verladen wurden, stampfende Maschinen in Betongebäuden, Radios, aus denen Rockmusik plärrte, aufheulende Motoren von Lastwagen. Japanische Angestellte in blendendweißen Shorts und ebensolchen Hemden sprangen aus brandneuen Jeeps und kritzelten eifrig in ihren Notizblöcken herum. Die Hitze prallte von Asphalt, Metall und Beton zurück, und die stickige Luft war von faulem Fischgestank erfüllt.

»Wann legt die Iuminau ab?« fragten wir Peter, womit wir unsere alte, rattenverseuchte Freundin meinten, die Fähre, die an jenem Abend Noro anlaufen sollte.

»Die Iuminau?«

Wir nickten. »Wir müssen unser Flugzeug in Honiara erwischen.«

»Ich zeige euch, wo ihr kalte Getränke kaufen könnt!« rief er, und damit war das Thema »Iuminau« erledigt.

Vor den Fabriktoren hielt Peter einen vorbeifahrenden Lastwagen an, und wir kletterten hinten auf die Ladefläche, und nach einer halben Meile setzte uns der Lkw vor dem firmeneigenen Laden ab. Hinter der Theke saß ein heftig schwitzender Japaner an der Registrierkasse, während mehrere einheimische Jungen herumsausten und die Kundenwünsche aus den vollgestopften Regalen und Kühlschränken erfüllten. Wir kauften drei kalte Biere und setzten uns draußen in den Schatten einer Wellblechhütte. Als wir Peter eine der Bierdosen gaben, schaute er sich vorsichtig um und steckte sie in sein Hemd.

»Wenn ich das in der Öffentlichkeit trinke, verliere ich meinen Job«, erklärte er.

»Wann kommt die Iuminau?« fragte Dag wieder.

»Warum kommt ihr nicht mit in mein Dorf?« sagte er und zeigte über den Hafen hinaus. »Ihr könnt in meinem Haus wohnen.«

Wären wir nicht schon so angenehm benebelt vom Alkohol in dieser Hitze gewesen, dann hätten wir uns vielleicht daran erinnert, daß ein Salomon-Insulaner sich lieber die Zunge abbeißt, ehe er eine schlechte Nachricht überbringt oder eine negative Antwort gibt. Vielleicht hätten wir dann schneller kapiert, was Peter uns die ganze Zeit partout *nicht* erzählen wollte.

Wir wurden von einem anderen Fahrzeug wieder zur Fabrik mitgenommen, wo ich den Frauen-Waschraum aufsuchte. Drinnen traf ich ein Mädchen in weißen Gummistiefeln, weißem Kittel und weißer Haube, das sich in einem der trogartigen Waschbecken ausgestreckt hatte und Siesta machte.

»Woher kommst du?« fragte sie mich.

»England«, sagte ich und wusch mir das verschwitzte Gesicht.

»Wo gehst du hin?«

»Honiara. Wir fahren heute abend mit der Iuminau.«

Sie runzelte die Stirn. »Iuminau nicht kommt«, sagte sie.

»Was?« rief ich entsetzt. »Sie kommt nicht?«

»Jaaa.«

»Also kommt sie doch?«

»Jaaa.«

Ich nahm einen neuen Anlauf. »Wann kommt die Iuminau?«

Sie dachte einen Augenblick nach. »Sechs Uhr«, sagte sie.

Ich bedankte mich erleichtert und steuerte auf die Tür zu.

»Iuminiau nicht mehr kommt!« rief sie hinter mir her.

Ich drehte mich um. »Nein?«

»Jaaa«, sagte sie.

Draußen redete Dag mit einem Japaner, der, seinen Notizblock an die Brust gedrückt, sich vor mir verbeugte.

»Ich hab schlechte Nachrichten«, sagte Dag.

»Ich kann mir schon denken, was«, antwortete ich.

Aus unerklärlichen Gründen war die Iuminau an jenem Morgen um sechs Uhr von Noro abgesegelt, also zwölf Stunden vor der offiziellen Abfahrtszeit. Das nächste Schiff ging erst im neuen Jahr, und bis dahin war unser Flugzeug nach Australien längst weg.

Der Japaner überschlug sich vor Hilfsbereitschaft und hatte auch gleich eine Lösung parat. Es gab eine neue Straße, die durch den Dschungel ging und Noro mit dem kleinen Städtchen Munda verband. In Munda gab es eine Landepiste und Buschflugzeuge, die nach Honiara flogen. Er telefonierte, buchte den Flug für uns, organisierte einen Lastwagen, der ein paar Minuten später angebraust kam. »Ihr müßt euch beeilen«, meinte er. »Keine Zeit, das Boot auseinanderzunehmen! Das könnt ihr in Munda machen!« Acht stämmige Melanesier hievten das vollbeladene Boot auf ihre Schultern und liefen damit durch das ganze Fabrikgelände und auf die Straße hinaus. Der Lastwagen parkte unter einem Baum mit tiefhängenden Zweigen. Die Männer trabten im Laufschritt auf den Baum zu.

»Der Mast!« schrie Dag. »Der Maaast!«

Zu spät. Die Aluminiumstange blieb an einem niedrigen Ast hängen, doch die Männer liefen weiter, ohne den Widerstand auch nur zu merken. Mit einem nervenzermürbenden Krrrk! brach unser Mast in der Mitte entzwei und knallte einem der Männer auf den Kopf. Endlich blieben sie stehen und setzten das Boot ab. Entsetzt starrten wir auf den Mast.

»Im gud no more?« fragte ein Mann. »Er nicht mehr gut?«

»Problem?« erkundigte sich ein anderer.

Der Mast war bestimmt »nicht mehr gut«, aber warum sollten wir diese freundlichen, hilfsbereiten Männer damit behelligen? Außerdem waren wir auf dem Weg nach Australien, wo sich derartige Probleme leicht aus der Welt schaffen ließen.

»Im gud«, versicherte Dag. *»No problem!«*

Die Gesichter der Männer hellten sich auf. *»No problem!«* riefen sie und winkten uns strahlend nach, als unser Lastwagen in Richtung Dschungel davonrumpelte.

Zwischenstopp in Hongkong

»Ich hunglig!« rief der Taxifahrer und stopfte sich den Mund mit Keksen voll. »Keine Zeit zum Essen, ich albeite sehl halt, abel ich betlüge auch Steuel, haha!«

Straßenbahnen ratterten vorbei, und über uns ragten Hongkongs Steilklippen aus Glas und Stahl in die Höhe. »Okay, Sie elzählen mil, wo Sie wilklich hinwollen?« sagte er.

»Government House«, antwortete ich.

Die beiden ersten Taxifahrer hatten sich schlichtweg geweigert, uns dorthin zu bringen. Und dieser Mann hatte sich offenbar nur darauf eingelassen, weil er es für einen Scherz hielt.

»Govelnment House, haha! Sie kennen David Wilson? Sehl komisch.«

Zufällig kannte ich David Wilson wirklich. Ich hatte ihn 1981 durch meinen Freund Joe Tasker kennengelernt, als die beiden bei der ersten britischen Bergsteiger-Expedition in China mitgemacht hatten. David, damals politischer Berater des Gouverneurs von Hongkong, war als Dolmetscher mitgekommen. Das letzte, was ich von ihm und seiner Frau Natasha gehört hatte, war ihr Beileidsbrief nach Joes tödlichem Unfall auf dem Everest gewesen. Und jetzt hatte ich David aus Australien ein Fax geschickt, ohne mir etwas dabei zu denken: »Vielleicht erinnert ihr Euch nicht mehr an mich ...«, hatte ich angefangen.

Die Antwort kam prompt: »Natürlich erinnern wir uns an Dich! Melde Dich, sobald Ihr in Hongkong seid.«

Ich dachte mir immer noch nichts dabei, als ich vom Kai Tak Airport aus im Government House anrief und David oder Natasha verlangte. »Ich nehme an, Sie meinen Sir und Lady Wilson«, sagte die Stimme am anderen Ende.

Natasha begrüßte mich überschwenglich, als sie endlich an den Apparat kam. »Maria! Wir müssen uns unbedingt sehen! Obwohl wir zur Zeit schrecklich beschäftigt sind, und am Samstag fliegen wir nach Bonn ... Aber könnt ihr vielleicht am Freitag zum Abendessen kommen? Ja? Das ist schön! Wo wohnt ihr denn?«

»Äh ... also ... wir ...« Wir hatten uns beim Hongkonger CVJM eingemietet, aber das brachte ich plötzlich nicht über die Lippen.

»Wir suchen uns ein Hotel«, log ich.

»Unsinn, ihr kommt natürlich zu uns – ich bringe euch schon irgendwie unter ...«

»Wir haben ein Zelt dabei ...«, sagte ich.

Zu spät merkte ich, daß ich mich verplappert hatte, aber Natasha ließ sich nichts anmerken. »Das wird nicht nötig sein, aber könnt ihr vielleicht mit dem Taxi kommen? Ich weiß nicht, ob ich jetzt noch einen Dienstwagen auftreiben kann.«

Erst als wir vor dem Government House warteten und die Wachen den Verkehr in beide Richtungen aufhielten, damit wir die Tore passieren konnten, glaubte uns der Taxifahrer. »Sie kennen David Wilson wilklich!« rief er entsetzt. »El ist sehl nettel Mann, glüßen Sie ihn von mil, sagen Sie ihm nicht, was ich übel meine Steueln gesagt habe, o.k.?«

Dag und ich starrten fassungslos auf den riesigen, hellerleuchteten Palast mit den prächtigen Säuleneingängen. Ganze Scharen von Männern in weißen Jacken mit roten Schulterklappen kamen die Treppe heruntergelaufen. Ein paar von ihnen hievten unser verstaubtes Gepäck aus dem Kofferraum, andere hielten die Taxitür für uns auf. Als wir ausstiegen, eilte eine junge Frau auf uns zu, die sich als »Elspeth, die Haushälterin« vorstellte, aber sie sah eher so aus, als gehörte sie auf die Titelseite des »Tatler«. Ich schämte mich plötzlich für unseren eigenen Aufzug – ich im ausgebleichten Sulu, Dag in seinen fleckigen Shorts und dem rattenzerfressenen T-Shirt ...

»Sir David und Lady Wilson sind untröstlich, daß sie Sie heute abend nicht selber empfangen können«, sagte Elspeth. »Sie haben mich gebeten, eine Suite für Sie herzurichten und dafür zu sorgen, daß Sie sich hier zu Hause fühlen.« Mit weichen Knien folgten wir ihr durch ein riesiges Foyer und eine marmorne Wendeltreppe hinauf in die riesenhafte »Tennis Court Suite«. Dicke Teppiche lagen auf dem Boden, und die Fenster, die mit üppigen Vorhängen drapiert waren, reichten bis zu den hohen Decken und gingen auf einen riesigen Balkon hinaus. Monatelang hatten wir in einem winzigen Zelt gehaust, und jetzt standen uns plötzlich zwei Wohnräume, zwei Schlafzimmer, zwei Badezimmer, ein Ankleideraum, ein Safe und eine gut gefüllte Bar zur Verfügung. Ganz zu schweigen von den beiden Dienern, die uns zugeteilt waren. Ah Hon und

Janet, die lautlos hereingekommen waren, erwarteten uns in einem der Salons.

»Wenn Sie Wäsche haben«, sagte Ah Hon feierlich, »nehmen wir sie jetzt mit und bringen sie morgen früh zurück.«

»Wir ... äh ... Wir müssen uns erst umziehen«, stotterte ich.

»Und was wünschen Sie morgen zum Frühstück?« fragte Hon.

»Frühstück? Äh ... also, ich weiß nicht ...«

»Vielleicht ein englisches Frühstück, Madam?« schlug Ah Hon freundlich vor. »Mit Grapefruit, Tee, Kaffee?«

»Ja, natürlich, was immer Sie wollen ...«

Ah Hon und Janet glitten aus dem Zimmer.

Sobald wir allein waren, ließ ich eine der riesigen Badewannen mit dampfend heißem Wasser vollaufen und legte mich dankbar hinein – nach den Salomonen und Australien war Hongkong im Februar schrecklich kalt. Dag hatte sich mittlerweile über die Bar hergemacht. Er brachte mir einen Gin Tonic und wanderte mit seinem fünfundzwanzig Jahre alten Single Malt Whisky davon.

»Wahnsinn, so was gibt's doch gar nicht«, hörte ich ihn vor sich hinmurmeln, bevor ich in der Wanne eindöste.

Plötzlich kam Dag zurück. »Sie sind hier!« keuchte er.

»Wer?«

»Die Wilsons! Und ich stand da in meinen dreckigen Klamotten und mit einem Eimer voll Whisky in der Hand! Komm, sie warten auf dich!«

Er warf mir einen der langen, flauschigen Bademäntel zu, die an der Wand hingen.

Mit krebsrotem Gesicht und wirren, feuchten Haaren stürzte ich hinaus.

Die Wilsons begrüßten mich mit Umarmungen und Küßchen, und ich konnte nur hoffen, daß meine Gin-Fahne sie nicht umhauen würde. Sie waren genauso, wie ich sie in Erinnerung hatte: David groß und elegant, Natasha blaß und dunkelhaarig, mit einem freundlichen Lächeln auf den Lippen.

Sie saßen lässig auf irgendwelchen Sessellehnen, während Dag verlegen von einem Fuß auf den anderen trat. Er hatte immer noch sein rattenzerfressenes T-Shirt an.

»Ach, das macht doch nichts«, beruhigte ihn Natasha, »einer von unseren Söhnen sieht auch immer so aus, wenn er von seinen Reisen zurückkommt ... Wir müssen gleich gehen, aber wir wollten doch wenigstens noch kurz guten Tag sagen.«

Die gestärkten Laken, in denen wir schliefen, waren mit einer goldenen Krone bestickt, und auf meinem Nachttisch stand ein silberner Wasserkrug mit einem Kristallglas bereit. Um 7.30 Uhr hörten wir gedämpftes Klappern aus dem Wohnzimmer. Ich machte die Verbindungstür einen Spaltbreit auf und spähte hinein. Ah Hon und Janet deckten unseren Frühstückstisch – sie bewegten sich wie auf Rädern. Um Punkt 8 Uhr wurden wir hereingerufen. Der Tisch war mit kostbarem Porzellan und Silber gedeckt, die Eier waren genau richtig, der Tee kochend heiß, und es lagen Zeitungen aus Hongkong, England und Amerika für uns bereit.

Nach dem Frühstück schlüpften Ah Hon und Janet diskret an uns vorbei, um zwei lächerlich kleine Wäschestapel in unserem Schlafzimmer abzuliefern. Die Flecken in Dags Shorts und seinem Rattenloch-T-Shirt waren fast völlig verschwunden, was schon fast an ein Wunder grenzte, und die Sachen waren sorgfältig gebügelt. Mein ausgebleichter Sulu, mein T-Shirt und meine Unterwäsche hatten dieselbe liebevolle Behandlung erfahren.

»Haben Sie wieder Wäsche heute morgen?« fragte Janet.

»Äh ... nein, noch nicht ... wir müssen uns erst umziehen ...«

Obwohl wir so abgerissen und schäbig aussahen, waren alle Angestellten im Government House äußerst freundlich und zuvorkommend zu uns. Das war nicht überall so.

»Wo wohnen Sie in Hongkong?« fragte der Bankmanager, bei dem wir eine Barvorauszahlung auf unsere Kreditkarte beantragten. Wir sagten es ihm, und er warf uns einen langen, abschätzigen Blick zu, bevor er »Auf der Durchreise« auf das Formular schrieb. Mit demselben Mißtrauen begegnete man uns im Büro der British Airways, wo wir das Gepäckproblem für unseren Flug nach Delhi zu regeln versuchten. Als die Frau mich am nächsten Tag anrief, war sie sprachlos, daß so ein unscheinbares Geschöpf wie ich tatsächlich beim Gouverneur wohnte.

Zwei Tage lang rannten wir in Hongkong herum, völlig erschlagen von der Hektik und den irrsinnigen Kontrasten in dieser Stadt. Nach einem Vormittag im Business District, wo lauter makellos gekleidete Männer und Frauen mit Handys herumliefen, bogen wir um irgendeine Ecke und standen plötzlich vor dem Central Market.

Eine muffige Treppe führte in den ersten Stock hinauf, der von oben bis unten mit Hühnern vollgestopft war: lebende Hühner in übereinander gestapelten Bambuskäfigen, tote Hühner, die in Reih und Glied von Fleischhaken herunterhingen, Hühnerteile, die in ordentlichen Häufchen auf Steinen arrangiert waren: Lebern, Herzen, Flügel, Köpfe und Füße. Und mittendrin ein einsamer Reiher mit prächtigem Gefieder, der uns durch die Gitterstäbe seines Käfigs anstarrte.

»Wird der auch gegessen?« fragte ich eine Frau, die eine Hühnerleiche in einem Bottich mit blutigem Wasser wusch. Sie ließ den Vogel sofort fallen, packte ein Beil und steuerte auf den Reiher zu. Schnell klärten wir das Mißverständnis auf und flüchteten einen Stock höher in den Gemüsemarkt.

Wir aßen in kleinen chinesischen Restaurants zu Abend, wo niemand Englisch konnte und wir selten wußten, was wir bestellten. Aber am Freitag dinierten wir mit den Wilsons in einem prunkvollen blau-weißen Speisesaal mit Porträts von königlichen Besuchern an den Wänden.

David wirkte ziemlich bedrückt – er hatte gerade erfahren, daß er sein Amt nach nur fünf Jahren an einen neuen Gouverneur abtreten mußte, der die Übergabe Hongkongs an die Chinesen überwachen würde. Trotzdem fand er noch Zeit, sich Sorgen um uns und unseren seiner Meinung nach gefährlichen Reisestil zu machen.

»Wie kriegt ihr denn das Boot nach Indien?« fragte er. »Mit dem Flugzeug kostet das doch ein Vermögen!«

»British Airways hat sich bereit erklärt, das Gepäck ohne zusätzliche Kosten zu transportieren.«

Er zog eine Augenbraue hoch. »Wie habt ihr das denn gemacht? Normalerweise sind sie ziemlich pingelig in solchen Dingen.«

Ich wurde feuerrot. »Äh.... ich... also, ich glaube, ich hab irgendwie erwähnt, daß wir hier wohnen...«

»Das war clever von dir«, sagte er und wechselte das Thema. Unser Flug nach Neu-Delhi ging am nächsten Abend, und die Wilsons bestanden darauf, daß wir vorher noch eine kleine Sightseeing-Tour machten. Um zwölf Uhr mittags hielt unser Chauffeur Raymond die Türen einer glänzenden schwarzen Limousine für uns auf. Wir glitten durch die Straßen von Hongkong City, und an jeder roten Ampel umringten uns neugierige Passanten. Als wir die

City hinter uns gelassen hatten und auf dem Weg zum Lion Rock Park waren, lehnte ich mich zurück und sagte: »Heute nacht sind wir schon in Delhi – komisch, was?«

»Allerdings«, bestätigte Dag. »Aber sag mal, wieso brauchen wir eigentlich keine Visa für Indien?«

Ich schluckte, und mir wurde fast schlecht. Es war mein Job, die Visa für Indien zu besorgen, und ich hätte mich schon in Australien darum kümmern müssen. Aber ich hatte es einfach vergessen.

Aber wozu hatten wir ein Telefon auf dem Rücksitz? Kurz entschlossen rief ich Elspeth an und fragte sie um Rat. »Das Konsulat hat jetzt geschlossen«, sagte sie, »aber ich versuch die Privatnummern der Angestellten herauszubekommen, und dann ruf ich zurück.«

»Aber bitte sagen Sie Sir David und Lady Wilson nichts davon«, flehte ich.

»Natürlich nicht, ich bitte Sie!«

Während Raymond uns im Lion Rock Park herumkutschierte, verhandelte ich am Telefon mit den indischen Behörden. Sie sagten mir, daß es zwischen einer und vier Wochen dauern könnte, bis man ein Visum genehmigt bekäme, und warum ich mir das nicht früher überlegt hätte. Demütige Entschuldigungen, heftige Selbstanklagen und ein bißchen »Name-dropping« wirkten Wunder: Als die Limousine durch den Haupteingang des Government House glitt, war alles gebongt, das heißt, ich hatte für Montag früh einen Termin bei einem hohen indischen Konsulatsvertreter. Außerdem hatte ich unsere Flüge auf Montag nacht umgebucht und ein Zimmer beim CVJM reserviert. Als ob er kein Wort von unseren Gesprächen auf dem Rücksitz gehört hätte, drehte Raymond sich um und sagte: »Ich fahre Sie dann morgen früh zum Flughafen.«

»Wir fahren nicht zum Flughafen, wir fahren zum ...«, fing Dag an, aber ich stieß ihm warnend den Ellbogen in die Rippen.

»Wir können doch nicht im Gouverneurswagen beim CVJM aufkreuzen«, zischte ich ihm zu.

»Warum denn nicht?« sagte er und beugte sich zu Raymond vor: »Aber Sie können uns zum CVJM fahren.«

Ich saß wieder mal in der Badewanne, als David und Natasha in unsere Suite kamen. Sie waren auf dem Sprung nach Bonn und wollten sich von uns verabschieden. Bis ich endlich auftauchte, hatte Dag schon alles ausgeplaudert, und Natasha saß auf einer Sessellehne neben unserem Gepäckhaufen und rang die Hände.

»Oh, Maria, es tut mir so leid, das muß ja ein schrecklicher Nachmittag gewesen sein. Warum habt ihr uns denn nichts gesagt? Wir hätten euch bestimmt helfen können!«

»Es ist alles meine Schuld«, erklärte ich, »ein dummer Fehler, ich hab einfach vergessen ...«

»Aber das kann doch jedem passieren!«

»Auf jeden Fall ist es phantastisch, daß ihr für Montag ein Visum organisiert habt«, sagte David und schaute ein bißchen unbehaglich drein. »Wie habt ihr das denn hingekriegt?« Natasha unterdrückte ein Lächeln, als ich eine Erklärung hervorstotterte. »Ich meine, ich hab nicht direkt deinen Namen benutzt«, sagte ich. »Ich hab nur beiläufig erwähnt, daß wir hier wohnen ...«

»Gut gemacht«, meinte er.

»Und daß ihr ein Hotel suchen wollt, ist natürlich Blödsinn«, sagte Natasha.

Ich warf Dag einen dankbaren Blick zu. »Ihr habt uns doch schon so viel geholfen, und es macht uns überhaupt nichts aus ...«

»Kommt gar nicht in Frage!« rief sie. »Ihr bleibt bis Montag hier!«

Der Montag war Dags Geburtstag, und ich schenkte ihm einen kleinen Messingaffen mit Glücksmünzen auf dem Rücken.

»Den können wir heute gebrauchen«, sagte er.

Der hohe indische Konsulatsbeamte saß hinter einem riesigen, glänzenden Schreibtisch und musterte uns von Kopf bis Fuß. »Setzen wir uns doch«, sagte er und zeigte auf ein mittleres Fußballfeld aus gepolstertem Leder. »Darf ich Ihnen Kaffee anbieten?«

Er drückte auf einen Knopf, der Kaffee wurde gebracht und aus einer silbernen Kanne eingeschenkt. Meine Hand zitterte, als ich die Tasse an den Mund führte. Der hohe Konsulatsbeamte dagegen war die Ruhe selbst. »Zu dumm, daß Sie keine Visa haben. Wie kommt das denn?«

Ich beschloß, ehrlich zu sein. »Es ist meine Schuld. Ich habe es einfach vergessen. Ich weiß, daß wir Ihnen furchtbar viele Umstände machen, aber wir sind ohnehin schon sehr spät dran, und wir müssen heute abend unbedingt in Indien sein.«

Er drehte an einem seiner goldenen Manschettenknöpfe und dachte einen Augenblick nach. Meine Kaffeetasse ratterte, als ich sie auf den Unterteller stellte.

»Sie sind beim Gouverneur zu Gast, hab ich gehört. Wie schön. Was ist der Zweck Ihrer Indienreise?«

»Wir wollen im Kajak den Ganges hinunterpaddeln«, sagte ich, »und Material für ein Buch sammeln«, fügte ich hinzu, weil ich diese Information für besonders hilfreich hielt.

»Dann sind Sie also Schriftsteller?«

»Ja.«

»Nein«, sagte Dag und trat mir auf den Fuß.

»Na ja ..., nicht wirklich«, stotterte ich, »das war nur so eine Idee von uns, es ist noch gar nichts weiter geregelt, wir haben noch keinen Vertrag ...«

Dags Fuß bohrte sich noch fester in meinen, und da wußte ich, daß es Zeit war, den Mund zu halten.

»Wir können unter bestimmten Umständen kurzfristig Touristenvisa vergeben«, sagte der hohe Konsulatsbeamte. »Aber wenn es sich um eine Geschäftsreise handelt, ist das etwas anderes. Etwas ganz anderes. Und viel teurer. Vielleicht sollte ich Ihnen die Frage noch mal stellen. Was führt Sie nach Indien?«

»Wir wollen einfach nur Ferien machen«, antwortete Dag.

»Genau«, fügte ich hinzu.

Der hohe Konsulatsbeamte schenkte uns ein schwaches Lächeln. »Sehr gut. Sie können Ihre Visa morgen um vier Uhr abholen.«

Ein heiliger Fluß

»Den Ganges entlangpaddeln!« rief Mr. Gupta, ein Regierungsbeamter in New Delhi. »Sie müssen wahnsinnig sein!«

Das hatten wir schon in Kanada zu hören bekommen, und seither waren uns die Kassandrarufe per Brief, per Telefon oder in Gesprächen mit Zufallsbekanntschaften über die halbe Welt gefolgt. Aber hier in Indien hatten wir uns ein bißchen mehr Verständnis erhofft – schließlich glauben die Hindus, daß der Fluß die Göttin

Ganga verkörpert, daß seine Wasser die Kraft der körperlichen und spirituellen Reinigung besitzen und die Seele aus dem schmerzlichen Kreislauf der Wiedergeburt befreien können. Wenn nur ein wenig von der ganzen Heiligkeit auch auf uns abfärbte, dann konnte uns doch nichts passieren – oder?

Aber Mr. Gupta fand das gar nicht. »Ich bin bestimmt ein frommer Hindu«, sagte er, »aber im Ganges baden – nein. Bitte überlegen Sie sich das noch einmal.«

In einer Januarnacht, zwei Minuten nach zwölf, hatten wir unser Gepäck an schläfrigen Zollbeamten vorbei in den Vorhof des Flughafens von Neu-Delhi geschleppt. Die Luft war kühl und so von Autoabgasen, Ruß und Rauch verpestet, daß unsere Kehlen brannten. Ein Taxifahrer in einem ausgeleierten, handgestrickten Pulli und einem alten Tweedjackett führte uns zu seinem Hindustani Ambassador, einer Imitation des britischen 1950er Morris Oxford. Er lenkte den Wagen um eine Kuh herum, die friedlich wiederkäuend in der Flughafen-Zufahrt lag, dann donnerte er einen langen Boulevard unter trüben gelben Straßenlampen entlang. Abgesehen von ein paar Motorrollern war nicht viel Verkehr auf der Straße. Auf beiden Seiten des Boulevards ragten alte Bäume hinter hohen Steinmauern hervor. Vermutlich verbargen sich dort die Häuser der Reichen. Davor drängten sich segeltuchgedeckte Buden, armselige Hütten und schlafende Männer in Handkarren.

»Willkommen im Maurya Sheraton«, sagte eine lächelnde junge Frau in einem prächtigen grüngoldenen Seidensari. »Wir freuen uns sehr, daß wir Sie als unsere Gäste begrüßen dürfen.«

Ich hatte schon in Kanada Kontakt mit dem Maurya Sheraton, einem der exklusivsten Hotels in Neu-Delhi, aufgenommen und ihnen ein Geschäft vorgeschlagen: Als Gegenleistung für einen kostenlosen Aufenthalt würden wir ein bißchen Werbung für sie machen. Zu meiner Überraschung hatten wir sofort eine begeisterte Zusage bekommen.

»Und so was soll ein Abenteuerurlaub sein«, murrte Dag, als der Lift uns geräuschlos in die Executive Suite hinauftransportierte, wo wir bis über die Knöchel in den dicken Teppichen versanken.

»Du kannst noch lange genug im Schlamm schlafen«, beruhigte ich ihn.

Am nächsten Morgen starrten wir auf eine durch die dreifache Verglasung unserer Fenster stumme Szenerie: Ein großer brauner *garuda*-Vogel segelte vorbei wie ein seltsames Urweltgeschöpf. Auf dem Boulevard kam der Verkehr durch fünfzig von strammen Soldaten gerittene Kamele zum Erliegen. Dahinter dehnte sich eine endlose Parklandschaft aus, und nur der dichte graublaue Dunst, der über den Baumwipfeln hing, deutete auf die nahe City hin.

Ein Portier in roter Livree und Turban salutierte und hielt uns die Tür auf, als wir das Hotel verließen. Der Morgen war heiß und stickig. Vor dem Hotel warteten eine Reihe von gelben und schwarzen Auto-Rikschas, die eigentlich nicht viel mehr waren als dreirädrige Motorroller mit doppeltem Rücksitz und Baldachin. Die Fahrer lehnten daran und rauchten Bidis.

»Wohin, Sir?« rief einer.

»Connaught Place.«

»Ich kenne keinen Connaught Place, Sir.«

Der Connaught Place liegt mitten in der City. Wir sprachen den Namen auf jede nur denkbare Art und Weise aus, aber keiner der vielen Taxifahrer, die uns umringten und unserer Zungenakrobatik lauschten, hatte je von einem solchen Ort gehört. Schließlich erbarmte sich ein älterer Mann, der gerade aus dem Hotel kam. Er trug eine Aktentasche, ein Sportjackett und einen *dhoti* – das sind ungefähr vier Meter Baumwollstoff, die um die Hüften gewickelt und zwischen den Beinen durchgeschlungen werden.

»Kann ich Ihnen behilflich sein?« fragte er.

Wir erklärten ihm unser Problem.

»Connaught Place!« sagte er zu dem Rikschafahrer, der ihn sofort verstand. »Und verlangen Sie nicht mehr als fünfundzwanzig Rupien!«

Es war fast so schlimm wie auf der Achterbahn, wo man dafür bezahlt, daß man vor Angst fast durchdreht. Verkehrsregeln, falls es überhaupt welche gab, wurden vollkommen ignoriert, besonders auf den großen Verkehrskreiseln: Busse tauchten plötzlich auf und scherten ohne Vorwarnung wieder aus, und wenn wir nicht gerade von anderen Autos geschnitten wurden, schleuderten wir haarscharf um Motorroller herum, auf denen Frauen im »Damensitz« saßen und ihre Schals und Saris wie Fahnen hinter sich herwehen ließen. Es herrschte ein unbeschreiblicher Radau: Klingeln schrillten, Hupen tönten, Bremsen quietschten. Dazwischen blitzten eindringliche Bilder auf: Männer, die sich an öfffentlichen Wasserrohren einseiften oder auf Holzstühlen saßen und sich das Gesicht rasieren, den Kopf massieren, die Härchen aus Nase und Ohren herausschneiden ließen. Jalousien wurden hochgezogen, und dahinter kamen alle möglichen Geschäfte zum Vorschein – Fahrradreparatur-Werkstätten, Läden, in denen Seile und Messingtöpfe verkauft wurden oder mit Körben voll Rosen und Ringelblumen gefüllt waren. An einer Baustelle trugen Frauen im Sari und mit schweren Messingketten an den Füßen ganze Stapel von Backsteinen auf dem Kopf. Kühe, Schweine und Ziegen wühlten in den Abfallhaufen am Straßenrand.

Schulkinder in makellosen Uniformen, den Schulranzen über die Schulter geworfen, bahnten sich ihren Weg durch Müll und Kot. Vor einer Ampel mit dem ausdrücklichen Hinweis »PLEASE STOP WHEN LIGHT IS RED!« blieben wir stehen. Bettler kamen angerannt und streckten uns ihre mageren Arme und aufgehaltenen Hände entgegen. Um sie herum drangen blasse Sonnenpfeile durch die staubige Luft, die nach Abgasen, Blumen, gerösteten Erdnüssen und Urin roch.

Der Connaught Place war ein tosender Verkehrskreisel, von dem ringsum Straßen wie Radspeichen abgingen. Ganze Ströme von Autos, Autorikschas und Motorrollern wälzten sich mit ohrenbetäubendem Klingeln und Hupen vorbei, und offenbar hatten alle nur ein einziges Ziel: die Fußgänger auszurotten.

»Fünfundfünfzig Rupien bitte, Sir!« rief der Fahrer.

»Der Herr im Hotel hat aber gesagt, daß Sie nicht mehr als fünfundzwanzig verlangen dürfen.«

»Fünfundfünfzig Rupien, hat der Herr gesagt, fünfundfünfzig!« Wir waren froh, daß wir die Fahrt heil überstanden hatten, und stritten uns nicht weiter mit ihm herum. Und jetzt mußten wir irgendwie über die Straße zu Mr. Guptas Büro kommen. Völlig erschlagen standen wir am Bordstein und rafften unseren ganzen Mut zusammen, um dem Verkehrschaos und den gnadenlosen Fahrern die Stirn zu bieten. Mir kam der Gedanke, daß dies hier sicherlich weit gefährlicher war, als auf dem Ganges entlangzupaddeln ...

Wir hatten vor, den Kajak nach Hardwar zu transportieren, wo der Ganges den Himalaya hinter sich läßt und in die großen Ebenen des Nordens eintritt. Von dort aus wollten wir durch den ganzen Riesenstaat Uttar Pradesh bis zur heiligen Stadt Varanasi, dem früheren Benares, paddeln. Auf der Suche nach Karten und brauchbaren Informationen kletterten wir eine feuchte Treppe nach der anderen hinauf und saßen in düsteren Büros zwischen Schreibtischen und Regalen, die bis oben hin mit zerfetzten Papieren und Akten vollgestopft waren. Männer in dunklen Anzügen erzählten uns, wieviel Abwasser täglich in den Ganges – oder Ganga, wie die Inder sagen – gepumpt wird und wie viele Kläranlagen und Krematorien an seinen Ufern gebaut werden. Sie warnten uns auch vor den vielen Banditen und den unhygienischen Lebensbedingungen in den Dörfern. Aber sie konnten uns keine brauchbare Karte besorgen und auch nichts über den Wasserstand vor dem Monsun sagen. Sie wußten nicht einmal die genaue Entfernung zwischen Hardwar und Varanasi. »Es sind etwas über tausend Kilometer«, behauptete Colonel Kumar von der Indian Mountaineering Association.

Nachdem bei den offiziellen Stellen nichts zu holen gewesen war, zapften wir jetzt andere Informationsquellen an. Wir trafen uns mit dem Colonel im Gymkhana Club, einem ziemlich heruntergekommenen Kolonialbau, wo wir auf kunststoffüberzogenen Sofas unter hohen, gewölbten Decken saßen. Servierwagen wurden über den knarrenden Holzboden geschoben, und wir bekamen lauwarmen Tee in kostbaren alten Porzellantassen vorgesetzt.

»Vergessen Sie die Karten«, sagte Colonel Kumar. »Sie brauchen sie nicht.«

Er hatte vor ein paar Jahren Sir Edmund Hillarys Ganges-Expedition per Schnellboot inszeniert, und für uns schien er ähnliche Pläne zu hegen. »Für zwanzigtausend Rupien besorge ich Ihnen eine Hilfstruppe mit Jeep, Fahrer und Guide«, sagte er. »Die Land-Crew wartet jeden Tag an einer vorher vereinbarten Stelle auf Sie, baut das Lager auf, hält Ihnen die Einheimischen vom Leib und kocht für Sie.«

Wir erklärten ihm, daß wir einfach nach Lust und Laune den Fluß hinunterpaddeln und Land und Leute kennenlernen wollten, ohne uns allzusehr unter Zeitdruck setzen zu lassen. Daraufhin verlor der Colonel jedes Interesse an uns und meinte, wir sollten uns an Mr. Koli von den »Wild Life Adventure Tours« wenden.

»Nach meiner Schätzung sind es mindestens tausendfünfhundert Kilometer«, sagte Avinash Koli und fügte weise hinzu: »Aber Mutter Ganga tritt über ihre Ufer und ändert jedes Jahr ihren Lauf – also müßten Sie eigentlich sie fragen, nicht mich.«

Er war begeistert von unserem Plan. »Die Reise wird Sie spirituell erheben«, versprach er uns, »und außerdem ist es ein großartiges Abenteuer – soweit ich weiß, ist noch niemand auf diesem Teil des Ganges gepaddelt. Aber Sie werden Probleme mit den Banditen haben, und die Leute dort sprechen nur Hindu. Sie brauchen einen Guide. Ich schicke Ihnen meinen besten Mann. Er ist ein erfahrener Kajakfahrer, und er spricht perfekt Englisch.«

Wozu einen Guide, wo doch angeblich noch niemand auf diesem Abschnitt entlanggepaddelt war? fragte ich mich im stillen. Aber nach ein paar Tagen Indien gewöhnt man sich langsam an solche Ungereimtheiten. Wir nahmen Kolis Angebot an und vereinbarten, daß wir seinen Mann in Hardwar treffen würden.

Dann saßen wir am Busbahnhof von Old Delhi, betäubt von der Kakophonie aus Pfeifen, Rufen, Hupen, Motorengeheul und schrillen, unverständlichen Ansagen, und schauten zu, wie zwei Träger unsere roten Säcke auf ihre Köpfe hievten und damit hinter einem Knäuel von Bussen verschwanden. Wir jagten eine halbe Stunde lang herum, bis wir unsere Säcke wiedergefunden hatten – sie waren ordnungsgemäß auf dem Dach des Hardwar-Busses festgeschnallt. Es waren nur knapp zweihundert Kilometer nach Hardwar, aber wir brauchten zehn knochenzermürbende Stunden dafür und hielten unterwegs in unzähligen schmutzigen Orten an. Der Bus war brechend voll: Zwischen unserem Sitzplatz in der zweiten Reihe und der Fahrerkabine zählte ich siebzehn Erwachsene, vier Kinder, sechs Säcke, drei Bettrollen, vier Koffer und acht Kisten. Das Baby in dem Sitz vor uns mußte sich alle halbe Stunde übergeben; seine Mutter fing die Bescherung mit der hohlen Hand auf und schmierte sie an die Buswand.

Wir kamen in der Dunkelheit bei Regen und Sturm in Hardwar an. Der Bus hielt in einer engen Ladenstraße, die mit Rolläden und schweren Vorhängeschlössern gesichert war. Eine große Reklametafel verkündete: »Orbit T.V. – The Divine Choice!«, ein paar magere Kühe liefen herum, und ein Mann, der gerade sein Geschäft im Rinnstein verrichtet hatte, hockte sich neben eine Pfütze, um sich zu waschen.

Der Touristen-Bungalow war kalt und düster, und wir waren die einzigen Gäste im Restaurant. Unser Kellner lief in einer alten Jacke und einem dicken Wollschal herum, und der Zeigefinger seiner rechten Hand steckte in einem schmutzstarrenden Verband. Bevor er die Teller vor uns hinstellte, hauchte er einmal kräftig darüber und wischte sie mit einem grauen Lappen ab. Aber das Essen war phantastisch: ein Fladenbrot namens *roti* und *paneer bhuji*, eine köstliche Mischung aus verquirltem Quark und gehacktem Gemüse. Wir aßen schnell und gingen dann in unser Zimmer. Auf dem angrenzenden Abort wusch ich mich flüchtig in einem Eimer mit lauwarmem Wasser und versuchte tapfer, das luxuriöse Badezimmer des Maurya Sheraton aus meinen Gedanken zu verbannen. Dag schlief schon fest, als ich zu ihm unter die schwere Baumwollsteppdecke schlüpfte. Die ganze Nacht blies ein eiskalter Wind von den Himalaya-Ausläufern herunter und piff durch das zerbrochene Fenster und die schlecht schließende Zimmertür.

Bapi Sakar, Kolis »bester Mann«, war bereits mit dem Luxus-Reisebus aus Neu-Delhi angekommen, und wir trafen ihn im Gästehaus beim Frühstück, das aus Milch-Porridge und *chapatis* bestand. Bapi war ein kleiner, drahtiger Bengale, höchstens Anfang Zwanzig, mit strahlendem Lächeln und dichtem schwarzem Lockenkopf. Er trug einen schlabbrigen Wollpulli, ausgebeulte Bermudashorts und Baseball-Stiefel, und er strahlte soviel unbekümmertes Selbstbewußtsein aus wie ein verwöhnter amerikanischer Teenager.

»Ich habe einen Survival-Kurs in der Wildnis gemacht«, erzählte er uns und ratterte seinen Lebenslauf herunter, ohne daß ihn jemand danach gefragt hätte. »Ich kann Fische und Schildkröten fangen und eine Schutzhütte in den Wäldern bauen. Ich habe bei dem berühmtesten Ornithologen von Indien studiert, ich habe Wildwasser-Touren in Kanada und den Staaten gemacht, ich habe Himalaya-Treks geführt. Ich kann Blumen und Wildtiere identifizieren, und einmal hat mich ein Elefant angegriffen, und ich wäre fast getötet worden!« Er hatte eine Karte von Uttar Pradesh dabei, einen Plastik-Wildwasserkajak ohne Ruder, ein löchriges Zelt und einen reichlichen Vorrat an Bidis. Aber er hatte keinen Proviant, keinen Kocher und keine Kochausrüstung. Sein erster Job bestand also darin, daß er uns zum Markt von Hardwar führte und uns beim Proviant-Einkauf half. In einem Lebensmittelgeschäft mit offener Ladenfront, wo die Waren in Säcken auf dem Holzboden standen und auf einer Messingwaage ausgewogen wurden, deckten wir uns mit Reis, Linsen, Milchpulver, Keksen, Tee und Zucker ein. In einem düsteren Hinterzimmer mit fettverschmierten Wänden kauften wir *ghee* – Butterschmalz aus Büffelmilch. Bei Händlern, die nicht begreifen konnten, wozu Touristen solche Sachen brauchten, kauften wir eine Kerosinlampe, Paraffin und rauhe Wolldecken für kalte Nächte. Und schließlich nahmen wir noch Zwiebeln, Karotten, Ingwer und Knoblauch an einem Straßenstand mit. Der Stand war zwischen einer Mauer und einem dichten Knäuel von Menschen, Motorrollern und Kühen eingeklemmt. Während wir das Gemüse in unsere Säcke stopften, kam ein Trauerzug vorbei. Eine Leiche, nur mit einem dünnen weißen Laken zugedeckt und mit Ringelblumen bestreut, wurde von acht Männern auf einer grob gezimmerten Bahre vorbeigetragen. Sie schlängelten sich geschickt durch die Menge, und als sie zu dem Menschenauflauf am Gemüsestand kamen, hoben sie die Bahre über ihre Köpfe. Die Leiche geriet ins Rutschen, und einen gräßlichen Augenblick lang dachte ich, sie würde auf uns drauffallen.

Nach Hardwar führte der Fluß bedenklich wenig Wasser, weil ein Großteil in den Oberen Ganga-Kanal abgeleitet worden war und der Rest noch den Wasserstand vor dem Monsun hatte. Wir bauten unseren Kajak auf ein paar Stufen oder *ghats* zusammen, die zu einem schmalen Kanal mit graugrünem Wasser hinunterführten. Gegenüber erhob sich eine Reihe von Tempeln und Ashrams, vor uns dehnte sich die trockene, staubige Ebene bis zu den Chandi-Bergen aus. Ein bißchen weiter stromabwärts standen ein paar *dhobi wallahs* – Waschmänner – knöcheltief im Fluß und klatschten Wäsche auf die Steine. Sobald sie uns entdeckten, ließen sie ihre Arbeit im Stich und scharten sich um uns.

Nach einer halben Stunde nahm unser Kajak allmählich Form an. Ich hockte auf dem Boden und befestigte eine Plastikumrandung an der hinteren Sitzluke, während Dag mit Kopf, Schultern und Armen in der vorderen Sitzluke steckte und mit einem Stück

Aluminiumrahmen kämpfte. Die Waschmänner hatten inzwischen Verstärkung bekommen; spitze Knie drückten gegen meinen Rücken, als ich über dem Kajak kauerte, dunkle Augen starrten aus nächster Nähe in die meinen, und plötzlich stellte ich fest, daß der Sack mit unserer restlichen Ausrüstung – Campingsachen, Kocher, Essen, Kleidung – nirgends zu sehen war. Ich dachte sofort an die vielen Diebe, vor denen man uns so eindringlich gewarnt hatte, und rappelte mich hastig auf. Die Männer traten zurück und bildeten eine Gasse für mich – der Sack lag völlig unbehelligt hinter ihnen. Ich schleppte ihn zum Boot und setzte mich drauf, und schon umringten mich die Männer wieder. Einer von ihnen, ein hohläugiger alter Mann mit riesigen Ohren, beugte sich vor. »Welche Geschäfte führen Sie hierher?«

»Wir fahren mit dem Boot nach Varanasi«, sagte ich.

Der alte Mann übersetzte meine Antwort für die anderen Zuschauer, und ein zustimmendes Gemurmel ertönte. »Eine *yatra*, Madam«, sagte er. »Eine Pilgerfahrt.«

»Nein ...«

»Doch, Madam, entschuldigen Sie. Sie reisen auf der ehrwürdigen Mutter Ganga von einem heiligen Ort zum anderen. Das ist eine Pilgerfahrt, und es wird Sie von allen Sünden reinigen.«

Nach altem Hindu-Brauch muß jede Reise auf dem Ganges mit einem Reinigungsritual, einem *puja*, anfangen, und ich war viel zu abergläubisch, um diese Tradition zu übergehen. Aus einem der Tempel rief Bapi einen *pujari*, einen Hindu-Priester, herbei. Der Pujari hielt ein Stahltablett mit Ringelblumen, einer Kokosnuß, Bananenblättern und einem Sortiment von kleinen Messingtöpfchen in der Hand. Als die Kajaks fertig gepackt und startklar waren, kletterten wir hinein, und der Pujari hockte sich neben uns. Er klemmte ein paar brennende Räucherstäbchen in die Steinritzen der Ghats, dann läutete er ein kleines Glöckchen, und die Zeremonie begann. Während er pausenlos Gebete vor sich hin murmelte, band er rote Schnüre um unsere Handgelenke und an die Kajaks und malte mit Sandelholzpaste *tikas* auf unsere Stirn. Ich setzte meine Opfergabe auf den Fluß – ein winziges Bananenboot, gefüllt mit Ringelblumen, Süßigkeiten und brennendem Kampfer. Eine Kokosnuß wurde aufgeschlagen und die Milch über uns und die Kajaks gesprenkelt. Das Fruchtfleisch wurde in kleine

Stücke zerteilt und herumgereicht; gierig griffen die Dhobi wallahs nach diesem geweihten Essen und führten es an ihre Stirn, bevor sie es in den Mund schoben. Schließlich bat uns der Pujari, dreimal aus dem Fluß zu trinken. Ich schob alle hygienischen Bedenken beiseite, schöpfte eine Handvoll Gangeswasser und nippte vorsichtig daran.

»Du mußt dreimal trinken!« erinnerte mich Bapi.

Als die Zeremonie beendet war, legte ich hundert Rupien auf das Tablett.

»Gib noch eine dazu«, flüsterte Bapi, »gerade Zahlen bringen Unglück.«

Der Pujari nahm das Geld auf die rechte Handfläche, zählte es und hob es dann an die Stirn.

»*Ganga ma ki jai!*« schrie Bapi. »Wir grüßen dich, Mutter Ganga!«

Die Menge stimmte in den Ruf mit ein. »*Ganga ma ki jai!*« Aber der Wind fegte ihre Worte weg, und sie verloren sich irgendwo in der endlosen Weite, die vor uns lag.

Ein harter Anfang

Obwohl unser Kajak nur wenige Zentimeter im Wasser lag, kamen wir kaum zweihundert Meter weit, ehe wir auf einer Kiesbank strandeten. Als wir das Boot wieder herausschoben, rissen wir noch Witze darüber. Vier Stunden und fünfzehn Kiesbänke weiter war uns das Lachen dann schon ziemlich vergangen. Der Kanal wand sich träge durch die Ebene und teilte sich in ein wirres Netz von flachen Wasserläufen auf. Bis zum Abend waren wir kaum zweieinhalb Kilometer von unserem Startpunkt entfernt, obwohl wir mindestens dreizehn Kilometer gepaddelt waren. In sechs Wochen mußten wir Varanasi erreichen. Laut Mr. Koli waren es tausendfünfhundert Kilometer bis dorthin: Wenn das stimmte, mußten wir pro Tag ungefähr siebenunddreißig Kilometer zurücklegen, und das bedeutete, daß wir schon jetzt weit hinter unserem Zeitplan herhinkten.

»Das schaffen wir nie!« jammerte ich, als wir den Kajak ausluden.

»Keine Sorge!« sagte Dag, optimistisch wie immer. »Von jetzt an kann's nur noch besser werden.«

Das war ein böser Irrtum, aber zum Glück wußte ich es noch nicht.

Wir kampierten in jener ersten Nacht auf einer großen bogenförmigen Sandinsel, die zwischen zwei Kanälen aufragte. Sicherheitshalber bauten wir die Zelte Front an Front auf und nahmen die Kajaks in die Mitte. Krähen und *mynah*-Vögel hüpften um die rauhen Grasbüschel herum – wahrscheinlich fragten sie sich, was wir auf diesem gottverlassenen, öden Stück Land verloren hatten. Ich war auf dem Weg zum Ufer hinunter, um den Wasserkessel aufzufüllen, als ich plötzlich zwei seltsame Wesen lautlos durch den Fluß gleiten sah. Sie hatten riesige, unförmige Köpfe und beinlose Rümpfe, und erst als sich meine Augen an das Dämmerlicht gewöhnt hatten und die seltsamen Wesen näher kamen, sah ich, daß es sich um zwei Männer handelte. In dicke Schals vermummt, saßen sie auf Bambuslatten, die über aufgeblasene Schläuche gelegt waren, und trieben das Gefährt mit löffelförmigen Holzpaddeln voran. Ich starrte sie verwundert an; sie starrten verwundert zurück. Dag und Bapi tauchten neben mir auf, und Bapi redete mit schriller, hoher Stimme auf die Männer ein. Es hörte sich furchtbar wütend an, aber es war eine ganz normale Unterhaltung in Hindi, wie ich mit der Zeit herausfand.

»Die beiden sind Fischer«, erklärte Bapi. »Sie kommen hierher, um ihre Netze auszulegen. Sie sagen, daß es hier *dacoits* – Banditen – gibt, daß es gefährlich ist, hier allein zu zelten. Sie möchten, daß wir mit ihnen in ihr Dorf Agitpur gehen.« Es war keine angenehme Vorstellung, von Dacoits belästigt zu werden, aber andererseits hatten wir auch keine Lust, unser Zelt wieder abzubauen, die Boote zu beladen, über den Fluß zu paddeln, die Boote wieder auszuladen und über einen Kilometer weit hinter uns herzuschleppen. Die Männer legten ihre Netze aus, drehten die Boote um und glitten lautlos in die einbrechende Dunkelheit davon. Die Sonne schlüpfte hinter den Horizont und ließ ein gespenstisches orangefarbenes Licht und einen blassen Sichelmond zurück. Während ich mir beim Schein der Kerosinlampe Notizen machte, feuerten Dag und Bapi unseren winzigen Herd an und kochten *kedgeree,* einen Eintopf aus Reis und Currygemüse. Irgendwo jenseits unseres schwachen Lichtkreises fing ein Schakal zu bellen und zu lachen an. Ein anderer stimmte mit ein, dann noch einer und noch einer, und bald war die Nacht von ihrem verrückten Geschrei erfüllt.

Am nächsten Morgen wurden wir in aller Frühe von Motorengeheul geweckt. Die Steine und Kiesbänke, über die wir den ganzen letzten Nachmittag geflucht hatten, waren hier offenbar von Nutzen: Männer warfen Felsbrocken auf ihre Lastwagen und siebten den Kies durch grob geflochtene Körbe. Ein Stück weiter flußabwärts überquerte ein vollbeladener Lastwagen den Kanal, und wir stellten erschrocken fest, daß das Wasser die Räder kaum zur Hälfte bedeckte.

Hinter dem Lastwagen trottete im Licht der aufgehenden Sonne eine Herde wilder Büffel vorbei. Weit weg am anderen Ende der Schwemmebene stieg Nebel aus den Bäumen, die Chandi-Berge zeichneten sich weich gegen den Himmel ab, und ein glitzernder, schneebedeckter Berggipfel ragte über ihnen auf.

Als ich unseren Teekessel in den Fluß tauchte, wirbelte eine zerfledderte Ringelblumengirlande vorbei und verfing sich in der Tülle. Erst jetzt sah ich, daß überall Puja-Überreste, von Hardwar angeschwemmt, an den Ufern verstreut lagen: Blumen und Kokosnüsse und rote Tuchfetzen. Mißtrauisch schielte ich in den vollen Teekessel. Das Wasser war grau und voller Ablagerungen. Ich leerte es aus, watete in den Fluß hinein und füllte den Kessel an einer schnelleren Strömung. Ich wollte mich gerade umdrehen, als ich plötzlich drei Männer am gegenüberliegenden Ufer bemerkte. Sie saßen zusammengekauert da, tief in ihre Decken gehüllt, und so reglos wie Statuen. Sie waren immer noch da, als ich eine Stunde später mit Zahnbürste und Zahnpasta ans Ufer zurückkehrte. Ich hatte gehofft, daß es mir erspart bleiben würde, die Zähne im Fluß zu putzen, aber unser Keramikfilter kam gegen den vielen Schlamm nicht auf, und das bißchen Wasser, das er produzierte, brauchten wir zum Trinken. Ich schrubbte also mit Todesverachtung meine Zähne und spuckte soviel Wasser aus wie nur möglich. Die Statuen starrten mich an – sie waren furchteinflößend in ihrer

Reglosigkeit. Als wir davonpaddelten, drehten sie langsam den Kopf um und schauten uns nach.

Der Wasserspiegel stieg zwar durch den Zustrom einiger Nebenarme bald etwas an, aber der immer breiter werdende Fluß teilte sich weiterhin auf. Bei jeder Abzweigung mußten wir uns neu entscheiden, welchen Arm wir nehmen sollten. Manchmal erwischten wir den falschen und landeten in einer Sackgasse, und dann mußten wir das Boot über den Kies zum Hauptstrom zurückschleppen. Das war sehr anstrengend, aber zumindest wurden wir von einer erstaunlich vielfältigen Vogelwelt abgelenkt. Es gab Strandläufer, Reiher, Kraniche, Gänsesäger, Adler, Eisvögel und viele andere mehr, die wir nicht identifizieren konnten.

»Was ist das für ein Vogel?« fragte ich Bapi.

»Welcher Vogel?«

»Der da – der schwarze mit dem weißen Bauch und dem grünen Hals.«

Ein langes Schweigen folgte, was, wie ich bald herausfand, ein sicheres Zeichen war, daß er die Frage nicht beantworten konnte und sich schnell etwas ausdachte. »Er heißt Black Indian Bastard«, verkündete er schließlich.

Zweimal rutschte ich auf den glatten Steinen aus, als wir das Boot über den Kies schleppten, und ich schaffte es, mich von oben bis unten klatschnaß zu machen, obwohl das Wasser nur zehn Zentimeter tief war. Ich verfluchte die Kiesbänke, aber am Mittag sehnte ich mich fast nach ihnen zurück. Der Fluß schien das Land, durch das er strömte, unablässig abzutragen. Aus Felsen wurden Steine, aus Steinen Kiesel, aus Kieseln Sand, und der Sand wurde so hauchfein, daß er unsichtbar in der Luft schwebte und sich in unseren Ohren, Nasen und Augen festsetzte. Mit Wasser vermischt, verwandelte er sich in einen wahren Alptraum.

Die Sandbank, auf der wir gestrandet waren, lag dicht unter dem trüben Wasser verborgen. Seufzend kletterten wir heraus und schoben den Kajak an. Auf einmal zerrte und saugte etwas an meinen Füßen, kalter Schlamm schloß sich um meine Knöchel, und ich merkte, daß ich im Flußbett einsank.

»Treibsand!« schrie Dag.

Bevor wir auch nur reagieren konnten, steckten wir bis über die Knie in dem teuflischen Zeug. Wir warfen uns über den Bootsrand, hievten uns mit letzter Kraft heraus und plumpsten in unsere Sitze zurück.

Acht weitere Treibsandfallen lauerten auf uns. Als unser zweiter Tag auf dem Fluß zu Ende ging, waren wir mit einer dicken Schicht Gangesschlamm überzogen.

Der Strom wandte sich von den Chandi-Bergen ab, die Ebene dehnte sich auf fünfzehn Kilometer in der Breite aus, und der Horizont wurde so flach wie auf dem Ozean. Wir fuhren durch einen der dichtestbesiedelten Teile Indiens, auf einem Fluß, der die Lebensgrundlage für Millionen von Menschen darstellt, aber weit und breit war nichts und niemand in Sicht, nur der leere, gewölbte Himmel und eine riesige, silbergraue Wüste. Manchmal stellte ich mir beim Paddeln vor, wie wir von hoch oben aussehen mußten – zwei winzige Punkte, ein roter und ein blauer, die man noch nicht einmal als Boote erkennen konnte. Es war ein ernüchternder Gedanke. In dieser harten Anfangszeit hatte ich ohnehin das Gefühl, daß ich immer mehr einschrumpfte, bis nur noch ein winziger Fleck von mir blieb, aufgesaugt von Raum, Licht und Stille.

Unser Lagerplatz wurde jede Nacht trostloser. An einem Regentag verwandelten sich die Sandebenen in schlammige Mondlandschaften, und Wildgänse flogen laut rufend über unseren Köpfen, als wollten sie in wärmere Gefilde aufbrechen. Ich war durchgefroren, naß und elend, und ich fragte mich, warum wir bloß hierher gekommen waren und wie wir solche Strapazen wochenlang aushalten sollten.

Und dann, nach Tagen vollkommener Einsamkeit, tauchten plötzlich Leute auf. Da standen sie auf dem weißen Sand, scharf umrissen vor dem leeren Himmel – Männer in braunen Decken, die Axt über der Schulter, Frauen in hellen Baumwoll-Saris mit funkelnden Messingschüsseln auf den Köpfen. Ein Büffel zog einen Holzkarren auf Rädern vor ihnen her. Ein Bild wie vor Hunderten von Jahren – es war, als sei die Zeit zurückgedreht worden. Zuerst waren die Leute bei unserem Anblick sprachlos vor Staunen. Aber als wir unsere Handflächen zusammenpreßten und Grüße hinüberriefen, kamen sie den Uferdamm heruntergestürzt und bombardierten Bapi mit Fragen – wo wir herkämen, wo wir hinwollten usw. »*Hardwar sey, Varanasi tak? Yatra!*« »Von Hardwar nach Varanasi? Eine Pilgerfahrt!«

Sie sagten, daß sie auf dem Weg zu ihren Feldern waren, und zeigten über die leere Ebene in die Richtung zurück, in der ihr Dorf lag. »Wie lang müßt ihr noch gehen?« fragten wir sie.

»Zwei Stunden«, antworteten sie, »vielleicht drei, vielleicht vier.«

Mit den Entfernungen nahmen sie es offenbar auch nicht so genau. »Fünfunddreißig Kilometer«, behaupteten sie, als wir sie fragten, wie weit es bis zum Bijnor-Staudamm war.

Die nächsten Leute, die wir trafen, meinten, es seien fünfzig Kilometer, und die übernächsten sagten fünfundsiebzig. Da Bapi seine Karte von Uttar Pradesh im Hotelzimmer vergessen hatte, blieb ihm nur unsere große Indienkarte. Er brütete ständig darüber, maß die Entfernungen mit einer Schnur nach und kam mit Schätzungen daher, die mindestens genauso abenteuerlich waren wie die der Bauern.

Am vierten Tag umrundeten wir eine Flußbiegung und erblickten die Umrisse des Bijnor-Staudamms, der noch ungefähr einen Kilometer entfernt war. Wir steuerten in eine Gegenströmung und warteten auf Bapi. Am Ufer lag eine tote Kuh, an der ein paar riesige schwarzbraune Aasgeier herumpickten. Sie hüpften schwerfällig auf und ab und steckten ihre Köpfe samt den häßlichen nackten Hälsen tief in die klaffende Bauchhöhle. Ein Stück weiter weg befestigten ein paar Männer einen Abschnitt der Uferböschung. Sie türmten Steinsäcke hinter einer Mauer auf, die aus Ästen gebaut war und so aussah, als würde sie vom ersten Monsunregen einfach weggefegt werden. Die Männer winkten uns zu und zeigten auf den Staudamm.

»Sie sagen, daß wir durchpaddeln können«, übersetzte Bapi, der uns inzwischen eingeholt hatte.

»Durch die Sperre?«

»Sie sagen, da ist eine Fahrrinne, der wir folgen können.«

»Ja, bloß geht es auf der anderen Seite vielleicht zwanzig Meter in die Tiefe.«

»Aber warum sollen wir die Kajaks schleppen, wenn wir genauso gut durchpaddeln können?« meinte Bapi nach einigem Nachdenken.

Aber er wurde überstimmt, und wir zogen die Boote ungefähr hundert Meter vom Staudamm entfernt aus dem Fluß. Es war ein riesiger Bau aus Beton und blauem Metall, der zugleich als Straßenbrücke diente. An den Stahlträgern turnten schwarzgesichtige Affen über den Lastwagen herum, die auf dem Weg zu der nahen Stadt Bijnor waren. Nur eines der eisernen Schleusentore war offen; ein reißender Sturzbach schoß hindurch und verwandelte sich auf der anderen Seite in einen donnernden Wasserfall.

Während wir unseren Kajak ausluden, ging Bapi los, um ein paar Träger anzuheuern. Nach einer halben Stunde kam er mit einem Vater und seinem Sohn zurück. Der Vater war alt, halb blind und knochendürr, und der Sohn hatte einen dicken Verband an der linken Hand und sah völlig apathisch aus.

»Sie möchten fünfundzwanzig Rupien«, sagte Bapi.

Für unsere Begriffe ist das lächerlich wenig (ungefähr ein Dollar für jeden), aber für die beiden Männer hier war es ein echter Glücksfall – ein ganzer Tageslohn, nur um ein paar große Säcke zweihundert Meter weit zu tragen. Bapi sagte ihnen, daß wir mit dem Lohn einverstanden seien, aber Vater und Sohn starrten jetzt finster auf die Säcke und Boote. Der alte Mann schaute zu Dag auf und schleuderte ihm einen Schwall von Hindi an den Kopf.

»Er sagt«, übersetzte Bapi, »daß das zu schwer für sie ist. Er sagt, wenn ihr ihm noch hundert Rupien dazugebt, gehen sie in ihr Dorf zurück und bringen einen Ochsenkarren her.«

»Und wie lange dauert das?« fragte Dag. »Es ist doch gar nicht weit bis zur anderen Seite. Sag ihnen, wir helfen alle mit beim Tragen.«

Bapi machte ein erschrockenes Gesicht. »Also, ich finde, das mit dem Ochsenkarren ist eine gute Idee. Und außerdem bestehen sie darauf.«

»Dann sag ihnen, daß wir uns jemand anders suchen.«

Die Träger wurden wütend – wir hätten eine Absprache mit ihnen, und an die müßten wir uns halten. Wir konterten damit, daß zu unserer Absprache keine Ochsenkarren gehörten. Es folgte eine lange Diskussion mit viel Kopfschütteln und unzähligen »Acchha!«, was je nach Lage der Dinge »O.k.« oder »Ich verstehe« oder »Ach, wirklich?« oder »Sehr gut« bedeuten kann. Endlich einigten wir uns auf einen Kompromiß. Dag, Bapi und die Träger sollten soviel Gepäck wie möglich nehmen und über die Brücke schleppen, während ich hier bei den restlichen Sachen blieb. Dann sollte Bapi drüben auf der anderen Seite der Brücke bleiben, und Dag und die Träger würden zurückkommen und den Rest holen. So war unser Plan, aber es kam ganz anders. Wir verteilten den Inhalt unseres Kajaks auf die beiden roten Säcke. Dag warf den einen Sack über die Schulter und marschierte damit über die Brücke, und die Träger schleppten den Kajak hinter ihm her. Ich setzte mich auf den anderen Sack, und Bapi fing an, sein Boot auszuladen. Er war immer noch beim Auspacken, als die beiden Träger zurückkamen. Ich stand auf und zeigte auf den Sack. Der alte Mann schüttelte den Kopf und rannte den Uferdamm zu Bapi hinunter. Der Sohn hob den Sack hoch, aber nach ein paar wackligen Schritten ließ er ihn mitten auf der Straße fallen und ging zu seinem Vater. Zehn Minuten später tauchten sie wieder auf, der eine trug Bapis leichten Plastikkajak, der andere sein Gepäck, während Bapi mit leeren Händen hinter ihnen herstolzierte.

»Bapi, du hilfst mir mit diesem hier!« fauchte ich ihn an. Mein Ton war so eisig, daß er schleunigst gehorchte.

Nachdem wir eine halbe Paddelstunde vom Staudamm entfernt waren, bauten wir unser Zelt im Schatten einer grasbewachsenen Sanddüne auf. Ein Bauer pflanzte dort Kürbisse und Wassermelonen an. Er häufte Sand zu niedrigen Wällen auf, um das Feld abzugrenzen, und steckte trockene Grasbüschel als Windschutz hinein. Dann grub er Löcher in den Sand und füllte sie mit der Erde und den Setzlingen auf, die er auf dem Ochsenkarren aus seinem Dorf hergebracht hatte. Er würde täglich kommen, um das Feld zu bewässern, sagte er, und er würde die Früchte ernten, bevor die Monsunregen einsetzten und sein mühsam geschaffenes Ackerland wegschwemmten. Und am Ende würde er fünfzig Paise, also eine halbe Rupie, für ein Kilo Wassermelonen oder Kürbisse bekommen, während sie auf dem Markt für zehn Rupien pro Kilo verkauft wurden. Ich fragte ihn, warum er seine Ware nicht selber verkaufte.

»Ich gehöre nicht zur Händlerkaste«, sagte er.

Der Sand schimmerte golden im Abendlicht, der Himmel färbte sich blaßblau, die Gräser leuchteten in einem warmen Gelb. Gänse wanderten an der Uferlinie auf und ab, und als es dunkel wurde, mischten sich ihre Rufe mit dem Bellen der Schakale und mit dem Dröhnen des Straßenverkehrs, das aus der Ferne herüberdrang. Die

Lichter des Staudamms waren defekt und flackerten die ganze Nacht, als wollten sie uns ein kostenloses Son-et-lumière-Spektakel geben. Gegen zwei Uhr kroch ich zum Pinkeln aus dem Zelt. Die Lichter gingen an und beleuchteten zwei Gestalten, die auf Schläuchen zu unserem Lager gepaddelt kamen. Ich rüttelte Dag wach, aber als er endlich seinen Kopf aus dem Zelt streckte, waren die Lichter wieder aus.

»Ich sehe nichts«, sagte er.

Die Lichter gingen wieder an und rissen die zwei Gestalten aus der Dunkelheit – sie hatten jetzt fast das Ufer erreicht, keine zwanzig Meter von uns entfernt.

»He! Ihr da!« brüllte Dag. »Was wollt ihr hier?«

Die Gestalten erstarrten. Die Staudamm-Lichter gingen aus. Als sie zwei Minuten später wieder aufflammten, paddelten die Schlauchleute über den Fluß zurück, in die Richtung, aus der sie gekommen waren.

Wir schliefen unruhig, und gegen 5.30 Uhr sagten wir uns, daß wir genausogut aufstehen konnten. Der Fluß war in kalten Nebel gehüllt, der die blinkenden Staudammlichter verschluckte und unser Verlassenheitsgefühl noch verstärkte. Nach einer Katzenwäsche im Fluß war ich bis auf die Knochen durchgefroren. Ich zog sämtliche Kleider, die ich bei mir hatte, übereinander an und paddelte zähneklappernd los. Wir waren noch nicht weit gekommen, als wir einen menschlichen Schädel im trockenen gelben Ufergras entdeckten. Ein Stück weiter flußabwärts lag ein ganzes Skelett mit angewinkelten Beinen.

Der Fluß teilte sich immer noch auf; es sah ganz so aus, als hätten wir einen weiteren einsamen Paddeltag vor uns. Aber plötzlich hörten wir fernes Kuhglockengeläut, vermischt mit dem fröhlichen Gesang eines Hirten. Die Sonne brach durch die Nebelwand, die sich wie ein Vorhang emporhob. Schwalben sausten über unseren Köpfen hin und her, ein winziger brauner Delphin tauchte dicht bei unserem Kajak auf, und Wasser-Hyazinthen drehten sich in den Strudeln, die unsere Paddel aufwühlten. Büffelkarren, auf denen ganze Familien saßen, überquerten vor uns den Fluß, Fischer warfen ihre Netze vom Ufer aus ins Wasser, Frauen trugen Futterbündel auf dem Kopf. Der Himmel war leuchtend blau, die

Sonne warm, und es war, als seien wir in eine andere Welt versetzt worden. Gegen Mittag hielten wir an, um auf Bapi zu warten. Sein ruderloses Boot war hoffnungslos langsam im flachen Wasser, und er paddelte ewig hinter uns her. Trotzdem spielte er sich weiterhin ganz unbekümmert als unser »Guide« auf, was mir ziemlich auf die Nerven ging.

»In dem Tempo kommen wir nie nach Varanasi«, murrte ich. »Vielleicht hätten wir Bapi doch nicht mitnehmen sollen.«

»Ach was«, meinte Dag. »Er ist ein netter Kerl, und so viel langsamer sind wir seinetwegen auch nicht. Was hast du eigentlich dauernd?«

Ganz einfach: Ich war eifersüchtig. Monatelang waren Dag und ich so eng wie nur möglich zusammengewesen, und durch Bapi hatte sich das schlagartig geändert. Dag war begeistert, daß er endlich wieder Männergesellschaft hatte. Die beiden verstanden sich auf Anhieb: Sie kochten zusammen, blödelten herum, rauchten Bidis und erzählten sich Geschichten. Zu mir war Bapi höflich und aufmerksam, und er bestand immer darauf, den Abwasch für mich zu machen.

»Ich weiß, daß du mit deinen Notizen beschäftigt bist, Maria«, sagte er und schlenderte fröhlich davon, um unsere Töpfe im kalten Flußwasser zu schrubben.

Aber nicht einmal solche netten Gesten konnten mich damit versöhnen, daß er mir Dags ungeteilte Aufmerksamkeit raubte, und ich war oft ziemlich schnippisch zu ihm.

»Sei nicht so unfreundlich zu Bapi«, schimpfte Dag. »Er ist viel wichtiger für uns, als du glaubst.«

Wir drifteten gerade unter einem hohen Ufer des Stroms entlang. Häuser blitzten zwischen den Bäumen oben auf dem sechs Meter hohen Steilhang hervor, und davor ragte ein schmaler Backsteinturm aus dem Sand. Bald kamen Kinder ans Ufer heruntergerannt. Es waren barfüßige kleine Bengel mit Rotznasen und entzündeten Augen. Sie platschten ins Wasser und hielten kreischend und schreiend ein paar Meter vor uns an, wo sie sich schutzsuchend aneinanderdrängten und in ihre Hände kicherten. Vom Hang aus winkten uns Erwachsene zu sich her. Wir machten das Boot fest, packten unseren Hindi-Sprachführer und gingen ins Dorf hinauf.

Die Häuser waren aus Lehm und Dung gebaut, und auf den Strohdächern wuchsen Kürbisse. Ein *charpoi,* ein hölzernes Bettgestell mit einer aus Hanfseilen gewebten Matratze, wurde für uns in die Sonne herausgestellt. Das halbe Dorf drängte sich um uns: schöne alte Männer mit scharfgeschnittenen Gesichtszügen und runzliger Lederhaut, junge Männer, die Babys im Arm hielten und Bidis rauchten, Frauen, die ihre Gesichter hinter den Sari-Enden versteckten. Eine dieser Frauen tauchte ein paar Edelstahlbecher in einen Lehmtopf, der mit fettigem, schwarzem Wasser gefüllt war. Sie trocknete die Becher an ihrem Sari ab, dann füllte sie sie mit milchigem Tee aus einem Messingkrug. »*Bahut accha*«, sagten wir und nippten an dem Tee. »Sehr gut.«

Dann fragten wir ein paar von den Zuschauern in Hindi nach ihrem Namen und dem Namen ihres Dorfes. Angespornt von dem Erfolg unserer Bemühungen, fragte Dag einen Mann namens Antram, ob er ihm den Zweck des Backsteinturms erklären könnte. Zuerst herrschte ratloses Schweigen, dann wurde aufgeregt getuschelt. Die Männer mit den Babys im Arm huschten davon, und die Kinder, die uns zwischen den Füßen herumkrabbelten, wurden weggezerrt, aber die restlichen Dorfbewohner drängten sich enger um uns. Die Stimmung hatte sich verändert, Spannung lag in der Luft.

»Komm, wir gehen lieber«, flüsterte ich Dag zu. Wir standen auf.

»*Sit down sir* – setzen Sie sich!« kommandierte Antram.

Er holte ein Schulheft und einen Bleistift hervor und schrieb auf die Rückseite: »Wie heißen Sie? Woher kommen Sie? Was machen Sie hier in Sherpur?« Dann warf er das Heft samt Bleistift Dag zu. Die ersten beiden Fragen waren einfach zu beantworten. Die dritte war problematischer. Ja – was machten wir eigentlich hier? Antram konnte offenbar Gedanken lesen.

»*What are you doing here, sir?*« brüllte er Dag an.

Bevor er antworten konnte, ertönte eine vertraute Stimme.

»He, Dag!«

Die Menge teilte sich und gab den Blick auf Bapi frei, der mit flatternden Shorts den Uferdamm hochkletterte. »Was ist los?«

»Das wissen wir selber nicht«, sagte Dag.

Ich war unendlich froh, als Bapi auftauchte, und plötzlich begriff ich auch, daß er wirklich unser »Guide« war. Vielleicht nicht in praktischen Dingen, aber in einer solchen Situation wären wir ohne ihn verloren gewesen – er konnte uns helfen, die sprachliche und kulturelle Kluft zu überbrücken.

Er unterhielt sich kurz mit Antram, dann drehte er sich um und schaute uns fragend an. »Die Leute sind beunruhigt. Sie sagen, ihr habt euch nach ihren Kindern erkundigt. Sie denken, daß ihr eins von ihnen mitnehmen wollt.«

Das Mißverständnis löste sich mit Bapis Hilfe in Gelächter auf, wir bekamen frischen Tee vorgesetzt, und Antram erklärte uns, was es mit dem Turm auf sich hatte. Es war ein Brunnen, der bis vor wenigen Jahren noch mitten im Dorf gestanden hatte. Bei jedem Monsunregen wurde ein Teil von Sherpur weggeschwemmt. Das Haus, vor dem wir jetzt saßen, war vielleicht in ein paar Monaten schon verschwunden.

»Das ist ja schrecklich«, sagte ich.

Bapi übersetzte, und Antram lächelte. »Nicht schrecklich. Die heilige Mutter Ganga nimmt weg, aber sie gibt uns fruchtbaren Boden und gutes Wasser. Sie ist unser Leben.«

Im Mittelpunkt des Interesses

Krähen stritten sich um die Reste unseres Milchreisfrühstücks, als wir das Lager abbrachen. Es war jetzt acht Tage her, seit wir Hardwar verlassen hatten, und wir kamen entsetzlich langsam voran. Aber wenigstens war es morgens nicht mehr so kalt. Um neun Uhr bleichte der Himmel schon langsam aus, und kleine Schildkröten lagen auf den Erdschollen und ließen sich die Sonne auf den Panzer brennen. Wenn wir näher kamen, plumpsten die meisten ins Wasser, aber manche blieben einfach liegen – mit ausgestrecktem Hals, die Beine im rechten Winkel vom Körper abgespreizt. Wir waren so fasziniert von ihrem Anblick, daß wir den schwarzen Rauch, der auf uns zudriftete, zuerst gar nicht wahrnahmen. Dann stieg uns ein beißender Geruch in die Nase, der fatal an zu lange erhitztes Bratfett erinnerte. Als wir um eine Flußbiegung paddelten, sahen wir einen brennenden Haufen aus Holz und Dung. Mittendrin lag eine Leiche. Zwei Männer schürten das Feuer mit Bambusstäben, ungefähr fünfzehn andere standen daneben. Als sie uns kommen sahen, ließen sie den Scheiterhaufen im Stich und kamen rufend und winkend ans Ufer gerannt. Sie waren in *dhotis* und Decken gewickelt, nur ihre Gesichter und stockdürren Beine schauten hervor. Einige waren sehr alt, mit runzliger Haut und starren Vogelaugen. Ich drehte mich um und rief Bapi, der eine Schildkröte mit dem Ruderblatt zu fangen versuchte, aber er war außer Hörweite.

»*Namaste*«, sagte ich, preßte meine Hände zusammen und hob sie an die Stirn.

»*Namaste!*« riefen sie entzückt.

Mit einem dumpfen Schlag lief unser Kajak auf eine überschwemmte Sandbank auf. Die Strömung stieß uns seitwärts, und innerhalb von Sekunden steckten wir hoffnungslos fest. Hinter den Männern krachte und knallte etwas auf dem Feuer. Der Wind drehte sich, und Rauchschwaden drifteten auf uns zu und hüllten uns ein. Als wir das Boot mit unseren Paddeln aus der Sandbank herauszustoßen versuchten, rieselte mir Asche ins Gesicht und verfing sich in meinen Wimpern.

»Wir müssen zu diesen Leuten gehen«, sagte Bapi, als er uns einholte.

»Was?«

»Sie verlangen es.«

Ein junger Mann namens Danbir sprach für die ganze Gruppe. Er war groß, schlaksig und ziemlich forsch. Er trug seine Decke wie eine Toga über einer Schulter und hatte eine hochmütige Art, die Nase in die Luft zu halten. Er sagte uns, daß wir uns neben die Männer setzen sollten, und breitete ein weißes Tuch neben dem Traktorenanhänger aus, der die Leiche, die Trauergemeinde und das Brennmaterial zum Flußufer gebracht hatte. *Gur*-Stücke – roher Rohrzucker – wurden herumgereicht, wobei wir die dicksten bekamen. Einer der alten Männer saß ziemlich dicht neben mir und starrte mich mit blinzelnden Augen an, als ich an dem süßen, klebrigen Zeug herumnagte. Immer wenn ich eine Pause machte, nickte er mir aufmunternd zu.

Der Körper auf dem Scheiterhaufen war der von Rishpal Singh. Der Mann war erst vor wenigen Stunden im Alter von fünfundachtzig Jahren gestorben. Sein ältester Sohn, Sidraj, ein Mann mit einem langen, vornehmen Gesicht, das von einem weißen Baumwollschal umrahmt war, saß neben Bapi und unterhielt sich ruhig mit ihm.

»Sidraj möchte, daß wir mit ihm in sein Dorf gehen«, sagte Bapi. »Er sagt, der Himmel hätte uns zu ihm geschickt.«

Das Dorf Gessapur war fünf Kilometer vom Flußufer entfernt. Wenn wir dort hingingen, würden wir einen ganzen Tag verlieren, vielleicht sogar noch mehr. Aber Sidraj fixierte uns mit seinem klaren, offenen Blick.

»Er sagt, daß Gott ihm seinen Vater genommen hat und daß er uns jetzt zu ihm schickt, um ihn in seinem Kummer zu trösten«, sagte Bapi, und da konnten wir einfach nicht ablehnen.

Nach zwei Stunden war das Feuer fast heruntergebrannt, aber es lag noch ein Stück von der Wirbelsäule mit etwas verkohltem Fleisch daran in der Asche. Die Trauergäste fegten alles in den Fluß und stiegen dann selbst zu einem rituellen Bad hinein, das heißt, sie hielten sich die Nasen zu und tauchten dreimal unter. Dann wurden unsere Boote auf den Traktorenanhänger gehievt, und alle quetschten sich darum herum. Wir fuhren auf einem holprigen Weg zwischen Senf-, Chili-, Fenchel-, Auberginen- und Weizenfeldern entlang, die nach der blassen, monotonen Landschaft der Schwemmebene atemberaubend farbenprächtig erschienen. Die Männer lachten und schwatzten, als kämen sie von einer Party, und nicht von einer Beerdigung.

Gessapur war ein großes Dorf mit über achthundert Einwohnern. Die Häuser reihten sich dichtgedrängt in den zerfurchten Lehmgassen aneinander, und beim Vorbeirumpeln erhaschten wir ein paar flüchtige Einblicke in das dörfliche Alltagsleben: Büffel waren im Hof angebunden und fraßen aus Krippen, die in die Mauern hineingebaut waren, alte Männer saßen auf Charpois und rauchten ihre Wasserpfeifen, Frauen bedeckten ihre Gesichter mit einem Sarizipfel und huschten in die dunklen, fensterlosen Räume. Sidrajs Haus stand am Dorfrand, umgeben von Feldern, die mit zum Trocknen ausgelegten Dungfladen bedeckt waren. Eine winzige Küche mit einem dungbeheizten Ofen und zwei kleine Räume gingen vom Hof ab.

Unsere Boote und unser Gepäck wurden in einen der beiden Räume getragen. Bapis Kanu paßte gerade noch hinein, aber unser Doppelkajak ragte ein ganzes Stück weit zur Tür heraus. Sidraj führte eine Büffelkuh in den Hof, melkte sie und reichte jedem von uns einen Becher mit der warmen, weißen Flüssigkeit. Ich mag keine Milch, nicht einmal wenn sie aus sterilen Flaschen kommt, und die Vorstellung, Milch direkt vom Euter zu trinken, drehte mir fast den Magen um. Aber unter den erwartungsvollen Blicken von Sidrajs Familie und der versammelten Nachbarschaft blieb mir nichts anderes übrig, als das Zeug hinunterzuwürgen und tapfer zu lächeln.

Danbir fand, daß Dag und Bapi eine Rasur brauchten, und brachte sie zum Dorfbarbier, während ich im Hof bei den Frauen blieb. Ich saß auf dem Charpoi, und sie hockten auf dem Boden um mich herum, kicherten über meine groben Sandalen und meinen abenteuerlichen Aufzug. Über meiner Thermohose und -weste trug ich Shorts und – anstandshalber – meinen Sulu aus dem Südpazifik. Die Frauen diskutierten aufgeregt miteinander, dann verschwand eine von ihnen und kehrte ein paar Minuten später mit einem Arm voll purpurroter Seide zurück.

Ich wurde in ein Schlafzimmer über dem Hof geführt, ein kühler, dunkler Raum mit Lehmwänden. Sechs Frauen umringten mich. Ihre Armbänder klirrten, als sie mir geschickt die Kleider auszogen, und ihre Finger fühlten sich wie kühler Marmor auf meiner Haut an. Zuerst zogen sie mir ein bauchfreies Oberteil an – ich mußte mehrere durchprobieren, bis sie endlich eins gefunden hatten, das klein genug für mich war, was ziemlich viel Heiterkeit auslöste. Dann banden sie mir einen langen Baumwollunterrock um die Hüften und wickelten mich in meterlange Bahnen feinster, raschelnder Seide, die sie geschickt falteten und zu einem Sari zusammensteckten. Mein Haar wurde gekämmt und eingeölt, und ein kleiner roter Plastikpunkt, ein *bindi,* wurde auf meine Stirn geklebt, zum Zeichen, daß ich eine verheiratete Frau war. Schließlich traten die Frauen zurück, um ihr Werk zu begutachten, und klatschten entzückt in die Hände, dann führten sie mich zu Dag zurück.

Es war gar nicht so einfach, sich in Gessapur vorwärtszubewegen. Wir kamen meistens nur ein paar Schritte weit in den engen Gassen, bevor jemand aus einer Holztür in der ockerfarbenen Lehmwand herausstürzte, uns in einen Hof zerrte und uns süßen, milchigen Tee und unzählige Schalen mit Essen vorsetzte. Alle waren neugierig auf uns und wollten uns unbedingt in ihre Häuser einladen, wo sie uns in Ruhe ausfragen konnten. Aber so etwas wie ein Privatleben gab es in Gessapur nicht, denn die flachen Dächer boten eine optimale Aussicht in die Nachbarhöfe. Wenn eine Familie uns mit Kartoffel-*pakora* fütterte, blieb das der Nachbarsfamilie nicht lange verborgen, und sie setzten uns Kartoffel-Pakora mit Zwiebeln vor und vielleicht noch etwas Quark dazu. Außerdem war es auch eine Frage von *darshan*, denn unsere Reise wurde als heilig angesehen, und unsere Ankunft bei der Verbrennungszeremonie war für die Leute hier kein Zufall, sondern ein glückliches Omen. Wir hingegen fühlten uns verpflichtet, riesige Mengen von Essen und Trinken hinunterzuwürgen, denn jede Ablehnung stieß auf blankes Unverständnis und Entsetzen.

Als wir wieder in Sidrajs Haus waren, setzte ich mich auf den Lehmboden in der Küche und schaute zu, wie Sidrajs Frau Durta Senfblatt-Curry und Mais-*rotis* zubereitete, eine traditionelle Mahlzeit in dieser Gegend. An dem Nachmittag im Dorf hatte ich einigermaßen mitbekommen, wieviel Arbeit auf den Schultern der Frauen lastete: Sie kehrten die Lehmböden und Feuerstellen, wuschen Kleider von Hand und bügelten sie mit Kohlebügeleisen, sie melkten Büffel und verarbeiteten die Milch zu Butter, sie sammelten Dung, formten ihn zu kleinen Fladen für das Herdfeuer oder mischten ihn mit Wasser und dichteten damit Wände und Fußböden ab. Sie kämmten und spannen Wolle, sie lasen Linsensamen aus und hackten das Futter für die Tiere klein; und natürlich mußten sie ihre Kinder großziehen und für ihre anspruchsvollen Ehemänner kochen. Und nach einem solchen Arbeitstag kauerte die blasse, ausgemergelte Durta, die vier lebende Kinder hatte und bereits wieder schwanger war, über dem Herd und schürte das Feuer mit Zweigen und Dung, wobei sie ständig hineinblasen mußte, damit es nicht ausging. Gleichzeitig vermengte sie Maismehl und Wasser, knetete den Teig, rollte kleine Kugeln daraus und drückte sie auf einer Steinplatte flach. Sie buk die *rotis* in einer trockenen Pfanne aus und legte sie in die heißen Kohlen, bis sie aufgingen, ohne anzubrennen. Es war eine Prozedur, die mich in meiner voll ausgerüsteten High-Tech-Küche zur Verzweiflung gebracht hätte – und erst recht natürlich in dieser verräucherten kleinen Hütte.

Wir aßen im Hof, wo wir auf Charpois saßen. Sidraj rief ständig nach seiner Frau, die uns frische Rotis bringen und unsere Teller mit Curry auffüllen sollte.

»Warum ißt Durta nicht mit uns?« fragte ich Bapi.

»In den Dörfern müssen die Frauen ihre Familie bedienen, bis alle mit dem Essen fertig sind«, sagte er. »Dann dürfen sie die Reste essen.« Ich wollte gerade ein bißchen Stück Roti mit Curry zum Mund führen, aber ich erstarrte mitten in der Bewegung.

»So ist es Tradition«, fuhr Bapi fort. »Die Frauen behandeln ihre Männer wie Götter.«

Ich wollte schon protestieren, überlegte es mir aber anders.

Durtas Leben wurde von uralten Gesetzen und Ritualen geregelt. Vielleicht war ihr die Ungerechtigkeit ihrer Situation sehr wohl bewußt, ohne daß sie etwas dagegen machen konnte. Und wer war ich, daß ich hier hereinplatzte, aufrührerische Reden führte und dann wieder verschwand? Ich fragte Bapi nicht weiter aus, sondern aß stumm meine Schale Curry leer und lehnte eine weitere Portion höflich ab, in der Hoffnung, daß genug für Durta übrigbleiben würde.

»Ich bin so müde«, seufzte Bapi, als wir in unsere Schlafsäcke krochen, »meine Augen fallen mir schon zu.«

Wir lagen gegen einen Stapel getrockneter Dungfladen gequetscht, in demselben fensterlosen Raum wie unsere Kajaks. Sidrajs Vater hatte hier gelebt; Dag und ich teilten uns den Charpoi, auf dem er letzte Nacht gestorben war. Eine kleine Ölfunzel in einer Wandnische warf unheimliche Schatten auf das Strohdach. Draußen zischte und spritzte eine Straßenlaterne, und Sidraj, der darauf bestanden hatte, den Nachtwächter für uns zu spielen, intonierte ein Mantra. Trotz der morbiden Assoziationen war das Zimmer gemütlich und behaglich, und wir schliefen alle sehr schnell ein.

»Chai! Chai!« brüllte Sidraj und rüttelte an unserem Charpoi.

»Wie spät ist es?« murmelte ich. Es war stockdunkel. Unsere kleine Öllampe war heruntergebrannt, aber die Quecksilberlampe draußen zischte immer noch.

»Halb fünf«, sagte Dag.

»Chai! Chai!«

Sidraj zog jetzt an Bapi herum, der laut stöhnte und sich noch tiefer in seinen Schlafsack verkroch. Wir rappelten uns auf, und Dag beugte sich über Bapi und rüttelte ihn an den Schultern.

»Chai! Chai!« schrie er ihm ins Ohr. »Steh auf, wir brauchen einen Dolmetscher!«

Draußen gesellten wir uns zu zwei Männern, die auf Sidrajs Charpoi saßen und zuschauten, wie er mit einem launischen Kerosinofen kämpfte. Wir waren in Decken gehüllt, genau wie die Männer, aber sie wollten unbedingt, daß wir uns unter Sidrajs schwere Steppdecke hockten, und einer von ihnen setzte sich auf meine Füße, um sie aufzuwärmen. Als Sidraj den Ofen endlich in Gang gebracht hatte, machte er ein *chillum* fertig, eine kegelförmige Marihuanapfeife. Aus einer rosa Plastiktüte nahm er eine Handvoll getrocknete Blätter und Blütenköpfe, goß ein bißchen Wasser darüber, zerquetschte das Gemisch zwischen seinen Fingern und stopfte es in die Pfeife. Obendrauf legte er ein paar glühende Dungkohlen aus einem kleinen Feuer, das offenbar extra zu diesem Zweck angezündet worden war. Dann wickelte er ein feuchtes Tuch um die Pfeifenspitze, führte sie an den Mund, inhalierte und reichte sie weiter. Zum Glück war ich als Frau aus diesem Ritual ausgeschlossen. Aber es war eine starke Droge: Der »Second-hand-Rauch« oder vielleicht auch nur die einschläfernde Atmosphäre, die sich schnell ausbreitete, ließ die an sich schon seltsame Szene noch bizarrer erscheinen. Dag hingegen schien plötzlich fließend Hindi zu sprechen; er plauderte fröhlich mit den Männern und übersetzte die Unterhaltung für mich.

»Sidraj möchte wissen, ob wir gut geschlafen haben. Ich habe ihm gesagt, so gut wie schon lange nicht mehr.«

»Ja, bloß war es ein bißchen kurz. Wann hast du eigentlich die ganzen Hindi-Wörter gelernt?«

»Keine Ahnung. Ich weiß einfach, was sie sagen.«

Wir tranken eine Tasse *chai* nach der anderen, während weitere Chillums herumgingen und eine sepiabraune Dämmerung anbrach. Von Zeit zu Zeit brüllte Sidraj in die Hütte hinein, aber als Antwort war nur gequältes Stöhnen zu hören. Um 6.30 Uhr kam endlich ein triefäugiger Bapi hervorgekrochen.

»Weißt du, was Sidraj die ganze Zeit geschrien hat?« fragte er Dag.

»Er wollte, daß du aufstehst«, meinte Dag fröhlich.

»Nein! Er wollte wissen, warum ihr so früh aufgestanden seid! Das wäre nicht nötig gewesen – er hat euch nur gefragt, ob ihr einen Tee ans Bett gebracht haben wollt.«

Ich hatte so viel Tee getrunken, daß ich jetzt dringend pinkeln mußte, und in Sidrajs Haus gab es keine Latrine. Am Abend zuvor hatte ich mich im Schutz der Dunkelheit an einem der Dungfelder vorbei in ein Bambusdickicht geschlichen. Aber jetzt konnte ich das Ende des Felds nicht unbemerkt erreichen, und einmal stolperte ich praktisch über einen Mann, der neben seinem *chembu* hockte, einem mit Wasser gefüllten Messingtopf, in dem er sich waschen würde, wenn er sein Geschäft verrichtet hatte. Verzweifelt wanderte ich durch eine Gasse und lauschte auf das Räuspern, Schneuzen und Spucken hinter den Häuserwänden. Ein paar Frauen überholten mich; sie trugen Körbe mit dampfendem Dung auf den Köpfen. Eine von ihnen brüllte etwas in ein Haus hinein, und ein paar Sekunden später ging das Tor auf, und ein Kopf kam zum Vorschein.

»*Garam chai?*« rief der Kopf. »Heißer Tee!«

Eine Hand schoß hervor, und ich wurde hineingezerrt.

Es war eines der reicheren Häuser im Dorf, und es hatte zwei Höfe, drei Wohn- und Schlafräume, ein Badehaus und zu meiner unendlichen Erleichterung eine Latrine. Es war zwar nur ein Loch hinter einer niedrigen Ziegelwand, aber für mich war es in diesem Augenblick der Gipfel des Luxus. Doch selbst hier war ich nicht ganz allein – ein angebundener Büffel, dem noch ein paar Grashalme an der feuchten Nase hingen, spähte neugierig über die Mauer zu mir herüber.

Wir konnten Gessapur an diesem Tag nicht mehr verlassen, weil Danbir extra einen Traktor organisiert hatte, um uns mit seiner ganzen Sippe auf ein religiöses Fest mitzunehmen, das ein paar

Kilometer von hier stattfand. Außerdem hatte er uns im Haus seiner reichen Verwandten einquartiert, wo wir es bequemer hätten, wie er meinte. Ich war erleichtert – nicht nur meinetwegen, sondern auch wegen Sidrajs Frau, der wir dann nicht mehr zur Last fallen würden. Aber Dag war enttäuscht. Ihm hatte es Spaß gemacht, neben dem Dunghaufen zu schlafen und morgens um vier mit den Männern zu palavern. Sidraj war liebenswürdiger denn je, und er sagte, wir gehörten nun zur Familie, und wo immer wir hingingen – sein Haus sei auch unseres. Wir ließen unsere Boote bei ihm zurück und folgten Danbir zu unserer neuen Unterkunft, die wir schließlich nach sechs Zwischenstopps und zahllosen Tassen Chai erreichten.

Rahul Choudhary erwartete uns am äußeren Hoftor. Zur Feier des Tages hatte er seine besten Kleider angezogen: enge Polyesterhosen, ein Sportjackett und blaue Plastikschuhe.

»Das ist Maschine«, sagte er und zeigte auf das Enfield-Motorrad und den Traktor, die neben den Kuh- und Büffelkrippen standen und mit schmuddeligen Planen zugedeckt waren. Rahul war zweiundzwanzig und unverheiratet. Sein älterer Bruder, Shiv Kumar, war traditionell gekleidet und mehr daran interessiert, seine einjährige Tochter vorzuzeigen. Die Augen der Kleinen waren mit Kajal umrandet, um die bösen Geister abzuwehren, und an ihren pummeligen Knöcheln und Handgelenken hingen silberne Glöckchen.

»Das ist Baby«, sagte Rahul und zeigte auf seine Nichte. »Das ist Arm, das ist Bein.«

Seit dem Tod ihres Vaters vor drei Jahren waren Shiv Kumar und Rahul die Familienoberhäupter. Sie besaßen hundertfünfzig Morgen Ackerland, das von Tagelöhnern bestellt wurde, sie hatten zwei Hausdiener, und ihre Mutter Ewartidevi und Rita, Shiv Kumars Frau, kochten für sie.

Im inneren Hof hockte eine alte Dienerin in einem dünnen Baumwollsari und scheuerte Messingtöpfe mit Asche blank. Neben ihr füllte Rita ein paar Wassereimer aus einer Handpumpe, während Ewartidevi in der Küche ein Feuer schürte, um das Wasser zu erhitzen, damit wir uns im Badehaus, einem kleinen Raum mit einem Abflußloch im Boden, waschen konnten. Ich bot meine Hilfe an, aber das wurde kategorisch abgelehnt; wie die Männer mußte ich mich hinsetzen und bedienen lassen.

Auf der Hofseite fehlten ein paar Ziegel in der Wand, und mehrere Nachbarsköpfe drängten sich in dem so entstandenen Fenster. Ihre Augen folgten mir, als ich von Rita hinausgeführt und in einen rosafarbenen Sari gehüllt wurde. Eine Zeitlang verlagerte sich die Aufmerksamkeit auf Rita, die meine Kleider in einem Eimer wusch und jedes einzelne Stück zur allgemeinen Begutachtung hochhielt. Meine Unterhosen lösten viel anzügliches Gelächter aus, aber ich konnte das Publikum ablenken, indem ich meine Kontaktlinsen einsetzte. Die ganze Familie saß um mich herum und beobachtete die Prozedur, und die Nachbarn, die sich offenbar nicht länger bezähmen konnten, rannten auf ihrer Seite die Treppen hinauf, über das Dach herüber und in den Hof der Choudharys. Als sie kamen, waren beide Linsen schon an Ort und Stelle. Ich mußte die Prozedur wiederholen, und erst nachdem ich meine Kontaktlinsen sechsmal herausgenommen und wieder eingesetzt hatte, durften wir endlich zu dem Fest aufbrechen.

Es war der große Tag der Frauen, eine gute Gelegenheit für sie, den Höfen und rauchigen Küchen zu entfliehen und ein bißchen unter die Leute zu kommen. Als der Traktor durch die engen Gassen rumpelte, kletterten immer mehr Frauen zu uns herauf, und bis wir draußen in der Ebene waren und über eine backsteingepflasterte Straße holperten, war ich so dicht von lachenden, singenden Menschen umringt, daß mir der kalte Wind nichts anhaben konnte.

Den größten Teil der Zehn-Kilometer-Strecke folgte die Straße dem Ganges-Kanal, einem trostlosen Rinnsal mit grünem, schleimigem Wasser und Betonufern, bis eine Brücke zum Festgelände hinüberführte. Dort staute sich der Verkehr aus den umliegenden Dörfern zu einem einzigen, lärmenden Tohuwabohu aus Traktoren, Büffelkarren, Fahrrädern, Motorrollern und Tausenden von Menschen. Ungeschickt kletterte ich vom Anhänger herunter, und Ewartidevi packte mich an einem Sarizipfel und zog mich energisch in den Menschenstrom hinein, der sich über die Brücke wälzte.

Das Fest wurde alljährlich zu Ehren von Kali gefeiert, der Göttin der Zerstörung, die häufig mit einer Halskette aus Totenschädeln

Neugierige Kinder umringen Maria und den Kajak in der Vonavona-Lagune.

Die Überreste ehemaliger Stammeshäuptlinge auf Skull Island in der Vonavona-Lagune.

Dag mit »Graf Dracula« in Samasodu auf der Insel Santa Isabel.

Auf Santa Isabel: Maria schürt das Lagerfeuer.

In einer Blätterhütte in Kia, Santa Isabel, planen wir unsere nächste Tagesreise.

Auf dem Weg in die Marovo-Lagune.

In der Roviana-Lagune:
Einer der Dorfbewohner probiert unseren Kajak aus.

Jemima Thagramana auf der Insel Kora.

Arnavon – die einsame Insel, von der jeder träumt.

Abreisevorbereitungen in Kia.

Maria und Bapi trinken Gangeswasser während einer puja *in Hardwar.*

Gessapur:
Eine Nachbarin schaut zu, wie Maria ihre Kontaktlinsen einsetzt.

Dag läßt sich in Gessapur rasieren.

Baba Amardas segnet den Kajak.

Sadhus *kauern neben dem Kajak und lassen ein* chillum *herumgehen.*

Ewartidevi backt rotis *in ihrer Küche in Gessapur.*

Wie aus dem Nichts tauchen Kinder am Ufer auf und beobachten Maria bei ihrem täglichen Bad im Ganges.

Blick über die Gangesebene vom Tempel in Sultanpur.

Ein Pilger meditiert auf den ghats *von Varanasi.*

Ein sadhu *bläst in sein Muschelhorn, um die aufgehende Sonne zu begrüßen.*

In Varanasi wird der Kajak zusammengefaltet und im Sack verstaut.

Vor der Abreise aus Sultanpur bringt Maria dem Ganges eine Opfergabe dar.

Morgenstimmung am Malawisee. Zwei Fischer schieben ihren Einbaum ins Wasser.

Unser Kajak vor einem riesigen Baobab-Baum auf der Insel Likomo.

Fischer begrüßen uns in der Nähe von Kirambu Point.

Dag leistet Erste Hilfe in Chisanga.

Sonnenaufgang an den Ufern des Malawisees.

Abwasch-Zeremonie – Maria hält mit einem Auge Ausschau nach Krokodilen.

Ein Kind trägt usipa *nach Hause.*

In Sanja werden Fischnetze ausgebessert und usipa *zum Trocknen am Strand ausgebreitet.*

Ein riesiger Fliegenschwarm steigt aus dem Malawisee auf.

Kinder spielen unter einem Wasserfall in der Nähe von Chisanga.

Das mzungu-*Lager zieht einen stetigen Besucherstrom an.*

Noch eine letzte Rast zwischen Vancouver und Protection Island.

dargestellt wird. Trotz ihres finsteren Rufs war Kalis Tempel ein harmloses rosafarbenes Gebäude auf einem kleinen Hügel. Darunter breitete sich das Festgetümmel aus – unzählige Reihen von Verkaufsbuden mit Süßigkeiten, gebratenem Gemüse, Betelblättern und Nüssen und ein Riesenangebot an Jahrmarktkrimskrams: Plastikarmreifen, Kämme, Spiegel, Haarteile, ausgepolsterte Spitzen-BHs, billige Make-up-Sets und Plastiktopfpflanzen. Es gab Schlangenbeschwörer, heilige Männer, die den Leuten für ein Almosen ihren Segen erteilten, und ein schmierig-schöner Sänger grölte religiöse Lieder in die Menge. Bapi lief aufgeregt zwischen den Buden herum und kaufte Geschenke für sämtliche Mitglieder der Chaudhary-Familie. »Maria, halt, ich will dir auch was kaufen!« rief er, aber Ewartidevi zerrte mich bereits weiter, und ich verhedderte mich fortwährend in meinem Sari, während ich mit ihr durch das Gewühl zum Tempel stolperte.

Auf den Stufen kämpfte sich eine aufgeregte Menge zu den Doppeltüren von Kalis Schrein vor. Alle hielten Opfergaben in der Hand: Chapatis, Schalen mit Milch, Flaschen mit *ghee,* Süßigkeiten. In der Nähe der Türen steigerte sich die Aufregung zur Raserei, und einige Leute schleuderten ihre Opfergaben auf das flache Tempeldach, wo zwei rosa gewandete und mit Essen bekleckerte Pujaris die festeren Gaben wie Chapatis auffingen und sich unter den feuchteren Geschossen wie Milch und Quark wegduckten. Meine Füße versanken in einer klebrigen Masse, und als der Mann vor mir mit Milch übergossen wurde, hielt ich es für geraten, den Rückzug anzutreten. Ewartidevi war offenbar derselben Meinung. Sie schleuderte ihre Rotis auf das Dach, wobei sie eine bemerkenswerte Rückhand bewies, und bahnte dann mit spitzen Ellbogen einen Weg zurück und die Stufen hinunter.

Der wahre Höhepunkt des Tages war das Picknick auf dem Traktoranhänger. Die Frauen teilten Rotis und Gemüse-*sabzi* aus und tratschten mit den Leuten aus anderen Dörfern. Alle Männer, einschließlich Dag, hatten den Mund voller *paan,* eine in Blätter gehüllte Mischung aus Betel, Gewürzen, Kalk und Opium, die ihre Augen glasig machte und ihre Zähne häßlich rostrot färbte. Rahul war in seinem Element und beantwortete fröhlich alle Fragen über seine westlichen Gäste. Woher wir kamen, welchen Beruf wir hatten und was unser Reiseziel war, wußte er bereits, aber als die Leute wissen wollten, wie alt wir waren und wie viele Kinder wir hatten, mußte er erst nachfragen.

»Ich bin fünfunddreißig und Maria neununddreißig«, sagte Dag. »Und wir haben keine Kinder.«

Rahul war sprachlos vor Entsetzen. Er wandte sich hilfesuchend an Bapi, aber der war genauso erschüttert.

»Maria, du bist neununddreißig? Wie kann das sein? So alt ist nicht einmal meine Mutter!«

Mein Alter und meine Kinderlosigkeit wurden auf dem Rückweg nach Gessapur heftig diskutiert. Die Frauen um mich herum schrien die unglaubliche Neuigkeit den Insassen anderer Traktoren oder Büffelkarren zu. Bald zeigten die Leute mit dem Finger auf mich und warfen mir lange, mitleidige Blicke zu. Ich saß da, in meinen Sari und eine Decke gehüllt, und war vollkommen durcheinander. Verglichen mit diesen Frauen war ich reich, privilegiert und hatte Freiheiten, von denen sie nur träumen konnten: Ich hatte mir meinen Mann selber ausgesucht, ich konnte selbst Geld verdienen, ich konnte mein Leben selber in die Hand nehmen, und ich konnte auch selber bestimmen, wann ich Kinder haben wollte. Und doch hatten sie tiefes Mitleid mit mir, weil mir das eine fehlte, was ihrem Leben Sinn und Würde gab – ein Kind. Vielleicht hätte ich ihnen erklären können, daß es in meiner Kultur andere Möglichkeiten gab, ein erfülltes Leben zu führen, daß es andere Alterssicherungen gab. Ich hätte zugeben können, daß ich mich bewußt dafür entschieden hatte, kinderlos zu bleiben. Aber ich sagte nichts von alledem. Ich schaute zu, wie Ewartidevi ihre kleine Enkelin mit einem Fläschchen tröstete, wie sie das Baby unterm Kinn kitzelte und zärtlich mit ihm plapperte, und ich fragte mich, wieso ich mit meinen fast vierzig Jahren ein Boot um die halbe Welt schleppte, anstatt zu Hause zu bleiben und Kinder aufzuziehen. Da ich selbst keine Antwort auf die Frage wußte, war es vollkommen sinnlos, die anderen Frauen überzeugen zu wollen. Also nickte ich nur, als sie mir sagten, daß ich Mutter Ganga um ein Kind bitten sollte, damit ich nächstes Jahr mit einem Baby im Arm nach Gessapur zurückkehren konnte.

Als wir wieder bei den Choudharys zu Hause waren, aßen wir auf dem Lehmboden in der Küche zu Abend, während Ewartidevi und Rita die Rotis direkt aus dem Feuer in unsere Schalen mit *dhal* beförderten. Um sieben Uhr gingen Dag und Bapi zu Sidraj, aber ich war müde und machte mich zum Schlafengehen fertig. An Schlaf war allerdings nicht mehr zu denken, als Mr. Succha Singh, der Tierarzt dieser Gegend, aufkreuzte. Er hatte gehört, daß Dag ein Kollege war, und wollte mit ihm über einen kranken Büffel reden. Dag wurde zurückbeordert, und ich sollte Mr. Singh so lange unterhalten. Mr. Singh fläzte sich auf einem der vier Betten und rauchte einen beißenden Tabak aus einer riesigen Wasserpfeife. Ich saß ihm gegenüber, und die Familie und die Nachbarn versammelten sich erwartungsvoll um uns. Ein paar Minuten lang paffte der Tierarzt einfach nur an seiner blubbernden Pfeife und starrte mich durch die wogenden Rauchwolken an. Dann bellte er los: »Die Marktwirtschaft ist die Wissenschaft der Reichen!« Ich blinzelte ihn erschrocken an.

»Die Marktwirtschaft ist die Wissenschaft der Reichen!« brüllte er wieder.

»Oh«, sagte ich. »Ja.«

»Philosophie«, sagte er, als sei damit alles gesagt.

Dann folgte eine lange, bedeutungsschwere Pause, während der er ein paarmal tief an seiner Pfeife zog. »Laubniskeit?« brüllte er schließlich.

»Wie bitte?«

»Die indische Regierung!« schrie er. »Die Verwaltung!«

»Die Verwaltung?«

»Ja!« Mr. Singh war jetzt am Ende seiner Geduld. »Indische Regierung! Ihr Boot, der Ganga-Fluß! Laubniskeit!«

Endlich ging mir ein Licht auf. »Sie meinen, ob wir die Erlaubnis haben, auf dem Ganges zu paddeln?« fragte ich.

»Jaaaa!« schrie er und sprühte mich mit Speichel voll.

»Wir haben ein Genehmigungsschreiben«, sagte ich, »vom Tourismus-Ministerium.«

»Sehr gut!«

Die Zuschauer atmeten auf, und Mr. Singh grinste triumphierend.

Kurz danach kam Dag von seiner Sitzung mit Sidraj zurück. Obwohl er ziemlich glasige Augen hatte, hörte er Mr. Singh aufmerksam zu. Aber Mr. Singh interessierte sich gar nicht für seine

Meinung, er wollte nur, daß die Leute sahen und hörten, wie er mit Dag diskutierte.

»Und ich glaube«, sagte der Tierarzt zum Schluß, »daß dieser Büffel Maul- und Klauenseuche hat.«

Nur das Blubbern von Mr. Singhs Pfeife war zu hören, während Dag sich eine taktvolle Antwort auf diese völlig abwegige Diagnose überlegte.

»Ich weiß nicht, ob ...«, fing er an.

Mr. Singhs Augen verengten sich drohend. Dag verstummte und formulierte seine Antwort um. »Ich habe keine Erfahrung mit Büffeln«, sagte er. »Aber Mr. Singh hat viel Erfahrung.«

»Das ist richtig!« schrie Mr. Singh. »Ganz genau richtig!«

»Und was verschreiben Sie?« fragte Dag.

»Vitamine!« brüllte er.

Zwei weitere Tage vergingen, bis wir endlich von Gessapur loskamen. Während Dag und Bapi zur Wildschweinjagd gingen und mit den Männern der Familie andere Dörfer besuchten, blieb ich im Hof bei den Frauen. Es war ein fliegenverseuchter Ort, und in den Sommermonaten muß es hier unerträglich heiß sein, aber Ewartidevi und Rita verbrachten hier den größten Teil ihres Lebens. Familien wie die Choudharys zeigten ihren Reichtum, indem sie ihre Frauen einsperrten, während ihre Diener einkaufen und ihre Arbeiter auf den Feldern schwitzen mußten. Meine Gegenwart war eine willkommene Abwechslung in diesem eintönigen Dasein, und es kamen auch Frauen aus anderen Häusern her, um mich zu sehen. Ich war pausenlos von Zuschauern umringt, die manchmal ziemlich zudringlich werden konnten. Das traf besonders auf die alten Frauen zu: Sie befühlten ganz ungeniert meine Brüste oder hoben meinen Sari hoch, um meinen Körper zu begutachten, sie wühlten meine Kleider und Toilettensachen durch und blätterten in meinen Notizbüchern herum. Ich ließ es so freundlich wie möglich über mich ergehen, aber ich sehnte mich allmählich nach dem Fluß zurück.

Dag dagegen war in seinem Element und hatte es nicht eilig, Gessapur zu verlassen. Er entwickelte sich immer mehr zum Dorfpascha – er trug eine *kurta,* rauchte Bidis, würzte seine Gespräche mit »Acchha!« und wiegte den Kopf dazu hin und her, spuckte auf den Boden und schneuzte sich die Nase mit den Fingern. Auch Bapi, unser völlig verwestlichter Großstadt-Inder, fühlte sich hier zu Hause. Er hatte erstaunlich viel Sinn für das Landleben, und seine einfühlsame Art öffnete uns Türen und Herzen, wo immer wir mit ihm auftauchten. Die Kehrseite der Medaille war allerdings, daß er sich ständig mit den Dorfbewohnern verbündete und uns dazu überredete, anzuhalten, Tee zu trinken, auszuruhen, noch eine Nacht zu bleiben. An unserem vierten Abend in Gessapur sprach ich endlich ein Machtwort und sagte, daß wir am nächsten Morgen unwiderruflich aufbrechen müßten.

Die Nachricht verbreitete sich in Windeseile, und ein paar Stunden später bekamen wir Besuch vom Schulkomitee. Ein Grüppchen von betagten Männern in Dhotis und Plastiksandalen marschierte in Choudharys Hof herein und setzte sich uns gegenüber auf einen Charpoi. Wir waren ihnen schon an unserem ersten Tag in Gessapur begegnet, als wir der Schule einundvierzig Rupien gestiftet hatten.

»Ihr seid eine reiche Familie«, sagte der Anführer, ein gestrenger Mann mit einem weißen Nehru-Käppchen.

Die Choudharys lauschten aufmerksam. Wie es die Sitte verlangte, hatten Rita und Ewartidevi die untere Hälfte ihres Gesichts bedeckt, aber ihre Augen über der Seide funkelten vor Zorn.

»Unsere Schule ist arm«, fuhr der Mann fort. »Ihr müßt uns Geld geben – mindestens tausend Rupien.«

Einen Augenblick herrschte entsetztes Schweigen. Tausend Rupien! Für hiesige Verhältnisse war das eine astronomische Summe. Und wir mußten auch an den Dorffrieden denken – denn waren wir allzu großzügig zu einer Familie oder Gruppe, würde das nur zu Eifersüchteleien führen. Daß das Schulkomitee überall als völlig korrupt verschrien war, wußten wir zu diesem Zeitpunkt noch nicht. Zum Glück sprang Bapi als Dolmetscher und Vermittler ein. Er erklärte den Männern, daß wir nicht viel Bargeld bei uns hätten, weil das bei unserer Art zu reisen viel zu riskant sei.

»Sag ihnen«, sagte Dag, »daß wir noch einmal hundert Rupien spenden.«

»Das ist zuviel«, wehrte Bapi ab. »Gebt ihnen sechzig, dann sind es insgesamt hundertundeine Rupie.«

Der strenge Mann, der offenbar verstanden hatte, worum es ging, schimpfte wütend auf Bapi ein. Daraufhin konnte sich Ewartidevi nicht länger bezähmen und ging zur Attacke über. Zuerst putzte sie das Schulkomitee herunter, weil sie ungebeten in ihr Haus gekommen waren, dann fiel sie über uns her und schrie uns an, wie wir nur so dumm sein könnten, diesen Gangstern auch nur eine einzige Rupie zu geben! Bapi redete und beschwichtigte und übersetzte, bis wir uns geeinigt hatten. Sechzig Rupien wurden überreicht, eine weitere Quittung ausgeschrieben, und Dag schüttelte den fünf Männern die Hand.

»Sehr gut, sehr freundlich«, sagte der Mann mit dem Nehru-Käppchen. »Und jetzt sagen Sie mir, Sir, ist es wahr, daß Sex in Amerika frei ist?«

Wir verließen Gessapur im Morgengrauen. Ewartidevi und Rita machten bekümmerte Gesichter, als wir ihnen unsere Geschenke gaben und uns verabschiedeten, und ich mußte die Tränen zurückdrängen.

»Nicht weinen, Maria!« ermahnte mich Rahul. »Weinen bringt Unglück.« Sidraj setzte uns noch mehr Chai vor und ließ ein letztes Chillum herumgehen, dann luden wir die Boote und unser Gepäck auf Danbirs Büffelkarren. Als wir durch die Dorfgassen rumpelten, kamen die Leute aus ihren Höfen gerannt, überhäuften uns mit Segenswünschen und ermahnten uns, wiederzukommen. Mit dem Gefühl, etwas Unwiederbringliches verloren zu haben, kehrten wir durch die fruchtbaren Felder in die leere Einöde der Schwemmebene zurück.

Ein Vollbad

Wir lagen im hohen Gras auf einem Vorsprung in der Uferböschung. Eine blasse, dunstverschleierte Sonne wärmte uns, und ein leichter Wind kräuselte die Oberfläche des Flusses, der einige Meter unter uns dahinplätscherte.

»Den wievielten haben wir heute?« fragte ich Dag. Er warf einen Blick auf seine Uhr. »Valentinstag!«

Wir schauten uns an – wir hatten beide denselben Gedanken. Bapi war ungefähr fünfundvierzig Minuten hinter uns. Zum ersten Mal seit zwei Wochen waren wir ein bißchen ungestört – ob wir es riskieren sollten? Aber im nächsten Moment zerriß lautes Geschrei die morgendliche Stille. Wir spähten über den Vorsprung hinunter und sahen drei Männer zu unserem Kajak laufen. Vor ungefähr zwei Kilometern waren wir an ein paar großen, kegelförmigen Dungfladenhaufen vorbeigepaddelt, die direkt am Hochufer aufgestapelt und zum Schutz gegen den Regen mit Stroh abgedeckt waren. Es mußte also ein Dorf in der Nähe sein, aber wir waren weitergepaddelt, weil wir uns so kurz nach Gessapur nicht schon wieder von der indischen Gastfreundschaft aufhalten lassen wollten.

Als wir zu unserem Kajak kamen, hüpften die drei Männer aufgeregt herum. »*Baba!*« riefen sie und zeigten auf den Weg, den sie eben heruntergerannt waren. »Baba!«

Baba, so werden die *sadhus*, die heiligen Bettler, genannt. Wir hatten schon einige am Fluß gesehen – Männer in orangefarbenen Gewändern und Holzsandalen, mit wilden Haarmähnen und Malen aus Sandelholzpaste auf der Stirn, die anzeigen, welchem Hindu-Gott sie dienen. Der Sadhu, zu dem die Männer uns führten, hatte einen Dreizack auf der Stirn, das Symbol Shivas. Seine Haare waren zu hüftlangen Dreadlocks geflochten, so wie die Haare Shivas, aus denen der Ganges entsprungen sein soll. Er hatte einen langen, struppigen Bart und war in ein safranfarbenes Tuch und einen beigefarbenen Schal gewickelt. Vor ihm lag ein heiliges Buch, dessen Blätter von einer Tomate aufgehalten wurden, aus dem er mit singender Stimme seinen Zuhörern vorlas, einer Gruppe von Männern aus dem nahen Dorf. Unsere Ankunft überraschte ihn nicht im mindesten. Er gab uns ein Zeichen, daß wir uns setzen sollten, und dem jungen Mann, der das Kochfeuer vor der Ziegelhütte hütete, befahl er, Chai zu machen. Hinter der Hütte, umgeben von *tulsi*- und *neem*-Bäumen, stand ein kleiner Shiva-Tempel mit rosa Wänden und Türmchen und schweren Holztüren. Baba Amardas, so hieß der Sadhu, hatte hier offenbar vorübergehend Zuflucht gefunden und lud uns ein, den Rastplatz für die Nacht mit ihm zu teilen.

»Was meinst du?« fragte Dag hoffnungsvoll. Ich schaute mich um. Unter uns schlängelte sich der Ganges durch die Schwemmebene, und dazwischen schimmerten die gelben und grünen Farbtupfer der Felder, die um das nahe Dorf herum lagen. Nachdem ich ganze Tage in ummauerten Höfen zugebracht hatte, war es ein gutes Gefühl, draußen im Freien zu sein, und noch dazu mit einem solchen Ausblick. Außerdem mußten wir auch an Bapi denken, der nach vier anstrengenden Paddelstunden bestimmt müde war. Baba Amardas lächelte, zeigte seine ebenmäßigen weißen Zähne und wiegte den Kopf hin und her.

»Acchha? Acchha?«

Als Bapi endlich eintraf, war unser Kajak bereits den Steilhang hinaufgetragen und auf dem heiligen Tempelgelände abgesetzt worden.

Es dauerte nicht lange, bis Baba Amardas ein Chillum hervorzog. Nach der Hindu-Mythologie hat Shiva viel Zeit mit Marihuana-Rauchen verbracht, und die Shiva-Sadhus, denen wir begegneten, gaben sich alle Mühe, seinem Beispiel zu folgen. Während das Chillum herumging, bat ich den Baba, uns etwas über sich zu erzählen. Er kam aus Assam, aber er konnte uns nicht sagen, wann und in welchem Alter er dort weggegangen war, denn als Sadhu hatte er sich von seinem früheren Leben vollkommen losgesagt und alles »vergessen«, sogar seinen Namen. Er hielt sich seit ein paar Wochen hier auf, und er beklagte sich, daß die Dorfbewohner ihn zu gut versorgten und ihm zuviel Essen brachten und daß er besser beten könne, wenn er hungrig sei. Die Pfeife war schon ein paarmal herumgegangen, und der Baba kam allmählich in Fahrt.

»O Gott, das gibt's doch nicht«, sagte Bapi, »jetzt redet er in Reimen, und er sagt, das Chillum sei ein Gewehr und er lädt es mit *ganja* (indischer Hanf) und bringt damit dem Himmel einen Salutschuß.«

Baba Amardas ließ einen fahren, dann drehte er sich um und sagte etwas zu Bapi, der sich vor Lachen auf dem Boden wälzte. Die Dorfbewohner, die nicht mitgeraucht hatten, waren offensichtlich entsetzt über dieses ungebührliche Benehmen.

»O Gott! Nein! Ich kann es nicht glauben!« keuchte Bapi. »Er ist total verrückt, der Baba.«

»Wieso denn, Bapi? Was hat er gesagt?«

»Er sagt, manchmal, wenn er seine Waffe lädt, geht sie am falschen Ende los!«

Und das war vorläufig Bapis letzter Dienst als Übersetzer, denn in den nächsten achtzehn Stunden war er zu nichts mehr zu gebrauchen – entweder schlief er, oder er lachte sich kaputt.

Dag und ich ließen ihn bei Baba Amardas und gingen ins Dorf. Der Serpentinenweg führte uns durch eine hügelige Landschaft, an knorrigen Bäumen vorbei, in denen kreischende Papageien herumflatterten. Das Dorf Shinkiteela war ungefähr halb so groß wie Gessapur, und die Häuser sahen ein bißchen nach Märchenland aus – runde Stufen, schiefe Türen, blau-weiße Verzierungen an den Dung- und Lehmwänden und schillernde Pfauenfedern in den Fenstern. Aber die Leute, die sich um uns scharten, waren bitter arm. Kinder mit zerlumpten Kleidern, schlammverkrusteten Füßen und verfilzten Haaren spähten hinter ihren Eltern hervor, und eine Mutter, die selbst noch nicht erwachsen war, trug auf ihrer Hüfte ein Kind mit einer schrecklichen Verbrennung. Das kleine Mädchen war vor drei Tagen ins Herdfeuer gefallen, erzählte sie uns. Jetzt war sein Bein mit einer schwarzen Kruste bedeckt, von der ein Stück abgegangen war, so daß das nackte Fleisch hervorschaute; dicker gelber Eiter quoll heraus.

Wir liefen zu unserem Kajak zurück, um Verbandszeug zu holen. Baba Amardas sang jetzt, einer der Männer aus dem Dorf spielte auf einem kleinen Harmonium, und Bapi legte ein eindrucksvolles Trommel-Solo auf einem Blechteller hin. Vernünftig reden konnte man allerdings nicht mit ihm.

»Ich habe den Baba um diesen Teller gebeten, und er dachte, ich will sein Essen! Es ist so komisch!«

»Bapi, komm, du mußt für uns übersetzen.«

»O Gott! Das geht nicht! Ich kann nicht laufen!«

Fliegen krochen um die Augen des kleinen Mädchens, das Dag unverwandt anstarrte, während er die Wunde säuberte und verband. Inzwischen waren wir von »Patienten« umringt – hauptsächlich alte Männer, denen nichts weiter fehlte. Sie husteten theatralisch oder schnitten Grimassen und klopften auf ihre Bäuche oder hinkten mit Leidensmiene vor uns herum.

»Die alten Säcke«, meinte Dag. »Es paßt ihnen nicht, daß zwei Frauen ihnen die Schau stehlen.«

In Baba Amardas' Hütte kochte Dag ein Sabzi auf unserem Kerosinofen, und die Dorfleute brachten uns Rotis und Quark. Der Baba segnete das Essen, indem er Gangeswasser darüberspritzte, das er in einem Messingtopf aus dem Fluß geholt hatte. Er aß gierig und unappetitlich, und zwischendurch rülpste er anerkennend.

»Der Baba sagt, übermorgen ist kein guter Tag zum Abreisen«, verkündete Bapi.

»Warum?«

Sie redeten kurz miteinander, kicherten, und dann meinte Bapi: »Er sagt, das hier ist ein heiliger Ort, und an einem heiligen Ort muß du auch eine Menge heilige Scheiße über dich ergehen lassen.«

»Unsinn, Bapi, das hat er nicht gesagt!«

»Doch! Ich schwöre es!«

Nach dem Essen ließ ich die drei Männer alleine und kroch in unser Zelt, das wir etwas abseits von der Hütte aufgestellt hatten. Ich fiel in einen unruhigen Schlaf, begleitet von rauhem Lachen und Singen, das bis tief in die Nacht hinein weiterging.

Beim ersten Lichtstrahl war der Baba schon wieder auf den Beinen, murmelte seine Mantras und rülpste und furzte dazu. Nur mit einem Dhoti bekleidet, tauchte er aus der Hütte auf und wanderte mit seinem Messingtopf zum Fluß hinunter. Seine Morgenandacht war eine einfache Handlung: Er schöpfte Wasser mit den hohlen Händen, ließ es langsam durch die Finger sickern und hielt dann seine Handflächen und sein Gesicht der aufgehenden Sonne entgegen. Laut betend füllte er seinen Eimer und kehrte zum Tempel zurück, der jetzt in violettes Licht getaucht war. Dreimal ging er darum herum, sprenkelte Wasser auf den heiligen Boden, auf die heiligen Tulsi-Bäume und auf unseren Kajak. Dann stieß er die schwere Tür auf, ging hinein und fing an zu singen; seine Stimme hallte von der gewölbten Decke wider. Er goß Wasser über das *lingam*, einen phallischen Stein, der Shivas Zeugungskräfte symbolisiert, streute Ringelblumen darüber und schwenkte brennende Räucherstäbchen in der Luft herum. Immer noch Gebete murmelnd, ging er rückwärts aus dem Tempel und zog die schweren Türen zu. Mit dumpfem Krachen fielen sie ins Schloß. Dann drehte er sich zu Mutter Ganga um und blies in eine Muschel – drei langgezogene Töne, die über die ganze Schwemmebene hallten, daß sich mir die Nackenhärchen sträubten. Sogar Bapi und Dag wachten davon auf.

Baba Amardas zog das Mal auf seiner Stirn mit leuchtendroter und gelber Sandelholzpaste nach, türmte die Dreadlocks auf seinem Kopf auf und hüllte sie in ein orangefarbenes Tuch. Er blinzelte in die helle Morgensonne und beugte sich hinunter, um unsere Boote zu segnen, bevor wir unsere Reise fortsetzten.

»Er sagt«, murmelte Bapi müde, »daß die Pilgerfahrt unsere Hände, unser Essen und unser Wasser reinigt. Er sagt auch, daß es flußabwärts Banditen gibt und daß wir aufpassen müssen.«

Ich reichte ihm eine Spende in einem von unseren Reißverschluß-Plastikbeuteln, die er am Tag zuvor so sehr bewundert hatte. Er machte große Augen, wiegte den Kopf hin und her und lächelte. Und bevor ich wußte, was ich tat, kniete ich vor ihm nieder und legte meine Stirn auf seinen Fuß, um den Segen von ihm zu empfangen.

Am späten Nachmittag unseres zwölften Tages auf dem Ganges erreichten wir die Stadt Anupshahr. Nach Bapis Schätzungen hatten wir nun ungefähr ein Drittel der Strecke zurückgelegt. Der letzte Teil des Flusses war phantastisch gewesen: tiefes Wasser, starke Strömungen, warme Sonne und den Wind im Rücken. Wir waren an ständig wechselnden Szenerien vorbeigefahren, jede davon ein unvergeßliches Bild: ein üppig grünes Dorf mit jungen Palmen und alten *peepul*-Bäumen, den großen indischen Feigenbäumen; ein Tempel, der buchstäblich in den Fluß hineinbröckelte; Büffel, die friedlich im Wasser lagen und sich von Kindern abbürsten ließen; Fischer, die ihre Netze von hölzernen Booten auswarfen; ein Dünenbogen, auf dem drei Frauen standen und frisch gewaschene Saris zum Trocknen in den Wind hielten, so daß die langen Seidenbahnen wie riesige Flaggen über dem silbernen Sand wehten – smaraggrün, azurblau, scharlachrot.

Zahlreiche Tempel säumten die Ufer von Anupshahr, und auf einem der Ghats, den Stufen, die zum Fluß hinunterführen, saß ein Pujari, der bei unserer Ankunft keine Miene verzog. »Wenn Sie Toilettenpapier kaufen wollen«, sagte er, »dann tut es mir leid – Sie werden keines finden in Anupshahr.«

Schweigend verdauten wir diese Information.

»Wir suchen einen sicheren Ort, wo wir übernachten können«, sagte Dag.

Der Pujari wackelte mit dem Kopf. »Acchha. Den werden Sie hier finden.«

Er sagte, wir sollten unsere Boote in dem Ashram neben dem Tempel unterstellen, und auf dem Dach gebe es einen Raum, wo wir schlafen könnten. Der Raum war eine nackte Backsteinzelle mit unverglasten Fenstern. An einem Nagel hing ein knallbuntes Bild des Knaben Krishna, der seine Hand in einer Schale mit Quark hatte. Draußen auf der Brüstung zerrten schwarzgesichtige Affen mit weißen Halskrausen am Reißverschluß unseres roten Sacks herum, und einer von ihnen zeigte mir seine gelben Zähne, als ich ihn wegscheuchen wollte.

»Das sind heilige Affen«, tadelte mich Bapi. »Du mußt sie mit Respekt behandeln.«

Schweine schnüffelten in den offenen Abflußrinnen herum, die mitten durch die Hauptstraße von Anupshahr verliefen. An einem Chai-Stand setzten wir uns auf eine über zwei Ölkanister gelegte Planke und tranken Tee aus kleinen Keramikbechern. Die Becher wurden nur einmal benützt, und der Boden um uns herum war mit Scherben übersät. Der Standbesitzer hockte auf seinem Adobe-Ofen, schürte das Feuer und schüttete Milch, Tee, Wasser und *gur* in den rauchgeschwärzten Topf. In kurzer Zeit umringte uns eine große Zuschauermenge, und die enge Straße war bald völlig von Menschen, Motorrollern, Rikschas und Schweinen blockiert. Plötzlich tauchten zwei bewaffnete Polizisten auf. Sie scheuchten die Zuschauer ein Stück weit zurück und setzten sich zu uns auf das Brett.

»Wenn Sie nach Narora kommen«, sagte einer von ihnen, »dann müssen Sie anhalten und Picknick machen. Es ist nicht weit, und es ist wirklich ein schöner Ort – das größte Kraftwerk in ganz Asien.«

»Madam«, fragte mich der andere und musterte neugierig meine Kajak-Jacke. »Warum haben Ausländer immer so viele Taschen?«

Nachts kroch ich vom Dach herunter, in der Hoffnung, ein verstecktes Plätzchen zu finden, das ich als Toilette benutzen konnte.

Ich hatte keine Lust, »es in den Fluß zu machen«, wie Bapi mir geraten hatte, und ich hielt auch nichts von der Empfehlung des Pujari, in ein nahes Seitengäßchen zu gehen: »Frauen links und Männer rechts!« Von einem der Tempel ertönten pausenlos Hare-Krischna-Gesänge. »*Hare Ram Hare Ram Ram Hare Hare! Hare Krishna* ...« Ich überlegte mir, ob ich dorthin gehen und nach einer Latrine fragen sollte, aber ich ließ es doch lieber sein. Es war nach Mitternacht, und eine weiße Frau in langen rosa Unterhosen war dort vielleicht nicht unbedingt willkommen. Das Toilettenproblem wurde allmählich zu einem Alptraum für mich. Auf den Salomonen, wo Krokodile, Tausendfüßler und Schlangen lauerten, war es schon schlimm genug gewesen, aber ich wäre tausendmal lieber in einen Mangrovensumpf gewatet, als mich hier in diesen finsteren Straßen herumzudrücken und vergeblich auf ein paar Büsche zu hoffen. Als ich mich endlich doch in das besagte Seitengäßchen wagte, wurde ich von einem Rudel knurrender Hunde verscheucht. Ich gab es auf und legte mich mißmutig ins Bett.

Aber als ich am nächsten Morgen aus dem winzigen Zimmer trat, war meine schlechte Laune wie weggeblasen. In bernsteinfarbenes Licht getaucht, dehnte sich die Ebene vor mir aus. Musik wehte von den Tempeln herüber, Weihrauch driftete von den Ghats hoch, auf denen Pujas zelebriert wurden. Eine Frau stand betend im Fluß, während ihr kastanienbrauner Sari sich auf der bronzenen Wasserfläche bauschte. Ein Barbier rasierte einem dreijährigen Brahmanenjungen den Kopf, wobei er sorgfältig eine lange Strähne aussparte. Die Mutter des Jungen legte ein paar von den abgeschnittenen Haarsträhnen auf ein Bananenblatt und setzte es auf den Fluß. Männer in Dhotis und mit dem heiligen Faden der Brahmanen über der nackten Brust saßen in vollendetem Lotussitz da und meditierten. Eine Kuh wanderte auf den Ghats herum, und die Leute drückten die Stirn zwischen ihre Hörner, um ihren Segen zu empfangen. Auch weltlichere Dinge waren in Gang. Frauen spülten Körbe voller Linsen ab, wuschen Kochtöpfe und Kleider oder hockten auf den Stufen und rieben ihre Fersen gegen rauhe Steine, um die Hornhaut zu entfernen. Männer seiften sich von Kopf bis Fuß ein und putzten ihre Zähne mit Zweigen.

Plötzlich änderte sich das Licht, und die rote Sonnenscheibe stieg am Horizont auf. Die Badenden drehten ihr die Gesichter zu und hielten ihr die flachen Hände entgegen. Kurz entschlossen hüllte ich mich in meinen Sulu und lief zum Frauen-Ghat hinunter. Eine Frau in einem feuchten Sari, der an ihrem Körper klebte und mehr enthüllte als verbarg, streckte mir die Hand entgegen. Sie zog mich ins kalte Wasser, bis es mir an die Brust reichte und meine Füße im Schlamm versanken. Mit der freien Hand hielt sie sich die Nase zu und forderte mich mit einem Nicken auf, dasselbe zu tun. Mit zugekniffenen Augen und angehaltenem Atem tauchte ich dreimal meinen Kopf unter Wasser.

Unser Pujari-Freund strich mir Sandelholzpaste auf die Stirn und überreichte mir ein *prasad* aus geweihten Süßigkeiten. Er saß mit gekreuzten Beinen auf einem hölzernen Tisch und schrieb in ein dickes Buch – meinen Namen, die heilige Handlung, die ich begangen hatte, und die Tatsache, daß ich meinem Platz im Himmel einen Schritt näher gerückt war. Um ihn herum war verschiedenes Puja-Zubehör zum Verkauf ausgestellt: Kampfer, Ringelblumen, Kokosnüsse und rote Kleider, außerdem Kämme und Spiegel, die er an die Pilger verlieh, damit sie nach dem Bad ihre Haare richten konnten. Er bot mir einen der fettigen Kämme an, aber ich brachte es nicht übers Herz, ihn zu benutzen. Mein Vollbad im Ganges reichte mir fürs erste.

Gegen Mittag erreichten wir Rajghat, einen schmuddeligen Pilgerort, wo Hunderte von roten und gelben Fahnen über provisorischen Strohhütten flatterten. Eine Eisenbahnbrücke führte über den Fluß, und darunter standen Männer bis zum Hals im Wasser und drehten kaum merklich ihre Köpfe hin und her. Hier handelte es sich um keine besondere Form der Verehrung, wie ich zuerst dachte. »Die Leute werfen Geld aus den Zugfenstern in den Ganga«, erklärte Bapi. »Und die Männer hier fischen das Geld mit ihren Zehen heraus – sie leben von dieser Arbeit.«

Ein Mann mit einem Handkarren half uns, den riesigen, wuchtigen Narora-Staudamm zu umgehen. Der Karren war eine hoffnungslos wacklige Angelegenheit – er bestand aus ein paar kurzen auf einem alten Eisenrahmen festgezurrten Brettern, die auf vier platten Fahrradreifen ruhten. Wir luden die Boote und unser Gepäck darauf und marschierten los, wobei Dag das eine Ende unseres Doppelkajaks hielt und Bapi das andere. Der Karren ächzte und schlingerte unter dem Gewicht, und jedes der vier Räder wackelte in einer anderen Richtung herum.

Wie uns der Polizist gesagt hatte, war Narora tatsächlich ein beliebter Picknickplatz. Es gab Rasen und Blumenbeete, Schaukeln und Karussells für Kinder und ein dreidimensionales Keramikmodell des Ganges-Stroms, das seinen Verlauf von der Quelle bis zum Meer demonstrierte. Der Narora-Staudamm war natürlich besonders hervorgehoben. Scharen von gutgekleideten indischen Touristen waren hier versammelt. Als wir mit unserem Karren angeholpert kamen, schauten sie verwundert von ihren Picknicks auf. Eine Gruppe westlich gekleideter Kids gesellte sich zu uns.

»Entschuldigen Sie bitte, wie groß ist Ihr Mann genau?« fragte mich einer.

»Ein Meter sechsundachtzig.«

»Das ist genau die Größe von Amitabh Bachchan, dem berühmtesten Filmstar von ganz Indien! Kennen Sie ihn?«

Ein zerbrechlicher alter Pilger kam uns aus der anderen Richtung entgegen. Er war in einen Jutesack gehüllt, trug einen Stab und sah wie ein biblischer Prophet aus. Als er uns entdeckte, riß er seinen zahnlosen Mund auf und brach in lautes, fröhliches Lachen aus.

Wir quälten uns an den Besuchern vorbei durch den Park, dann über eine hektische Straße und über eine Brücke, und schließlich waren wir am anderen Ende des Staudamms angelangt. Dort erwartete uns eine böse Überraschung: Schwerbeladene Lastwagen donnerten über die weite Ebene – sie hinterließen riesige, weiße Staubwolken und überquerten mühelos den flachen, ausgetrockneten Fluß.

Der hüpfende Baba

Wieder einmal machten uns der niedrige Wasserstand und die heimtückischen Sandbänke einen Strich durch die Rechnung, und die nächsten drei Tage verbrachten wir damit, unser Boot vorwärtszuschieben – von Paddeln konnte keine Rede sein. Wie zum

Hohn überquerten Radfahrer vor uns den Fluß, und die Leute, die am Ufer entlanggingen, überholten uns mühelos. Ich versuchte mich abzulenken und dachte an zu Hause. Ich fragte mich, wie es wohl unseren Katzen ging und ob unsere Obstbäume den Frost und die Winterstürme überstanden hatten. Plötzlich fielen mir die nicht vorhandenen Dachrinnen ein. »Das müssen wir sofort in Angriff nehmen, wenn wir nach Hause kommen«, sagte ich.

»Was?«

»Na, die Dachrinnen ...«

»Dachrinnen? Soll das ein Witz sein?«

»Nein! Oder willst du, daß uns das Haus über dem Kopf zusammenfällt, bevor es überhaupt fertig ist?«

»Wie kannst du nur an Dachrinnen denken, wenn wir mitten ...«

Ein dumpfer Schlag – und schon wieder saßen wir auf einer Sandbank fest.

»Wir hätten eben zu Hause bleiben sollen«, knurrte Dag, als wir das Boot herausschoben, »dann wäre jetzt alles fertig, und wir könnten den Nachbarn unsere neuen Dachrinnen vorführen.«

Ich stand knietief im Schlamm, der Wind füllte mir die Ohren mit Sand, und in diesem Augenblick kam mir der Gedanke gar nicht so absurd vor.

»Und sonntags könnten wir den Rasen mähen«, lästerte Dag weiter, »und Plastikstühle und gestreifte Sonnenschirme kaufen ...«

»Ach ja«, unterbrach ich ihn, während ich das Boot hochzuhieven versuchte, »ich bin dafür, daß wir einen Rasenmäher kaufen.«

»Einen *Rasenmäher?*« schrie Dag.

»Wieso nicht? Letzten Sommer bin ich kaum noch zum Gemüsegarten durchgekommen, weil das Gras so hoch war!«

»Ach ja? Vielleicht willst du auch noch ein bißchen Unkrautvertilgungsmittel versprühen, was?« brüllte Dag und funkelte mich über das Boot hinweg an. »Und ein paar Gartenzwerge aufstellen!«

»Ich will bloß den verdammten Rasen mähen!« brüllte ich zurück.

»Was ist los?« rief Bapi, der hinter uns auf der Sandbank gestrandet war.

»Ach, nichts«, fauchte ich. »Bloß ein kleiner Ehekrach.«

»Ich glaube, ich muß meine Frau umbringen«, knurrte Dag. »Und dann verbrenne ich sie am Flußufer.«

»Das tut mir sehr leid für dich, Maria«, meinte Bapi. »Aber wenigstens kommst du dann gleich in den Himmel.«

Der Fluß wurde breiter und tiefer, aber er schlängelte sich in bizarren Schleifen und Windungen durch die Ebene, so als wollte er nur ja nichts überstürzen. Für uns bedeutete das, daß wir oft in die Richtung zurückpaddeln mußten, aus der wir gerade gekommen waren. Am Ende des dritten Tages, als wir nach einem geeigneten Lagerplatz in der trostlosen Einöde Ausschau hielten, tauchten hinter dem graugrünen Wasser und den silbernen Sandbänken plötzlich Leute auf wie in einer Fata Morgana. Zuerst waren es nur ein paar wenige, die auf uns zugerannt kamen, während ihre Saris und gestreiften *lungis* wie leuchtende Flaggen vor dem weißen Sand und dem saphirblauen Himmel flatterten. Dann wurden es immer mehr und mehr, bis sich eine riesige Menge heranwälzte. Ein finsterer Mann mit blutunterlaufenen, hervorquellenden Augen und schwarzen Zahnstummeln im Mund erreichte uns als erster. Er packte unseren Kajak am Steuer und zerrte ihn an den Strand. Dag sprang aus seinem Sitz heraus, um diese unerwünschte Hilfe abzuwehren, aber im nächsten Moment waren wir völlig eingekreist – Hunderte von Leuten rückten uns schreiend und wild gestikulierend auf den Leib und schoben und stießen uns vor lauter Aufregung unsanft herum. Bapi und sein Boot waren außer Sicht, irgendwo im Gedränge verloren, und einen Augenblick stieg die Panik in mir hoch: Wir waren dieser aufgebrachten, hysterischen Menge hilflos ausgeliefert. Plötzlich drehten sich die Köpfe zur Seite, die Menschen wichen zurück, und ein großer, kräftig gebauter Sadhu mit wilden Augen und einem schwarzen Bart tauchte auf, schlug mit einem Bambusstock auf die Leute ein und warf ihnen Hände voll Sand ins Gesicht.

»Mein Gott!« rief Bapi, als er an unserer Seite erschien. »Ich bin fast erstickt!«

Der Sadhu schimpfte sofort auf Bapi ein. Er war bei einer Theatertruppe, die im heiligen Monat Magh am Ganges entlangreiste und das Hindu-Epos Ramayana in einem viertägigen Marathon-Festival aufführte. Unseretwegen war die heutige Aufführung geplatzt, denn sobald es sich herumgesprochen hatte, daß zwei Fremde in einem seltsamen Boot den Fluß heruntergepaddelt kamen, war das Publikum den Schauspielern davongelaufen, um uns zu suchen. Trotzdem lud uns der Sadhu ein, die Nacht im Camp der Theatertruppe zu verbringen. Er wandte sich an die Leute, die jetzt in sicherer Entfernung den Sand aus den Haaren und Lungis schüttelten, und befahl ihnen, unsere Boote den Uferdamm hinaufzutragen.

Die Bühne, eine frei stehende, wacklige Angelegenheit, war aus rohen Brettern und Bambus gezimmert und mit Seilen und Rollen behäuft, mit deren Hilfe sechs handgemalte Kulissen herauf- und heruntergezogen wurden. Daneben standen eine Reihe von provisorischen Strohhütten. Wir bekamen eine davon zum Schlafen zugewiesen, und unsere Kajaks und Gepäckstücke wurden vor der Hütte abgestellt. Man brachte uns Sabzi und Rotis und ingwergewürzten Tee. Während wir aßen und tranken, rannte unser Sadhu, den Bapi »Bouncing Baba – hüpfender Baba« getauft hatte, unermüdlich herum. Er jagte neugierige Kinder weg, prügelte die Hunde, die vor unserer Hütte herumlungerten, ließ uns Essen bringen und überwachte das Anzünden eines Feuers, das mit Stroh von den Hüttendächern gefüttert wurde. Die Schauspieler, Musiker und Sadhus versammelten sich um uns und starrten uns an, und schließlich ließ sich der Bouncing Baba bei ihnen nieder.

Nach den letzten drei anstrengenden Tagen waren wir ziemlich erschöpft und zogen uns bald in unseren Unterschlupf zurück. Leider hatte die Hütte eine offene Wand, und so brauchte das Publikum nur ein bißchen herumzurutschen, um uns weiter beobachten zu können. Ziemlich demonstrativ hängte Dag eine unserer Decken als Sichtschutz auf – mit dem einzigen Erfolg, daß die Männer sich jetzt die Hälse verrenken mußten. Kaum hatten wir uns hingelegt, fing plötzlich ein Lautsprecher zu krachen und zu knistern an – wie er betrieben wurde, wissen wir bis heute nicht –, und schrille, religiöse Musik schallte über das ganze Camp. Das ging ein paar Stunden lang, bis die Musik durch weniger heilige Geräusche wie Singen, Reden, Schnarchen und Hundegekläff abgelöst wurde. Eine Ratte stöberte in der Hütte herum, und einmal lief sie über unsere Beine. Ungefähr eine Stunde vor Sonnenaufgang gab es eine neue, nervenzermürbende Störung: Monotone, kindlich hohe Frauenstimmen sangen denselben Refrain immer und immer wieder. Ich lag in meinem Schlafsack und stellte mir eine lange Reihe von Frauen vor, die mit Messingschüsseln auf dem Kopf durch die Felder gingen. Als die Stimmen immer näher kamen, stand ich auf, schlüpfte in meine Kleider und trat in die kühle, feuchte Luft hinaus. In Dunkelheit gehüllt, zogen die Frauen unsichtbar am Camp vorbei. Ich wickelte mich in eine Decke und ging zum Flußufer hinunter. Der Mond stand noch immer am Himmel, aber am Horizont breitete sich schon ein goldener Glanz aus. Im nahen Dorf heulte ein einsamer Hund. Am Rand des Flusses hielten ein paar Sadhus ihre Morgenandacht, formten Lingams aus dem schlammigen Sand und segneten sie mit Gangeswasser. Ich setzte mich hin, um den Sonnenaufgang über dem Fluß zu beobachten. Ein tiefer Frieden erfüllte mich, obwohl ich in der Nacht kein Auge zugetan hatte, und ich war auf einmal unsagbar glücklich.

Meine gute Laune verflog allerdings schnell, als ich ins Camp zurückkam. Eine Gruppe von Männern saß um den Eingang unserer Hütte herum und schaute seelenruhig zu, wie ich mich unter meiner Decke herumwarf, um ein paar von den warmen Sachen loszuwerden, die ich vorher übereinandergezogen hatte. Bald kamen drei Frauen aus dem Dorf dazu, die mir plappernd und zwitschernd zum Fluß hinunter folgten, wo sie sich vor mich hinhockten und zuschauten, wie ich mir das Gesicht wusch und die Zähne putzte. Sie waren schnell verschwunden, als der Bouncing Baba mit wildem Gefuchtel auf sie losging – er schlug mit den Armen wie ein großer, exotischer Vogel. Es war Dienstag, sein wöchentlicher Schweigetag, aber das hinderte ihn nicht daran, die Leute herumzukommandieren. Grunzend und gestikulierend führte er mich in die Küche des Camps, wo ich mich auf den sandigen Boden setzen mußte und ein Stück Gur in die Hand gedrückt bekam. Ich brachte das süße, klebrige Zeug auf nüchternen Magen kaum herunter, aber es sollte noch schlimmer kommen. Drüben beim Herdfeuer schälte ein alter Sadhu einen Haufen frisch gekochter Kartoffeln, und ein anderer zermatschte sie mit den Händen. Der Baba packte eine Kartoffel und gab sie mir. Zuerst war ich erleichtert, daß ich mein Gur gegen etwas Schmackhafteres eintauschen konnte, aber kaum hatte ich die erste Kartoffel verspeist, wurde mir die nächste gereicht, und zwei funkelnde Augen befahlen mir, sie zu essen. Drei Kartoffeln später machte ich einen verzweifelten Versuch, die Zwangsfütterung zu beenden, indem ich mein Gur vom Boden aufhob, den Sand so gut wie möglich abwischte und daran herumzunuckeln anfing. Der alte Sadhu stand jetzt über einen großen Topf gebeugt, verrührte die zermatschten Kartoffeln mit Wasser und fügte eine Reihe farbenprächtiger Gewürze hinzu. Ich bedankte mich bei allen ringsum und schlich auf die Tür zu, aber bevor ich sie erreichte, drückte mir der Baba eine Schale voll Kartoffel-Sabzi, mit Kardamomsamen bestreut, in die Hand. Dann tauchte er einen Metallbecher in einen Eimer Wasser, der gerade vom Fluß heraufgebracht worden war, reichte ihn mir und funkelte mich aus nächster Nähe an, bis ich alles getrunken hatte.

Um acht Uhr herrschte Hochbetrieb im Camp. Ein paar Frauen mit Zuckerrohr- und Kokosnußbündeln auf dem Kopf marschierten singend im Lager herum – vielleicht waren es die, die ich am frühen Morgen gehört hatte. Schmuckbehängte Knöchel und Zehen blitzten unter den Saris hervor, und gläserne Armbänder klirrten an den Handgelenken. Heute war Vollmond, und die Frauen gingen zum Fluß hinunter, um mit einer speziellen Zeremonie den Schutz der jungen Saaten zu erbitten. Schauspieler, die gerade von ihrem Bad im Ganges zurückgekommen waren, zitterten an Strohfeuern; sie streckten ihre Füße mitten in die Flammen und hielten ihre Unterhosen zum Trocknen hoch. Musiker spielten sich auf ihren *tablas* warm. Die Leute aus dem Dorf stellten Erfrischungsbuden auf und verkauften Bidis, Süßigkeiten und Obst. Dag, Bapi und ich waren gerade zu dem Entschluß gekommen, daß es besser war, gleich aufzubrechen, weil wir sonst einen weiteren Paddeltag verlieren würden, als der Bouncing Baba auftauchte und Hindi-Wörter in den Sand malte.

»Er sagt, wir müssen bis morgen bleiben«, übersetzte Bapi.

Wir sagten ihm, daß das leider nicht möglich sei.

Die Augen des Baba funkelten wild, und er ließ die nächste Botschaft los.

»Er sagt, er läßt das Stück sofort anfangen, und dann können wir mittags abfahren.«

Widerstrebend ließen wir uns vor der Bühne nieder. In der nächsten Stunde waren wir allerdings selber die Hauptattraktion, umringt und angegafft von einem wohlwollenden und stetig wachsenden Publikum. Die Schauspieler und Musiker rannten geschäftig hin und her, ohne daß irgend etwas dabei herausgekommen wäre, und die Sadhus saßen um unseren Kajak herum und zündeten ein Chillum nach dem anderen an. Als der Bouncing Baba merkte, daß wir allmählich unruhig wurden, ging er mit einem Bambusstock auf die Truppe los und brachte die Schauspieler auf Trab. Endlich standen acht Männer auf der Bühne, vor einer Kulisse, die ein Zimmer mit grün-rosa gewölbter Decke, orange-gelb gestreiften Säulen und einem goldenen Lüster zeigte. Fünf von den Männern waren als Frauen verkleidet, aber der Effekt von Make-up, Schmuck und falschen Brüsten wurde durch die schweren Armbanduhren und die schwieligen Fersen, die durch die löchrigen Nylonsocken schimmerten, ziemlich verdorben. Die Schauspieler fingen an zu tanzen, wanden und bogen sich, was aber nur das Vorspiel war, wie sich nach einer halben Stunde herausstellte. Eine neue Kulisse wurde heruntergelassen, und diesmal konnten wir den Ganges bewundern, wie er den Himalaya hinter sich läßt und an einer vierspurigen Autobahn entlangfließt. Drei Schauspieler traten in die Mitte der Bühne und fingen zu singen an. »Das ist Rama, seine Frau Sita und sein Bruder Lakshmana«, erklärte Bapi. »Sie gehen in den Dschungel ins Exil, wo Lakshmana der Schwester von Ravana die Ohren abschneidet, und sie entführt Sita, um sich zu rächen. Rama verbündet sich mit Sugriva, dem König der Affen, der ihm Hanuman zu Hilfe schickt, und Hanuman baut einen Damm über die Meerenge ...«

»Halt, nicht so schnell!« flehte ich. »Woher weißt du das alles?«

»Ich habe die Geschichte in der Schule gelernt. Und jetzt kommt sie als Serie im Fernsehen.«

Am Mittag blies der Wind Sand im Camp herum und peitschte orangerote, zum Trocknen ausgelegte Tücher von den Strohdächern. Bapi hatte sich davongemacht, um ein Chillum mit den Sadhus zu rauchen, und das Spiel war zum Stillstand gekommen. Alle Schauspieler waren jetzt auf der Bühne und kauerten hinter einem Mann in Dhoti und Jackett, der das Publikum zum Spenden animierte. Wenn Geld nach oben gereicht wurde, verkündete er den Namen des Spenders und den genauen Betrag, den er gegeben hatte. Eine Stunde später war das Stück immer noch nicht vorangekommen, und da ein Sandsturm im Anzug war, beschlossen wir, endlich aufzubrechen. Der Baba bekam einen Tobsuchtsanfall und kritzelte wütende Botschaften in den Sand: daß unsere Abreise das

Stück schon wieder unterbrechen würde, daß wir noch eine Nacht bleiben sollten und den nächsten Tag auch noch. Aber diesmal blieben wir hart, und da verlangte der Baba, daß Dag und Bapi auf die Bühne gehen und dem Publikum erklären sollten, warum wir abreisten. Dag sagte ein paar Worte in Englisch, dann nahm Bapi das Mikrophon, übersetzte Dags Botschaft und stürzte sich in eine lange, ausschweifende, vom Marihuana inspirierte Rede. Als wir uns vom Baba verabschieden wollten, legte er den Arm über die Augen – er wollte uns buchstäblich nicht mehr sehen.

Unsere Abfahrt war noch chaotischer als die Ankunft am Tag zuvor. Das ganze Publikum, die Schauspieler, die Musiker und die meisten Sadhus waren zum Strand gekommen, um uns zu verabschieden. Bapi und ich standen knietief im Fluß, an die Boote geklammert und fast erdrückt von der Menge, während Dag den Hang hinaufraste, um ein Foto von der Szene zu schießen. Als wir lospaddelten, rannten die Leute noch eine ganze Weile am Ufer neben uns her.

Ein steifer Wind peitschte beißende Sandwirbel auf, aber ich war trotzdem froh, daß wir wieder auf dem Ganges waren – und endlich wieder allein. Kraniche und Kormorane flatterten aus dem Fluß auf, blendend weiß und tiefschwarz vor der grauen Landschaft und dem grauen Himmel. Manchmal tauchten gespenstische Gestalten aus den Sandwolken auf: ein Verrückter, der auf einer Bank saß und vor sich hinbrabbelte, eine barbusige Brahmanin mit dem heiligen Faden über der Brust, die eine Mondschein-Andacht zelebrierte. Trommelgeräusche und Gesänge drifteten von nahen Dörfern herüber, aber wir paddelten weiter, bis der Mond uns mit seinem Licht übergoß. Dann bauten wir allein und ungestört auf einer schlammigen Sandbank unser Zelt auf.

Segnungen und Leichen

Dag schlief noch, als ich aus dem Zelt kroch. Im Dämmerlicht sah das Flußwasser wie stumpfes Metall aus, und Nebelranken schlängelten sich über die Oberfläche. Ich zog mich schnell aus, und obwohl niemand zu sehen war außer zwei rotbeinigen Störchen, die graziös über eine nahe Sandbank staksten, hüllte ich mich vorsichtshalber in ein Tuch. Ich wußte inzwischen, daß die Leute in Indien wie aus dem Nichts auftauchen, und beim Nacktbaden im Ganges ertappt zu werden, war ein unverzeihlicher Verstoß gegen die heiligen Gesetze. Als ich ins Wasser watete, schlugen die Störche mit den Flügeln und strichen davon. Ich hielt mir die Nase zu und tauchte dreimal kurz in das kalte Wasser ein, dann strampelte ich zum Ufer zurück. Ich bückte mich zu meinen Kleidern hinunter und merkte plötzlich, daß ich mitten in einem Häufchen Asche, vermischt mit brüchigen Knochensplittern, stand. Ganz in der Nähe waren eine Bahre und ein schlammiges Leichentuch zurückgelassen worden.

Nach drei Wochen auf dem Fluß waren wir an Leichenverbrennungen in jeglichem Stadium gewöhnt. Wir hatten gesehen, wie nackte Leichen mit *ghee* eingeschmiert wurden, wie ein Mann eine brennende Fackel fünfmal um den Scheiterhaufen trug, auf dem sein toter Vater lag, und wir hatten Leute erlebt, die ihre Leiche halbverkohlt ins Wasser stießen, weil sie sich nicht genug Brennmaterial leisten konnten. Als wir an jenem Tag zum drittenmal innerhalb von drei Stunden an einer Einäscherung vorbeipaddelten, sagte Dag in einem Anfall von schwarzem Humor: »Riecht nach Huhn – das war wohl ein ziemlich mageres Exemplar.«

»Nein, nein«, protestierte Bapi, »das stimmt nicht – es riecht genau wie Roastbeef. Das muß eine fette Person gewesen sein.«

Wie immer kamen die Trauergäste zum Flußufer heruntergerannt und winkten uns zu sich her. Wir hatten nicht die Absicht anzuhalten, denn wir wollten am selben Tag noch Fatehgarh erreichen, und wir wußten nicht genau, wie weit es war.

»Bis es dunkel wird, seid ihr dort«, hatte uns ein Sadhu vor ein paar Stunden versichert. »Fünfzig Kilometer«, hatte ein Fischer behauptet. Die Trauergesellschaft kam jetzt mit einer neuen Version daher: »Do sau kilomitar!« riefen sie – zweihundert Kilometer.

Wir legten unsere Handflächen zusammen, sagten *namaskar* und fuhren weiter. Nach ein paar Paddelschlägen drehte ich mich um und winkte den Männern zu. Sie beschirmten ihre Augen mit den Händen und schauten uns nach. In der flammenerhitzten, flirrenden Luft schimmerten sie wie Wesen aus einer anderen Welt. Der Fluß machte einen weiten Bogen, und plötzlich waren sie alle verschwunden.

Auf dem nächsten Abschnitt hatte der Fluß etwas Trostloses, Verlorenes an sich. Er zog sich in engen Schleifen dahin, ein heißer, sengender Wind fegte über die Ebene, und die Sonne brannte erbarmungslos herunter. Außer Sandbänken und Skeletten gab es nichts, was uns von der Monotonie der Landschaft ablenken konnte. Einmal strandeten wir zusammen mit einem ganzen menschlichen Skelett auf einer Sandbank – es war völlig abgenagt, trug aber immer noch einen Tuchfetzen um den Körper.

Wir hatten uns schon damit abgefunden, daß wir an jenem Tag nicht mehr nach Fatehgarh kommen würden, als wir plötzlich eine rote Fahne an einem langen Mast flattern sahen – ein Zeichen, daß hier eine Versammlung von Sadhus kampierte. Der Wind trug das rhythmische Tönen eines Gongs, vermischt mit monotonen Mantra-Klängen herüber: »Sita Rama Sita Rama Sita Rama…«

Eine ganze Schar von Sadhus kam zum Flußufer heruntergerannt und zog unser Boot ans Ufer. Sie hatten lange, verfilzte Haare, waren mit Asche beschmiert und trugen nichts außer einem Lendentuch am Körper. Zwischen ihren Beinen sprangen räudige braune Hunde herum, die übereinander herfielen und dicke Sandwolken aufwirbelten. Die Sadhus erzählten uns, daß sie hier den Monat Magh mit ihrem einhundertelfjährigen Guru Moni Baba verbrachten. Aufgeregt schwatzend führten sie uns zu einem großen Zelt, einer zerfetzten Leinwand, die über ein paar Bambuspfähle geworfen war. Daneben saßen Frauen aus dem nahen Dorf im Schlamm und machten Rotis und Kartoffel-Sabzi. Sie unterbrachen ihre Arbeit und starrten uns an, und die Fliegen, die um sie herumschwirrten, ließen sich in einer dichten Wolke auf dem Teig nieder, der jetzt nicht mehr grau, sondern pechschwarz war.

Innen war der Zeltboden mit staubigem Stroh bedeckt, und es wimmelte von Fliegen, aber es war trotzdem eine Erholung nach dem Wind und dem grellen Licht draußen. Wir bekamen Becher mit lauwarmem Tee vorgesetzt, der dieselbe Schlammfarbe hatte wie der Fluß. Mehrere Sadhus hockten um uns herum und schauten uns beim Trinken zu. Obwohl ich den starken Verdacht hatte, daß das Wasser nicht abgekocht war, würgte ich den Tee hinunter. Die Männer grinsten entzückt. Dann wurde die Zeltklappe zurückgeworfen, und ein junger Sadhu kam mit zwei Tellern voll Sabzi und Rotis herein. Eine Sekunde lang tauchte das Bild von dem fliegenbedeckten Teig vor mir auf, aber ich verdrängte es schnell.

»Sie möchten, daß wir heute nacht in diesem Zelt schlafen«, sagte Bapi. Ich schaute wenig begeistert zu den Fliegenschwärmen auf, die um unsere Köpfe kreisten. Die Sadhus folgten meinem Blick.

»Sie sagen, du brauchst dir keine Sorgen wegen der Fliegen zu machen«, übersetzte Bapi. »Sie gehen nach Hause, wenn es dunkel wird.«

Es folgten Schalen mit warmer Büffelmilch und Gur-Stücke. Um den nächsten Gang ein bißchen hinauszuzögern, baten wir um eine Audienz bei Moni Baba.

Wir wurden zum Eingang eines winzigen Zelts geführt. Zwei Sadhus knieten sich rechts und links neben ein Häufchen Decken und fingen zu singen an. Das Häufchen rührte sich. Eine Hand kam zum Vorschein. Die Decken wurden zurückgeworfen, und ein runzliger alter Mann setzte sich auf. Seine Augen waren entzündet, die Lider hingen schwer herab, und sein Schädel war vollkommen kahl, abgesehen von einer langen, dünnen Haarsträhne auf dem Hinterkopf. Er war sofort hellwach und hörte aufmerksam zu, was die Sadhus über uns erzählten. Dann griff er nach einer Tafel, denn heute war sein wöchentlicher Schweigetag. Er kritzelte ein paar Worte in Hindi, und mir fiel auf, wie jung seine Hände aussahen. Bapi übersetzte, was er geschrieben hatte.

»Moni Baba sagt, daß unser *yatra* die Nahrung, die wir essen, und das Wasser, das wir trinken, reinigt.«

Nach der Mahlzeit, die wir gerade zu uns genommen hatten, fand ich den Gedanken sehr beruhigend.

»Er sagt, wir werden heil und gesund in Varanasi ankommen, aber der härteste Teil der Reise liegt noch vor uns. Er sagt, wir sollen *Rama Sita* singen.«

Der Guru klatschte in die Hände. Ziemlich verlegen intonierten wir das Mantra mit ihm. Die Sadhus drängten sich um das Zelt und stimmten mit ein, der Mann, der den Gong schlug, paßte sich unserem Rhythmus an, Muschelhörner und Becken ertönten, und bald hallte das ganze Camp von inbrünstigem Gesang wider. Ich fiel in einen seltsamen Trance-Zustand und starrte den alten Mann vor mir voller Ehrfurcht an. Plötzlich hielt er seine Hände hoch, und im ganzen Camp verstummte der Gesang. Er schloß die Augen, und seine Lippen bewegten sich wie im Gebet. Erwartungsvolle Stille herrschte in und um das Zelt. Dann flogen die schweren Augenlider des Guru auf, und er zwinkerte Dag zu. »*Good day, sir!*« schrie er und erstickte fast vor Lachen.

Die Sadhus rissen entsetzt die Münder auf: Der Guru hatte sein Schweigegelübde gebrochen!

Moni Baba faßte sich wieder. »Today I go to Varanasi«, verkündete er feierlich. »Yesterday I went to Varanasi. Tomorrow I shall go to Varanasi.«

»Er übt Englisch!« rief Bapi. Der Guru nieste.

»*Rama!*« brüllten die Sadhus im Chor. »*Sita Rama!*« Und es folgte eine neue Runde Singen und Händeklatschen.

Als es dunkel wurde, gingen die Fliegen tatsächlich nach Hause – das heißt, sie bildeten eine dichte Isolierschicht an den Innenwänden und der Decke des Zelts. Ich lag in unserem Schlafsack, lauschte auf das Gebetsgemurmel im Camp und fragte mich, ob Moni Baba mit der Reinigung unseres Essens recht hatte. Seit wir Hardwar verlassen hatten, rechnete ich ständig damit, daß ich eines Morgens mit fürchterlichen Bauchkrämpfen aufwachen würde, den Vorboten einer Magen-Darm-Infektion. Bis jetzt hatte ich eher das gegenteilige Problem: Ich weiß nicht, ob es an der stärkereichen Nahrung lag oder an dem permanenten Streß mit der Toilettensuche – jedenfalls litt ich ausgerechnet auf dem Ganges an Verstopfung.

Um sechs Uhr wachten die Fliegen auf und fielen über uns her, so daß wir schleunigst die Flucht ergriffen. Die Sadhus meditierten, hielten ihre Morgenandacht am Flußufer ab oder saßen um kleine Feuer herum. Als Moni Baba um acht Uhr auftauchte, strömten sie alle zusammen und begrüßten ihn begeistert – sie bliesen in Muschelhörner, schlugen auf Becken, Gongs, Trommeln und Zinnteller ein und schrien Mantras dazu. Moni Baba schlurfte zu einer kleinen, mit gelbem Tuch überdachten Plattform, und dort wurde er hochgehoben und auf einem Blumenteppich abgesetzt, zwischen Blechbüchsen mit geweihten Süßigkeiten, Bildern von Rama und heiligen Büchern in rotem Einband. Einer von den Sadhus kniete vor ihm nieder, um seinen Segen und ein Prasad mit Süßigkeiten von ihm zu empfangen. Dann waren wir an der Reihe. Wir streuten Ringelblumen über seinen Kopf und berührten seine Füße mit unserer Stirn. Als er uns das Prasad gab, redete er in einem kindlichen Singsang auf uns ein.

Bapi grinste über sein ganzes Gesicht. »Moni Baba will euren Kajak sehen.«

Von den Sadhus gestützt, schleppte sich der Guru Schritt für Schritt zum Flußufer hinunter. Ein paar Minuten lang stand er schweigend da und starrte das rote Boot an. Als er endlich den Mund aufmachte, wurden seine Worte mit aufgerissenen Augen und überraschten Ausrufen begrüßt.

»Er will im Boot fahren!« rief Bapi.

»*Rama Sita!*« riefen die Sadhus. »*Sita Ram!*«

Ich hielt das Boot fest, während der alte Mann in die vordere Sitzluke gehievt wurde. Er zog seinen Schal eng um die Schultern, ließ sich seinen Stock geben und legte ihn auf das Deck. Dag kletterte in den hinteren Sitz, stieß sich vorsichtig vom Ufer ab und paddelte den gebrechlichen Guru im Kreis herum.

»*Sita Ram, Sita Ram!*« sangen die Sadhus, sprangen übermütig herum und warfen Ringelblumen auf das Boot.

»Wenn du schon so nah am Wasser gebaut hast, dann solltest du wenigstens lernen, dich auf die indische Art zu schneuzen«, meinte Dag, als wir vom Camp wegpaddelten.

Ich schluchzte laut, überwältigt von der heiteren Frömmigkeit der Sadhus und von der Herzlichkeit, mit der sie uns aufgenommen hatten. Als meine Tränen endlich versiegten, war ihr Gesang in der Ferne verebbt, und die Ringelblumen auf dem Kajak welkten in der Sonne.

Der Fluß schlängelte sich noch immer träge dahin, und obwohl wir tagelang angestrengt paddelten, schien Fatehgarh nicht näherzukommen. Aber die Atmosphäre an den Flußufern änderte sich. Die Neugier der Bauern, denen wir unterwegs begegneten, war zunehmend mit Mißtrauen und Feindseligkeit vermischt, und die Warnungen vor Räubern häuften sich.

An einem hellen, sonnigen Morgen erreichten wir endlich die Ausläufer von Fatehgarh. Frauen in leuchtenden Saris arbeiteten in den Kürbis- und Senffeldern, und Wäscher standen im Fluß und kämpften mit langen Stoffbahnen, die das Wasser rot und lila färbten. Am ganzen Ufer waren Hemden und Saris zum Trocknen in der Nachmittagssonne ausgebreitet. Hunde lagen zusammengerollt im Schmutz und schliefen.

»Da – links!« sagte Dag.

Ich drehte den Kopf und bereute es sofort. Ein paar Meter weit weg schwamm eine männliche Leiche in Embryohaltung an uns vorbei. Die aufgedunsene Haut schimmerte fahlgelb, und ein Teil des Gesichts war abgefressen. Nach vier Wochen auf dem Ganges war mein Magen abgehärtet genug, um Fliegen auf dem Essen und unabgekochtes Flußwasser zu verkraften – aber das hier war entschieden zu viel.

»Geht's wieder?« fragte Dag, als ich zu würgen aufhörte. »Da vorne kommt nämlich noch eine.«

In den nächsten zwanzig Minuten paddelten wir an einem Dutzend weiterer Leichen vorbei. Die frischeren waren noch in Tücher gehüllt, die sich auf dem Wasser blähten. Aus der Ferne hätte man sie für ausrangierte Kissenbezüge halten können, wenn da nicht die vielen Krähen und Geier gewesen wären, die auf sie herabstürzten und an ihnen herumpickten, und die Hunde, die auf den Fluß hinausschwammen, um sich ihr Abendessen zu holen. Eine der Leichen sah besonders grotesk aus – sie lag mit dem Gesicht nach unten im Wasser, und nur der nackte Hintern ragte heraus. Eine andere war auf einer Sandbank gestrandet, und die Fleischfetzen, die noch am Brustkorb hingen, bewegten sich in der Strömung. Aber am schlimmsten war die Leiche, von der nur noch die Füße aus dem Wasser ragten: die Zehen gespreizt, die Haut fleckig und eingeschrumpelt, der Rest im trüben Wasser verborgen. Der Stoff, aus dem die Alpträume sind...

Für heute reichte es uns jedenfalls. Wir gingen an den Ghats eines kleinen Tempels an Land, und der Pujari kam zu uns heruntergelaufen.

»Sie schreiben eine Doktorarbeit über den Fluß?« brüllte er mich aus einem halben Meter Entfernung an.

»Ja, wir sammeln Material für ein Buch«, sagte ich.

»Sehr gut! Sehr gut! Sind Sie Dichter?«

Ich sagte, nein, ich sei kein Dichter, und er schüttelte den Kopf, als ob er mich trösten wollte. »Acchha – das tut mir sehr leid. Hier in Indien lieben wir die Dichter. Was ist der Unterschied zwischen Indien und Ihrem Land?«

Eine Leiche schwamm vorbei. Weiter flußabwärts balgten sich ein paar Hunde um eine andere, die am Ufer vor sich hin verweste.

»Indien ist ein spirituelles Land«, sagte ich. »Mein Land ist materialistisch.«

»Ja, das habe ich schon gehört«, meinte er. »Wo ist Gott?«

»Gott ist überall«, antwortete ich.

»Das ist wahr!« rief er und klatschte in die Hände. »Vielleicht ist Ihr Mann Lord Rama, und Sie sind seine Frau Sita! Also müssen wir Sie wie Götter behandeln. Sie müssen heute nacht hier schlafen! Es sind viele Diebe hier, aber haben Sie keine Angst, wir bewachen Sie.«

Wir ließen die Kajaks in seiner Obhut und gingen nach Fatehgarh hinein. Als wir an einem Straßenstand Früchte, Tee und Reis kauften, drängten sich die Leute in unserem Rücken, so daß wir uns kaum noch rühren konnten. Endlich am Postamt angekommen, wo ich meine Mutter anrufen wollte, war die Menge noch weiter angewachsen und füllte praktisch den ganzen Raum aus, in dem ein schlechtgelaunter Angestellter hinter einem Schreibtisch saß.

»Was ist die Vorwahl für England?« fragte ich.

Ungeduldig blätterte er ein zerfleddertes Telefonbuch durch. »Sie sind schon dran vorbei«, sagte ich.

Er knallte das Buch zu. »Der internationale Teil fehlt!« rief er. »Sie müssen von Varanasi aus anrufen!«

»Aber dort bin ich erst in zwei Wochen!« protestierte ich. »Können Sie nicht die Auskunft anrufen?«

»Die Auskunft ist weg!« schrie er.

»Es ist aber sehr wichtig«, bettelte ich. »Ich muß mit meiner Mutter sprechen. Bitte zeigen Sie mir das Telefonbuch.«

Widerwillig reichte er es mir herüber. In zwei Sekunden hatte ich den internationalen Teil und die Vorwahl von England gefunden. Der Beamte schob mir ein altmodisches schwarzes Telefon herüber, und ich wählte die Nummer meiner Mutter. Es zischte und rauschte eine Zeitlang in der Leitung, dann kam ein klares Läuten. Auf beiden Seiten war ich von Männern belagert, denen vor Neugier fast die Augen aus dem Kopf fielen.

»Hallo, Mum«, sagte ich, als sie den Hörer abnahm. »Ich rufe aus einer kleinen Stadt am Ganges an.«

»Sie ruft ihre Mutter an«, sagte der Beamte zu der Menge. »Ihre Mutter lebt in England. Sie ist glücklich, daß sie etwas von ihrer Tochter hört.«

»Wie geht's dir?« fragte meine Mutter. »Wie in aller Welt ist es denn da drüben?«

»Uns geht's gut, wir sind beide gesund«, sagte ich. »Und es ist unbeschreiblich hier – furchtbar, herzzerreißend, überwältigend, alles, was du willst.«

Der Postbeamte kratzte sich am Kopf. »Sie sagt ihrer Mutter, wie das Wetter hier ist«, verkündete er der Menge triumphierend.

»Was gibt's da zu lachen?« fragte meine Mutter.

Die Stimmung ändert sich

Die Leichen auf dem Fluß seien die Überreste von Leuten, die an einer ansteckenden Krankheit gestorben seien oder deren Familien sich das Brennmaterial für eine Einäscherung nicht leisten könnten, erzählte uns der Pujari von Fatehgarh. Auch wenn jemand unverheiratet stirbt, würde er in den Fluß geworfen. Letzteres regte Bapi furchtbar auf, und er brütete den ganzen Tag darüber nach.

»Ich muß unbedingt mit meinen Eltern reden!« rief er immer wieder. »Ich will nicht im Fluß enden!«

Das wollten wir auch nicht. Und wir fühlten uns immer verwundbarer – wir kamen so langsam vorwärts, jeder konnte uns von weitem sehen, und nachts waren wir nur durch die dünne Zeltwand geschützt. Je näher wir der Industriestadt Kanpur kamen, desto schmutziger wurde der Fluß und desto unerfreulicher die Atmosphäre an den Ufern. In Singrampurghat waren die verwitterten Pfauen- und Schlangenornamente auf den Torbogen eines alten Tempels mit Hindi-Graffiti vollgeschmiert, und auf den

Steinstufen lagen menschliche Exkremente. Nur wenige Meter von der Stelle entfernt, an der eine Leiche auf dem Rücken schaukelte, standen ein paar Männer, die sich nach ihrem rituellen Bad abtrockneten. Vor ihren Füßen lagen Gewehre, und als wir vorbeipaddelten, griff einer von ihnen nach seiner Waffe und weihte sie mit Gangeswasser.

Am späteren Nachmittag kamen wir durch ein überwiegend moslemisches Gebiet. Die Leute starrten uns mißtrauisch aus ihren Häusern an, die direkt in die Felsmauern der festen Ufer gehauen waren. Als wir sie fragten, wo wir eine Unterkunft für die Nacht finden könnten, zuckten sie nur die Achseln und schüttelten die Köpfe. Wir paddelten dicht bei Bapi, der ziemlich angespannt wirkte. Der Fluß verließ das feste Ufer und schlängelte sich in die Ebene hinaus, wo er sich wieder in ein Labyrinth von kleinen Wasserläufen aufteilte. Wir konnten nicht sagen, welches der Hauptarm war, also entschieden wir uns auf gut Glück. Nach einer halben Meile versandete das Wasser in unserem Kanal, und wir saßen fest. Eine Schar Kinder war uns vom letzten Dorf bis hierher gefolgt, und als jetzt die Sonne unterging, liefen sie nach Hause zurück.

»Wahrscheinlich erzählen sie es brühwarm ihren Vätern, daß wir hier festsitzen«, knurrte Dag finster.

»Mir gefällt es nicht, daß wir hier übernachten müssen«, sagte Bapi. »Vielleicht wachen wir morgen mit aufgeschlitzten Kehlen auf.«

Eine halbe Stunde lang schleppten wir unsere Boote durch das klägliche Rinnsal, bis wir endlich wieder auf den Hauptarm stießen. Ein Stück weiter flußabwärts flackerte ein Feuer am anderen Ufer.

»Das könnten Fischer oder Dacoits sein«, sagte Bapi. »Ich gehe vor und rede mit ihnen.«

Langsam paddelten wir hinter ihm her und spähten angestrengt durch die schnell hereinbrechende Dunkelheit zu dem Lager hinüber. Wir konnten ein geräumiges Zelt erkennen, große, flache Körbe lagen auf dem Strand verstreut, und als wir näher kamen, sahen wir ein paar Männer hüfttief im Wasser stehen, die mit Körben winzige, silbrige Fische herausschöpften.

»Kommt nur!« rief Bapi. »Hier ist es sicher!«

Fünfundzwanzig Fischer lagerten an diesem trostlosen Fleck und warteten darauf, daß der Vertragshändler kam und ihren Fang abholte. Sie waren alle mit großen Gewehren bewaffnet, die sie lässig über der Schulter trugen. Sie sagten, wir hätten Glück, daß wir auf dieses Lager gestoßen seien, denn es gäbe viele Dacoits in der Gegend.

»Uns haben sie auch erst für Banditen gehalten«, sagte Bapi. »Sie konnten nicht begreifen, was wir hier machen, also habe ich ihnen gesagt, daß Maria Schriftstellerin ist und daß sie sich besonders für Hindustani-Fischer interessiert.«

Fünfundzwanzig Augenpaare schauten zu, wie wir das Boot ausluden und unser Zelt aufbauten. Als ich Dags Kamerastativ aus dem Kajak holte, verengten sich die Augen.

»Sie fragen, ob das ein Gewehr ist«, sagte Bapi. »Ich sage ihnen: Was glaubt ihr denn? Die Leute sind gut vorbereitet.«

Wahrscheinlich kam es ihnen ein bißchen komisch vor, daß sich die Schriftstellerin mit dem besonderen Interesse für Hindustani-Fischer einfach in ihr Zelt verkroch, ohne auch nur eine einzige Frage zu stellen. Aber ich war sogar zum Essen zu müde.

Als ich am nächsten Morgen um sechs die Zelttür aufzog, waren die fünfundzwanzig Augenpaare immer noch auf mich gerichtet. Die meisten Fischer lagen unter der Zeltplane, in schmutzige Decken gehüllt und das Gewehr an der Seite. Ein paar von ihnen waren schon auf, saßen am Feuer und ließen ein Chillum herumgehen. Ich entfernte mich vom Lager, auf der Suche nach einem Plätzchen, wo ich mich ungestört waschen konnte. Aber der Fluß war so schmierig und stank so gräßlich nach verwestem Fisch, daß ich auf meine Morgenwäsche verzichtete. Ich fühlte mich entsetzlich. Meine Haare, meine Haut und meine Nägel waren schmutzig, ich hatte Pilzinfektionen an verschiedenen Körperstellen, und meine paar Klamotten, die ich inzwischen nicht mehr sehen konnte, brauchten dringend eine Wäsche. Ich hatte die Nacht in einem finsteren Niemandsland voller Banditen verbracht, und zu allem Übel wurde ich in zwei Tagen auch noch vierzig. Düster kehrte ich zum Zelt zurück.

Bapi saß draußen und tat sein Bestes, um mich aufzuheitern. »Maria«, sagte er in dem respektvollen Ton, den er sich mir gegenüber zugelegt hatte, seit er mein Alter wußte, »für eine so alte Frau, wie du es bist, ist es eine große Leistung, auf eine solche Reise zu gehen.«

»Ja, genau, du kannst stolz sein«, meinte Dag, »du bist bestimmt die erste Frau, die ihren vierzigsten Geburtstag in einem Kajak auf dem Ganges feiert!« Das war kein großer Trost. Wir paddelten weiter, und in den nächsten paar Stunden merkte ich kaum, was um mich herum vor sich ging. Ein goldener Schimmer breitete sich über der Ebene aus, der Himmel färbte sich langsam blau, und ein paar Geier stritten sich um eine angeschwemmte Leiche. Aber ich war weit weg in London, wo ich mir die Haare waschen und schneiden ließ und eine Menge Geld für Klamotten ausgab. Dann spazierte ich in der blassen Wintersonne zum Covent-Garden-Restaurant, wo ein langes, gemütliches und vor allen Dingen zivilisiertes Geburtstagsessen auf mich wartete.

»*Ana! Ana!* Komm! Komm!«

Die Rufe rissen mich aus meinen Träumen, als ich gerade die Weinkarte studieren wollte.

»*Ana!*«

Wir hatten den linken Wasserlauf um eine große Sandinsel herum genommen und paddelten nun nahe am gegenüberliegenden Ufer entlang. Der Mann, der zu uns herüberbrüllte, stand ungefähr hundert Meter weit von uns entfernt am Strand der Insel und fuchtelte mit einem Gewehr herum. Wir spürten, daß das kein freundlicher Bauer war, der nur ein bißchen mit uns reden wollte. Ohne ein Wort zu verlieren, fingen wir zu paddeln an, bis das Wasser von den Paddelblättern spritzte.

»*Ana!*« brüllte der Mann. »*Ana!*«

Er hob das Gewehr und zielte auf uns.

»Los, Tempo!« bellte Dag, und ich paddelte, als ob es um mein Leben ginge, was ja vielleicht auch der Fall war. Der Mann fing an zu laufen, brüllte und stieß das Gewehr in die Luft. Am Ende der Sandinsel gab er die Verfolgung auf, aber wir paddelten wie verrückt weiter, bis wir einen Tempel am Ufer sahen und eine rote Flagge, die an einem Pfosten flatterte. Als wir das Boot an Land zogen, zitterte ich am ganzen Körper.

»Ich bin ziemlich sicher, daß wir außer präziser Schußweite waren«, sagte Dag, »aber hoffentlich ist Bapi nichts passiert.«

Zehn Minuten später sahen wir Bapis Paddel im Sonnenlicht blitzen. »Hat euch dieser verfluchte Irre auch gejagt?« rief er, als sein Kanu am Ufer auflief.

Ein Sadhu mit einer riesigen Digital-Armbanduhr war vom Tempel heruntergekommen, um uns zu begrüßen, und jetzt überschüttete er Bapi mit einem Wortschwall in Hindi. Bapi hörte mit ernster Miene zu, wiegte den Kopf hin und her und machte »Acchha, acchha!«

»Er sagt, wir dürfen nicht auf dem Fluß weiterreisen. Es ist sehr gefährlich zwischen hier und Allahabad, die Dacoits haben Gewehre und Handgranaten. Er sagt, hier bei diesem Tempel ist es nicht sicher für uns, aber ein bißchen weiter flußabwärts gibt es ein Haus, wo wir übernachten können.«

Dilip Sexenas Haus stand auf dem Hochufer über dem Ganges. Es war ein altes Gebäude aus der Kolonialzeit, das früher einmal der britischen Armee gehört hatte und jetzt inmitten von staubverkrusteten, windgepeitschten Gärten vor sich hinrottete. Die Räume waren kühl und schattig, mit Jalousien vor den Fenstern, dicken Steinwänden, gefliesten Fußböden und einer seltsamen Mischung von indischen und englischen Einrichtungsgegenständen. Dilip zeigte kein großes Interesse an uns, aber er war freundlich und höflich, bot uns eine Unterkunft für die Nacht an, und wenn wir wollten, würde er uns sogar mit dem Ponywagen zur nächsten Bushaltestelle bringen. Kurze Zeit später saßen Dag, Bapi und ich auf einem Charpoi in der Sonne und diskutierten, was wir tun sollten. Die beiden Männer waren dafür, daß wir mit dem Bus nach Allahabad fahren sollten. Ich dagegen wollte unbedingt auf dem Fluß bleiben, was mich selber überraschte. Aber ich fühlte mich inzwischen mit »Mutter Ganga« verbunden, so als ob ich ihr ein Versprechen gegeben hätte, das ich unter keinen Umständen brechen durfte. Trotz aller Härten und jetzt auch noch Gefahren gab mir der Fluß ein Gefühl von Erfülltheit und Frieden, das ich nicht mehr missen wollte.

»Wir müssen weitermachen«, sagte ich. »Wir sind auf einer Pilgerfahrt, auf einem heiligen Fluß.«

Dag verdrehte die Augen. »Sag das den Dacoits, wenn sie auf dich schießen.«

»Wir bleiben ganz dicht bei Bapi«, beharrte ich, »und wir richten es so ein, daß wir schon am frühen Nachmittag vom Fluß runter und in irgendeinem Dorf sind.«

»Und wenn wir kein Dorf finden, Maria?« sagte Bapi. »Wirklich, ich will nicht, daß wir in dieser Gegend alleine zelten. Es werden so viele schreckliche Geschichten erzählt.«

»Auf der Straße sind es ungefähr zweihundert Kilometer von hier bis Allahabad«, fügte Dag hinzu, »und auf dem Fluß zweimal oder dreimal soviel. Wenn wir nur morgens paddeln, brauchen wir eine ganze Woche für die Strecke, und dann kommen wir nie bis zum zweiten März nach Varanasi.«

Ich war überstimmt: Wir würden mit dem Bus nach Allahabad fahren. Dag und Bapi nahmen unseren Kajak auseinander, und ich zog beleidigt ab, um mich zu waschen. Dilips Frau brachte einen Eimer warmes Wasser in einen Raum über dem Hof. In einer Ecke war ein kleiner Abfluß, und in der anderen eine mit Stroh gefüllte Krippe. Während ich mich gründlich abschrubbte, wartete eine Kuh mit einem roten Schal um den Hals draußen vor der Tür und muhte kläglich – es paßte ihr nicht, daß ich ihre Mahlzeit unterbrochen hatte.

Als ob die Reise für ihn praktisch schon zu Ende sei, wurde Bapi am Abend nostalgisch und schwelgte in unseren gemeinsamen Erinnerungen. »In Gessapur wollten ein paar von den Leuten zuerst nicht, daß wir dableiben«, sagte er.

Dag und ich schauten uns entsetzt an. »Wirklich, Bapi? Warum?«

»Sie sagten, sie wollten es nicht, weil ihr Ausländer seid und außerdem so ungepflegt.«

Ich dachte an die Frauen, die mich aus meinen schmuddeligen, staubigen Kleidern geschält hatten, und ich starb fast vor Scham. »Warum hast du uns das nicht gleich gesagt?«

»Wozu? Es hat sich ja alles geklärt.«

Ich dachte einen Augenblick nach. »Was hast du uns sonst noch alles *nicht* gesagt, Bapi?«

»Ach, dies und das«, sagte er. »Die Leute haben mir immer gesagt, zu welcher Kaste sie gehören, und sie wollten eure wissen.«

»Warum hast du das nicht übersetzt?«

»Weil das Kastensystem schlecht ist. Ich wollte nicht darüber sprechen, es war mir so peinlich.«

»Na und?« fauchte ich ihn an. »Du sollst gefälligst übersetzen, und nicht zensieren, was gesagt wird!«

»Maria, das ist unfair!« mischte Dag sich ein. »Du hast keine Ahnung, wie schwer das Übersetzen manchmal ist, weil du selber keine Fremdsprache sprichst. Bapi hat seine Sache gut gemacht, das mußt du zugeben.«

»Wirklich, Maria«, sagte Bapi mit tief gekränkter Miene, »ich habe mein Bestes getan. Ich habe euch erzählt, was nützlich für euch war.«

Insgeheim tat Bapi mir leid, aber andererseits war ich immer noch sauer auf die beiden, weil sie mich überstimmt hatten, und so ging ich schlafen, ohne mich zu entschuldigen.

Ausnahmsweise war Bapi am nächsten Morgen als erster auf.

»Du hast ihn gekränkt«, sagte Dag, als wir aus dem dunklen Zimmer in die warme Sonne traten.

Dilips Diener, ein alter Mann mit O-Beinen, huschte um uns herum, brachte Chai und Kekse und schaute dann ehrfürchtig zu, wie ich meine Kontaktlinsen einsetzte. Auf ihn mußte das wie eine westliche Form von Puja wirken, dachte ich, als ich die Flaschen mit der Reinigungslösung aufstellte und meine Hände in einer kleinen Wasserschüssel wusch.

»*Bapi kahan hai?*« fragte ich ihn. »Wo ist Bapi?«

Er zeigte zum Fluß hinunter. »Fluß«, sagte er.

»Komm, wir gehen ihm nach«, sagte ich zu Dag. Er packte seine gelbe Kamerabox und folgte mir zum Ufer hinunter.

Am Fluß war ein kleiner, ungefähr fünfzehn Meter langer Sandstrand. An einem Ende saß ein Pujari neben einem Tablett mit Opfergaben; er verkaufte sie an die Leute, die zur Morgenandacht aus dem nächsten Dorf kamen. Am anderen Ende stand Bapi und starrte reglos in den Fluß. Ich ging zu ihm hinüber und wollte ihn gerade am Arm fassen und mich entschuldigen, als ich sah, was er da anstarrte. Am Wasserrand lag die Leiche eines kleinen Mädchens, das höchstens fünf Jahre alt gewesen sein konnte. Ihre schwarzen, schulterlangen Haare waren schlammverkrustet. Sie lag auf dem Rücken, einen Arm über das Gesicht geworfen, als wollte sie ihre Augen vor der Sonne schützen oder vor dem Horror, dem sie hilflos ausgeliefert war. Ein Hund kaute an ihrem Bein herum; er hatte bereits ihren Fuß verspeist und war mittlerweile bei der Wade angelangt. Ich erstarrte, und die Geräusche des sonnigen Morgens waren plötzlich scharf und schrill – die katzenhaften Schreie der Pfauen, das Zwitschern der Sperlinge, das Reißen von Fleisch, das Knirschen der Knochen. Unter heftigem Kopfschütteln zerrte der Hund das Mädchen herum, und sie landete mit einem dumpfen Schlag im Sand. Ich drehte mich um und drückte die Hände auf die Ohren, aber die Szene prägte sich unauslöschlich in mein Gedächtnis ein.

»Sie wurde letzte Nacht in den Fluß geworfen«, sagte Bapi ruhig. »Der Pujari hat sie herausgezogen.«

»Warum hat er sie nicht drin gelassen?« flüsterte ich.

»Der Fluß ist hier so niedrig und langsam, sie würde den Ort verseuchen, wo die Leute baden. Wirklich, es ist besser, wenn die Hunde sie bekommen.«

Es war ein unheilvoller Tagesbeginn, und durch die achtstündige Busfahrt wurde meine Laune auch nicht besser. Der Bus raste im Affentempo durch kleine Städtchen und kurvte wild nach rechts und links, um den Kühen und entgegenkommenden Fahrzeugen auszuweichen. In der ersten halben Stunde fuhren wir an den rauchenden Überresten von zwei gräßlichen Unfällen vorbei, und ich fragte mich, ob es auf dem Fluß nicht doch sicherer gewesen wäre.

Zwei unerschrockene Dreiradfahrer brachten uns samt unserem Gepäck auf ihren knallbunt bemalten Fahrzeugen von der Bushaltestelle in ein Hotel namens »Tourist Bungalows« in der Altstadt von Allahabad. Wir saßen auf unseren beiden Säcken, während Bapi hinten auf dem anderen kleinen Fahrzeug kauerte und sich an seinem Boot festklammerte, das drei Meter hoch in die Luft ragte.

Als wir zum »Tourist Bungalow« kamen, stieß mich Dag in die Seite. »Schau, da drüben!« rief er und zeigte auf einen Mann und eine Frau, die die Straße entlanggingen. Sie waren blond, rot gekleidet und hatten Rucksäcke dabei – die ersten westlichen Touristen nach über einem Monat.

Es war der Abend vor meinem Geburtstag, und Dag wollte mich ganz groß zum Essen ausführen. Der Portier im »Tourist Bungalow« empfahl uns das »Tandoor Restaurant«. Auf dem Weg dorthin kamen wir an einer Reihe von Imbißständen mit rauhen Holzbänken vorbei, an denen die Einheimischen einfache Currys mit ofenfrischen Rotis verspeisten. Ich hätte lieber dort gegessen, aber Dag fand, daß ich etwas Besonderes verdiente. Im »Tandoor« saßen lauter wohlhabende Inder, die Männer in gutgeschnittenen Anzügen, die Frauen schmuckbehängt und in prächtigen Seidensaris. Seit Hardwar hatten wir nur vegetarisch gegessen, und das wollte ich auch bis zum Ende unserer »Pilgerfahrt« so beibehalten. Ich bestellte also nur ein bescheidenes Dhal-Gericht mit Erbsen, während Dag sich für ein Lamm-Curry entschied und Bapi für Huhn. Die Rotis wurden in durchbrochenen Silberkörbchen serviert, und wir stießen mit einem Guru-Bier auf meinen Geburtstag an.

»Wär das nicht ein Witz, wenn wir ausgerechnet in so einem stinkfeinen Laden krank werden würden?« meinte Dag.

»Du hättest es verdient«, flachste ich, »weil du Fleisch auf dem heiligen Fluß gegessen hast.«

Mitten in der Nacht wachte er stöhnend auf und hielt sich den Bauch. Und so lag ich frühmorgens an meinem vierzigsten Geburtstag im Bett und mußte hilflos mit anhören, wie Dag sich im Badezimmer nebenan die Seele aus dem Leib würgte.

In den nächsten vierundzwanzig Stunden bekam Dag hohes Fieber, und wenn er sich nicht im Badezimmer herumquälte, lief er im Zimmer auf und ab und keuchte vor Schmerzen. Es war klar, daß wir nicht so schnell von Allahabad wegkommen würden, und am Abend beschlossen wir, daß Bapi nach New Delhi zurückkehren sollte. Er mußte sich um irgendeine dringende Arbeit und um seine Familie kümmern, und Dag und ich wollten den letzten Teil unserer Reise auf dem Ganges allein erleben, ohne Bapi als Puffer. Aber wir wußten, daß wir ihn vermissen würden, und wir winkten ihm traurig nach, als ihn eine Rikscha vom »Tourist Bungalow« zur Bushaltestelle kutschierte.

Zwei Tage später brachen wir in aller Frühe auf und sahen nun bei weitem respektabler aus als bei unserer Ankunft. Ich hatte unsere Kleider im Hotel zum Waschen gegeben, und als wir sie zurückbekamen, fehlten mehrere Knöpfe, und unsere Socken und Thermo-Unterwäsche waren etliche Nummern größer als vorher, dafür aber makellos sauber.

Es gibt sieben heilige Flüsse in Indien, und bei Allahabad fließen drei von ihnen zusammen: der Ganges, der Jamuna und der Saraswati. Wir paddelten auf dem Jamuna zum *sangam*, dem Treffpunkt der drei Flüsse. Der Morgen war warm, und die Wasser des langsam fließenden Jamuna funkelten blaugrün im hellen Sonnenlicht. Hölzerne Pilgerboote kamen uns vom Sangam her entgegen, die nassen Kleider der Insassen lagen auf den Baldachinen zum Trocknen ausgebreitet.

Wir paddelten unter dem Fort von Akbar vorbei, einem wuchtigen Steinbau aus dem sechzehnten Jahrhundert. Hinter dem Fort, auf derselben Flußseite, erhoben sich hohe Sandhügel, die von der farbenprächtigen Menge, die darauf herumschwärmte, fast völlig verdeckt war. Lange Prozessionen wanden sich durch das Gewimmel, angeführt von Männern, die auf Trommeln einschlugen und mißtönende Flöten spielten oder gelbe und orangefarbene Fahnen hochhielten. Wären die Fahrräder und Tourenbusse nicht gewesen, die sich mühsam durch das Gedränge schoben, dann hätte man das Ganze für eine mittelalterliche Szene halten können. Alles strömte auf einen einzigen Punkt zu, wo Hunderte von Ständen am Ufer aufgebaut waren, das Wasser von Badenden wimmelte, ein ganzer Schwarm von Booten auf dem Fluß schaukelte und die Luft schwer vom vielen Weihrauch war. Wir legten unsere Paddel nieder und ließen uns einfach treiben – zu der Stelle, wo der klare Jamuna auf den schlammigen Ganges trifft und von ihm verschluckt wird. Man konnte den »Treffpunkt« tatsächlich sehen – wie eine Wellenlinie zwischen den beiden Flüssen. Wir drehten unser Boot so, daß es genau auf der Linie trieb. Ein paar Sekunden lang blieben wir in der Schwebe, mitten unter den Ringelblumengirlanden, die über das Wasser verstreut waren. Dann zog uns der Ganges zu sich heran, und eine Schar Delphine tauchte wie zum Willkommensgruß vor unserem Boot auf. Wir wendeten den Kajak und fuhren stromabwärts, und es war, als würden wir nach Hause kommen.

Am Rand des Dorfs Manaiya machten wir halt. Wir kochten Dhal auf unserem Kocher und betrachteten beim Essen, wie die Sonne in violettem Dunst hinter den leuchtend goldenen und grünen Weizenfeldern unterging. Grillen zirpten, Kröten quakten, Schakale heulten, und Fledermäuse raschelten in den Zweigen über uns. Musik und Gesang driftete vom Tempel herüber, wurde lauter und leiser, je nachdem, wie der Wind sich drehte. Ein Mann namens Dukhi, der tief bekümmert war, daß wir unser Essen selber kochen mußten, wollte uns unbedingt zu sich nach Hause mitnehmen. Manaiya hatte nur dreihundert Einwohner und kein fließendes Wasser, dafür aber war es mit Strom versorgt. Und so saßen wir in einem Lehmhaus mit Keramikdachziegeln, schauten einem in Australien stattfindenden Cricket-Match zwischen Indien und Pakistan zu und aßen süßen Reis mit Kokosnußchips und Rosinen dazu.

»Wir sind arm«, sagte Dukhi. »Ihr seid reich. Wir sind glücklich, daß ihr unser einfaches Essen mit uns teilt.«

Einmal flüsterte einer der Nachbarn mit Dukhi. »Er fragt, zu welcher Kaste ihr gehört«, übersetzte er.

»Zu welcher gehört ihr?« fragten wir zurück.

»Wir sind Sudras, die Kaste der Bootsleute.«

»Wir gehören auch zur Kaste der Bootsleute«, sagte Dag, und unsere Gastgeber strahlten.

Jemand hatte einen Draht mit einer Glühbirne vom nächsten Haus herübergespannt und auf einem Bambuspfahl neben unserem Zelt befestigt. Als wir schlafen gingen, fielen die grotesk verzerrten Schatten der unvermeidlichen Zuschauer auf unsere Zeltwände. Zuerst waren die Männer ganz still und lauschten auf die seltsamen Geräusche, die aus dem Zelt herausdrangen – auf- und zugezogene Reiß- und Klettverschlüsse, das Aufblasen der Luftmatratze, Nylongeraschel. Als wir dann im Schlafsack lagen, waren wir diejenigen, die lauschten, und plötzlich hörten wir, wie etwas Schweres zu uns herübergeschleppt wurde und Dukhi die Leute wegscheuchte.

»Mr. Dag!« rief er. »Haben Sie keine Angst. Ich bewache Sie.«

Und damit streckte er sich auf dem Charpoi aus, den er vom Haus herübergeschleppt hatte, und hielt uns die ganze Nacht mit seinem Schnarchen wach.

Im Morgengrauen kroch ich an ihm vorbei und ging zum Feld hinunter. Ich fand ein einsames Plätzchen, und von dort aus sah ich hinter einer leise im Wind wogenden Getreidereihe einen alten Mann vom Flußufer heraufkommen. Er hatte einen rosa Schal um seinen kahlen Kopf geschlungen und war in eine Decke gewickelt, hielt einen Stock und einen Wasserkanister in der Hand und betete laut, während er durch die Felder schritt. Die Schwemmebene hinter ihm war in bernsteinfarbenes Licht getaucht, und bronzefarbene Strahlen fächerten über den Himmel. Der Pfad führte den Mann ganz dicht an meinem Versteck vorbei. Sein Gemurmel verebbte allmählich, aber ich blieb, wo ich war, und starrte ihm nach. Ich wollte den Zauber dieses Augenblicks nicht zerstören, denn plötzlich wurde mir bewußt, daß unsere Zeit auf dem Ganges bald vorüber sein würde.

Von zahlreichen Nebenflüssen gespeist, war das Wasser jetzt tief und schnell, und es herrschte reger Betrieb auf dem Fluß. Kamelkarawanen trotteten am Ufer vorbei – sie transportierten den Sand, der mit Eimern aus dem Flußbett geschöpft wurde. Fischer stapften stromaufwärts und zogen ihre Boote an langen Seilen hinter sich her. Andere ruhten auf Bettrollen unter ihrem Baldachin, während sie die Netze im Wasser ausgelegt hatten. Wir paddelten an Elektrizitätsmasten vorbei, an festungsartigen Pumpwerken und neu gebauten Ghats mit Betonstufen, und ich sehnte mich allmählich nach der Einsamkeit und dem Gefühl der Zeitlosigkeit des oberen Flußabschnitts zurück.

Das auf einem Steilhang über der Schwemmebene liegende Dorf Laxagir hatte Backsteinhäuser mit Fernsehantennen auf den Ziegeldächern, und funkelnde Traktoren parkten auf den Feldwegen. Wir wurden eingeladen, die Nacht in Baba Ram Das' schmuddeligem kleinem Ashram zu verbringen. Baba Ram Das war ein fettleibiger, finster aussehender Typ mit verfilzten grauen Haaren, die ihm bis auf die Hüften hingen. Als wir durch ein rostiges Eisentor in den blätterübersäten Hof geführt wurden, lag er auf einem Charpoi unter der Veranda und ließ sich von einem jungen *sannyasin* die Füße massieren. Er stützte sich gnädig auf einen Ellbogen auf und sagte, daß wir bleiben könnten. Dann befahl er seinen Jüngern, Ordnung zu machen. Die Jünger nahmen das – oder uns – nicht sehr freundlich auf. Sie rannten herum, fegten den Boden, schrien die Kinder an, die am Tor herumlungerten, und warfen uns feindselige Blicke zu. Dann wurden wir in unser Nachtquartier geführt. Es hatte eine Tür aus Wellblech, auf dem Boden waren

Säcke ausgebreitet, in der Mitte stand ein Tisch, und ein Loch in der Backsteinwand stellte das Fenster dar. Ich schaute hinaus. Die Sonne war eine blasse, gelblichweiße Scheibe, die sich kaum von dem ebenso blassen Horizont abhob. Um fünf Uhr morgens plärrten Gebete und Gesänge aus den Lautsprechern neben unserer Zelle. Ich war gerade aus dem Bett gekrochen und erst halb angezogen, als die Tür aufflog, einer der schlechtgelaunten Sannyasins hereinstürmte und zwei Becher mit Tee auf den Tisch stellte. Ein kleines Mädchen aus dem Dorf kam zu mir herauf, starrte mich lange an und rubbelte dann mit einem angefeuchteten Finger auf den Falten auf meiner sonnenverbrannten Haut, die sie offensichtlich für Schmutz hielt. Ich nahm mir den Wink zu Herzen und überredete Dag, mit mir zum Fluß hinunterzugehen. Wir standen schon bis zu den Hüften im Wasser, als wir plötzlich ein Paar Hinterbacken entdeckten, die ganz in unserer Nähe schaukelten.

»Da ist uns einer aus Fatehgarh gefolgt«, frotzelte Dag.

Wir traten schleunigst den Rückzug an, wanderten zu einem der Chai-Stände im Dorf, setzten uns in die warme Morgensonne und schwatzten fröhlich mit den Dorfbewohnern, die sich um uns herum versammelten. Ein Polizist gesellte sich zu uns und deponierte sein Gewehr auf der Holzbank.

»Was ist in der gelben Tasche?« fragte er.

»Kameras«, sagte Dag.

»Zeigen Sie her.« Es war mehr ein Befehl als eine Bitte. Dag machte die Box auf, und die Leute, die ihn umringten, hielten vor Staunen die Luft an, als die Kamera mit den drei Objektiven zum Vorschein kam. Mir war diese Zurschaustellung unseres Reichtums entsetzlich peinlich, und das feindselige Gesicht des Polizisten gab mir den Rest. Plötzlich wollte ich nur noch weg von Laxagir – zurück zum Ganges, wo wir uns einfach in den Fluten treiben lassen konnten.

»Los, wir gehen, bevor das Pflaster hier zu heiß wird«, sagte ich zu Dag. Im Ashram packten wir hastig unsere Sachen zusammen. Während Dag und ein paar Sannaysins das Boot zum Wasser trugen, ging ich das restliche Gepäck durch. Als ich den Baba im Hof sah, stürzte ich hinaus, um ihm eine Spende für den Ashram zu geben. Ich war ungefähr drei Minuten von unserem Zimmer weg und kam gleichzeitig mit Dag zurück.

»Die Tür ist zu«, sagte ich.

»Ja, und?«

»Ich bin sicher, daß ich sie offengelassen habe.«

Wir sammelten unsere restlichen Sachen zusamen, und plötzlich entdeckte Dag ein Paar weiße Fußsohlen unter dem Bett. »Ein Kind!« rief er und zog einen kleinen, mageren Jungen in zerrissenen Shorts und T-Shirt hervor. »Was zum Teufel suchst du hier? Hau ab!«

Der Junge wollte schon hinausrennen, als der Polizist von vorher in der Tür auftauchte. Er stieß den ängstlich zusammengekrümmten Jungen in eine Ecke und bohrte ihm die Faust in die Brust.

»Was hast du da?« fragte er. »Zeig her!«

Erst jetzt sahen wir, daß der Junge etwas in seinen zitternden Armen hielt. »*Amrud, amrud*«, wimmerte er. »Guaven, Guaven.«

»Zeig her!« brüllte der Polizist, aber der Junge hielt das Bündel noch fester an seinen knochigen Körper gepreßt.

Wir hatten immer noch keinen Verdacht geschöpft, bis ihm der Polizist das Bündel aus den Armen riß und Dags Kamera aus den schmutzigen Lumpen zum Vorschein kam.

»Verdammt!« rief Dag und wirbelte zu der Kamerabox auf dem Tisch herum. Der Junge hatte sie sorgfältig wieder geschlossen, um die Spuren seines Diebstahls zu verwischen. Der Polizist fiel jetzt über ihn her und schlug ihn hart ins Gesicht. Dag versuchte dazwischenzugehen, aber da packte der Polizist den Kleinen an den Haaren und zwang ihn in die Knie. »Schlagen Sie ihn, Sir! Schlagen Sie ihn!«

Uns blieb nichts anderes übrig, als schleunigst zu verschwinden. Wir liefen zum Ufer hinunter, weg von den Schlägen und dem Geschrei und von dem finsteren Polizisten, dem wir beide nicht über den Weg trauten.

Der Fluß war jetzt fast einen halben Kilometer breit, und wir hatten den Wind im Rücken; er blähte unser Segel und schob uns zügig vor sich her. Die Uferdämme verwandelten sich in zackige Sandsteinklippen mit phantastischen Felsenpfeilern und steilen, von Menschenhand gehauenen Treppen, die im Zickzack zum Wasser abfielen. Fähren wurden über den Fluß gerudert, und die Passagiere winkten uns zu. Sie brüllten vor Lachen, als ein Windstoß mit voller Wucht auf unser Segel traf und den Kajak beinahe umwarf. So schnell wie an diesem Tag waren wir in den ganzen fünf Wochen nicht gewesen. Am späten Nachmittag kamen wir in Mirzapur an, einer Stadt, die buchstäblich in den Ganges hineinbrökkelte. Auf zweitausend Metern war das Ufer mit einst prächtigen Tempeln und Ashrams gesäumt, die jetzt traurig und feucht vor sich hin rotteten.

Wir machten an einem Ghat fest, und während Dag zu dem Ashram oben ging und nach einer Unterkunft für die Nacht fragte, blieb ich beim Kajak und versuchte den entsetzlichen Gestank zu ignorieren, der mir aus einem Abflußrohr in der Nähe entgegenschlug. Plötzlich kam Dag aus dem Ashram herausgerannt, verfolgt von einem grotesk geschminkten Irren, der ihn an den Schenkeln packte und seine Shorts herunterzureißen versuchte. Wir machten uns schnell davon, aber jeder neue Platz, an dem wir anhielten, war noch schlimmer als der letzte: ein Ghat, das über und über mit Schlamm und Exkrementen verschmiert war; ein verfallener Tempel, in dem es von Ratten wimmelte; Straßen, die noch schmutziger und bedrohlicher waren als das Flußufer. Als es Abend wurde, paddelten wir eineinhalb Kilometer weit an den Ausläufern der Stadt entlang. Ein Fischer warf seine Netze aus, und wir fuhren zu ihm hinüber, um ihn um Rat zu fragen. Er schaute auf, sah uns und wich mit angstverzerrtem Gesicht in den hintersten Winkel seines Boots zurück. »*Jana! Jana!*« rief er – »Geht weg!«

Kurze Zeit später sahen wir zu unserer großen Erleichterung ein Haus, von dem eine rote Fahne wehte. Wir legten am Landeplatz der Fähre an, wo eine Menge Leute auf die Überfahrt zum anderen Ufer warteten. Einer von ihnen rannte zum Haus hinauf und kam mit einem jungen, streng blickenden Brahmanen zurück.

»Wir suchen einen sicheren Platz für die Nacht«, erklärten wir ihm.

»Sie können hier nicht bleiben.«

»Dürfen wir den Baba fragen?«

»Das ist nicht möglich. Sie sind hier nicht willkommen. Sie müssen weggehen.«

Inzwischen war die Fähre angekommen, und die Leute kletterten an Bord. Der Fährmann, der wie ein anständiger Kerl aussah, rief uns zu: »*Tahum jao sakte ho mera goan!* – Ihr könnt in mein Dorf gehen!«

Wir schauten in die Richtung, in die er zeigte. Es waren zwar keine Häuser in Sicht, aber zwischen den Bäumen stieg Rauch auf, und ein schwacher Lichtschein schimmerte hervor. Wir dankten ihm, doch da beugte sich eine Frau so weit über die Reling herunter, daß sie fast mein Gesicht mit dem ihren berührte, und zischte: »Khatara! – Gefahr!«

Es war schon sechs Uhr und fast dunkel. Jetzt blieb nur noch eins: Wir mußten die Nacht auf dem Fluß verbringen und bis zum Morgen durchpaddeln.

Zum Glück hatten wir abnehmenden Mond, so daß wir in Dunkelheit gehüllt waren. Aus den Dörfern am Ufer hörten wir Husten, Singen, Trommeln, Babygeschrei. Lichter funkelten durch die Bäume, und manchmal zeichnete sich eine dunkle Gestalt am Ufer ab, die sich wahrscheinlich fragte, warum die Hunde so wütend bellten. Wie Diebe glitten wir durchs Wasser und redeten nur im Flüsterton miteinander. Unser lautloses Boot scheuchte Vögel auf, die direkt vor uns aus dem Wasser hochflatterten und uns ihrerseits erschreckten. Einmal hörten wir Gebetsgemurmel, dann wieder ging ein Mann am Ufer entlang und schleppte ein Boot flußaufwärts, direkt an uns vorbei, so daß wir es fast berühren konnten. Manchmal, wenn der Fluß sich an einer Sandinsel teilte, fanden wir uns in einem engen Kanal wieder, nur ein paar Meter von einem Lagerfeuer entfernt, an dem Fischer saßen und sich mit rauhen Stimmen unterhielten. Wir hatten Angst, daß sie uns womöglich für Dacoits halten und auf uns schießen würden, und glitten mit angehaltenem Atem und hochgezogenen Paddeln vorbei. Fast noch mehr fürchtete ich mich davor, im Dunkeln mit einer Leiche zusammenzuprallen. Wenn wir auf einer Sandbank aufliefen, was uns in der langen Nacht mehrmals passierte, stocherte ich vorsichtig mit meinem Paddel herum, bevor ich mich abstieß – in der Hoffnung, daß ich nicht auf einen Brustkasten oder ein Gesicht treffen würde.

Der Rücken schmerzte von der ständigen Anspannung, und wir waren allmählich so erschöpft, daß wir nicht mehr sagen konnten, ob die Delphine um uns herum wirklich waren oder nur eine Halluzination. Um vier Uhr waren wir mit den Nerven am Ende, wir froren, fühlten uns hundeelend und hatten die Nase gestrichen voll von diesem Fluß, vom Paddeln, von Indien. Eine halbe Stunde später tauchten die Lichter von Fort Chunar auf und schimmerten gespenstisch mehr als sechzig Meter über dem Fluß auf uns herab. Wir steuerten in eine Gegenströmung und warteten auf die Dämmerung, dann gingen wir auf einer Sandbank unter den wuchtigen Mauern des ehemaligen Forts an Land. In unsere Decken gehüllt, kauerten wir am Ufer. Ein einsamer Fischer stakte in seinem Boot vorbei – er sah so müde aus, wie wir uns fühlten, aber er grüßte uns freundlich. Er war wohl genauso froh wie wir, daß die Nacht vorüber war.

Varanasi, das Ziel unserer Reise, war jetzt knapp fünfzig Kilometer weit entfernt. Beim Frühstück aus Wasser und Rosinen unter der alten Festung schlug Dag vor, daß wir den letzten Teil der Strecke in einem Stück zurücklegen und unsere Reise bei Einbruch der Dunkelheit beenden sollten. Meine Gefühle waren zwiespältig. Einerseits war ich nach den fünf Wochen auf dem Ganges körperlich, geistig und seelisch völlig ausgelaugt; aber andererseits erschreckte mich der Gedanke, den Fluß zu verlassen. Seit so vielen Jahren wollte ich die heilige Stadt Varanasi sehen – und jetzt auf einmal wünschte ich mir, wir würden den Ort nie erreichen.

Lichtjahre entfernt

Zwei Stunden lang drifteten wir stromabwärts. Vor uns blähten sich die geflickten Segel der Fischerboote im Wind, und am linken Ufer flatterte ein ganzer Strauß roter Fahnen von einer Sandsteinklippe.

»Ich möchte nicht anhalten«, sagte Dag.

Der Strand unter den Flaggen leuchtete in allen Farben, als hätte sich ein ganzer Teppich von Schmetterlingen hier niedergelassen. Beim Näherkommen sahen wir ein schmales Ghat, auf dem sich die Leute bis in den Fluß hinunter drängten. Die Pilgerhütten auf dem Steilufer darüber waren mit leuchtendbunten Stoffbahnen behängt, und in den Körben der Blumenverkäufer türmten sich rote und orangefarbene Blüten. Die Flaggen hingen an einem gelben Tempel ganz oben auf dem Steilhang, und lehmfarbene Häuser schmiegten sich in seinen Schutz.

»Komm, das schauen wir uns an«, bettelte ich.

»Nein, nicht noch ein Dorf«, murrte Dag. »Keine Fragen, kein Gegaffe mehr. Mir reicht's bis hier!«

»Bloß ganz kurz«, drängte ich. »Du kannst ja im Boot bleiben, und ich hole uns ein bißchen Chai und ein paar *samosas.*«

Bei dem Gedanken an heißen Tee und warmes Essen wurde Dag schwach; er drehte das Steuer herum, und wir paddelten etwas abseits vom Ghat an den Strand. Als ich aus dem Boot sprang, kam ein winziger junger Mann zu mir herübergerannt. »Was wollen Sie?« schrie er. »Wie kann ich Ihnen helfen?«

»Ich will nur was zum Essen kaufen«, sagte ich.

»Kommen Sie mit mir! Ich bin Sudraj! Das Dorf heißt Sultanpur! Wie ist Ihr Name? Maureeya? Schöner Name. Kommen Sie!«

Ich folgte ihm die Treppen hinauf in eine enge, gewundene Lehmziegelgasse. Roter Staub tanzte im Sonnenlicht, das zwischen den Häusern hereinsickerte. Langohrige Ziegen wanderten umher, Frauen mit Körben voll dampfenden Dungs auf den Köpfen schritten vorbei, Pilger gingen singend zum Fluß. Händler riefen mir fröhliche Grußworte von ihren Ständen aus zu, an denen rotes und gelbes *sindoor*-Pulver für die *tikas* zu vollendeten kleinen Pyramiden aufgehäuft war.

»Hier, Maureeya!« schrie Sudraj. »Chai! Chai!«

Der Besitzer des Chai-Stands hockte auf seinem Adobe-Ofen, briet Pakora über dem offenen Feuer und schlug nach den Fliegen. Er hatte einen Stiernacken, grimmig heruntergezogene, betelbefleckte Mundwinkel und wilde, hervorquellende Augen. Unwirsch drückte er mir einen Becher Tee in die Hand, dann wickelte er mehrere Pakoras in Bananenblätter für mich ein. Als ich bezahlen wollte, winkte er ab.

»Er sagt, das ist ein Geschenk«, erklärte Sudraj.

Am Flußufer war Dag mittlerweile von Männern umringt, die es gar nicht fassen konnten, daß wir den ganzen Weg von Hardwar auf dem Fluß zurückgelegt hatten und letzte Nacht von Mirzapur aus durchgepaddelt waren.

»Du mußt dir unbedingt das Dorf anschauen. Ich bleibe so lange hier«, drängte ich Dag.

Er kam völlig begeistert wieder. »Ich nehme alles zurück«, sagte er.

Wir fragten die Männer, ob wir in Sultanpur irgendwo übernachten könnten.

»Acchha! Acchha!« schrien sie entzückt und zeigten auf die roten und gelben Flaggen, die vor dem tiefblauen Himmel flatterten.

Ich dachte an meine katholische Vergangenheit und fragte mich, wie ich wohl reagiert hätte, wenn bei uns ein paar abgerissene Fremde im Vorhof der Kirche kampiert hätten. Ich weiß nicht, ob ich so großzügig gewesen wäre wie die Pilger, die gekommen waren, um die Göttin Sitala anzubeten, und unseren Kajak und unser Zelt in einer Ecke des Tempelhofs fanden. Den ganzen Tag defilierten Leute vorbei, beladen mit Opfergaben. Sie läuteten ein Messingglöckchen, das an der Tür des Schreins hing, um der Göttin ihre Anwesenheit kundzutun, und sie führten geweihte Süßigkeiten an Sitalas Mund, legten Geld vor ihre Füße, bekränzten sie mit Blumengirlanden und besprenkelten sie mit Kokosnußmilch. Die Kinder vergnügten sich währenddessen im Hof, spielten »Schlange«, indem sie sich auf den staubigen Steinplatten wanden, oder jagten sich pausenlos um unser Zelt herum. Während der Mittagsandacht ging es ziemlich hektisch zu. Glocken wurden lautstarkt geläutet, und die Leute schoben und drängten sich im Hof, um so nahe wie möglich an den Schrein heranzukommen. Die Pujaris schwenkten Lichter und Weihrauch um Sitalas vergoldetes Gesicht herum, und als einer von ihnen eine Schale mit brennendem Kampfer hochhielt, gab es ein fürchterliches Gedränge, weil alle die Hand ausstreckten, um in die reinigende Flamme zu fassen. Der nächste Aufruhr entstand, als ein anderer Pujari ein Prasad mit geweihten Süßigkeiten austeilte. Und mitten in all der Hektik schlenderte seelenruhig die Tempelziege herum, fraß heruntergefallene Süßigkeiten auf und beknabberte die Ringelblumengirlanden, wenn die Leute nicht hinschauten.

Die Ziege war eigentlich ein Ziegenbock – ein großes, bärtiges Tier mit einem Mal aus Sandelholzpaste auf der Stirn. Die Pilger verwöhnten ihn schamlos, sie fütterten ihn ehrfürchtig mit Kokosnuß, Süßigkeiten und Blumen. Unsere Gegenwart verstimmte ihn zutiefst. Sobald wir den Kajak abgesetzt hatten, knabberte er wütend am Bug herum, der, wie wir später herausfanden, in seine Lieblingsschlafecke hineinragte. Und um seinen Abscheu vor unserem Zelt kundzutun, rammte er mehrfach seinen Kopf dagegen und verzierte den Eingang mit einer großzügigen Ladung Kotkügelchen.

Als die Mittagsandacht zu Ende war und allmählich Ruhe einkehrte, lehnte ich mich an die Wand des kleinen Hofs und schaute auf die Gangesebene hinaus. Es war ein seltsames Gefühl, das Land, das wir wochenlang auf dem Fluß bereist hatten, plötzlich aus der Vogelperspektive zu sehen. Wasser und Sand gingen ineinander über, grau auf weiß, und bildeten eine leere Landschaft, die vor Leben brodelte. Ich dachte an all die Widersprüche: an die Monsunregen, die Häuser wegfegten und fruchtbare Böden anschwemmten; an die hinreißende Schönheit noch der ärmsten Dörfer, an die verwesenden Leichen in einem Fluß, dem körperliche und geistige Reinigungskräfte nachgesagt werden. Plötzlich fiel mir der Beamte im Ministerium in Neu-Delhi ein, der uns für verrückt erklärt hatte, als wir ihm von unseren Reiseplänen erzählten. Ich war froh, daß wir nicht auf ihn gehört hatten. Es war eine Reise, die mich völlig umgekrempelt hatte, die alle meine Werte in Frage stellte, so daß ich mir ernsthaft überlegte, wie und warum ich in die sichere, komfortable Welt zurückkehren sollte, in der ich so lange und so selbstgefällig gelebt hatte und die so blaß und zahm war im Vergleich zu dieser hier.

Sudraj riß mich aus meinen Grübeleien. »Maureeya, ich sehe, Sie tragen unsere traditionelle Kleidung!« rief er und musterte die lange Bluse und die weite Hose, die ich in Allahabad gekauft und im Zelt angezogen hatte. »Ihr Mann muß einen Dhoti tragen! Er schaut in den Spiegel, und seine Selbstachtung ist sofort wiederhergestellt! Der Dhoti steht einem großen Mann wie ihm! Sogar ich, ein Zwerg, bin so glücklich, wenn ich mich im Dhoti sehe.«

Er führte uns in den kleinen, düsteren Laden einer seiner Freunde, wo er ein Stück feinen weißen Baumwollstoff aussuchte und Dag zeigte, wie er ihn um die Hüfte wickeln und zwischen den Beinen durchschlingen mußte.

»Mr. Dag und Maureeya, jetzt sind Sie ein schönes Paar!« verkündete er. »Und bitte sagen Sie mir: Ist Ihre Ehe eine Liebesehe?«

Wir verbrachten den größten Teil des Nachmittags in Tilaks Chai-Laden. Der Besitzer hockte auf seinem Ofen und behielt uns scharf im Auge, damit er im Bedarfsfall sofort unsere Tassen und Bananenblatt-Teller auffüllen konnte. »Eßt! Eßt!« schrie er dann und stand mit funkelnden Augen über uns, bis wir ein Urteil über das Essen abgaben. Als wir darauf bestanden, für alles zu bezahlen, nahm er das Geld unwillig knurrend an.

Eine Reihe von sehr unterschiedlichen Kunden gesellte sich zu uns. Als erstes kamen drei Sadhus herein, die den gerahmten Hindu-Göttern an den Wänden ihre Ehre erwiesen, indem sie sie mit Girlanden behängten und mit Gangeswasser besprenkelten. Dann setzten sie sich auf die lange Holzbank unter den Bildern, ließen sich von Tilak Essen und Trinken vorsetzen und widmeten sich dem ernsten Geschäft des Ganja-Rauchens. Als nächstes kam ein zahnloser alter Mann aus dem Dorf, gefolgt von einem Bauern aus der Gegend, der zwei Eimer Milch an einer Planke über der Schulter trug. Und schließlich tauchte noch ein liebenswerter junger Mann namens Pradip auf. Er war westlich gekleidet, sagte, er käme aus Varanasi, und sei der Breakdance-Champion von Indien.

»Michael Jackson ist mein Guru«, vertraute er mir an. »Er hat Operation gehabt, die hat ihn weiß gemacht. Sehr schön jetzt.«

Dag versuchte eine Unterhaltung in Hindi mit dem alten Mann und dem Milchbauern anzufangen. »*Janver doktar*«, sagte er. »Tierdoktor.«

Der Milchbauer wackelte aufgeregt mit dem Kopf hin und her, während der alte Mann an Dags Dhoti herumzupfte und »*Kitna? Kitna?*« fragte. »Wieviel?«

»*Ek sau rupees*«, sagte Dag. »Einhundert Rupien.« Diese Information setzte dem Gespräch vorerst ein Ende. Tilak kletterte von seinem Ofen herunter, die Sadhus legten ihre Chillums beiseite, und alle scharten sich um Dag, um seinen Dhoti in Augenschein zu nehmen. »*Bahut mehenga!* – Zuviel!« schrie der alte Mann und stürzte aus dem Chai-Laden hinaus.

Tilak stieg wieder auf seinen Hochsitz und machte ein tief bekümmertes Gesicht. Wahrscheinlich ahnte er schon, was für ein Sturm nun losbrechen würde. »Ihr Mann ist betrogen worden«, erklärte Pradip gelangweilt. »Das ist ein Bauern-Dhoti, nicht mehr als fünfzig Rupien wert.«

Als der alte Mann mit Sudraj im Schlepptau wieder auftauchte, sprangen alle auf, und es gab einen fürchterlichen Aufruhr. Einer der Sadhus versicherte, daß Sudraj ein ehrlicher Mann sei, ein anderer beschuldigte ihn, daß er mit dem Dhoti-Verkäufer unter einer Decke steckte. Der alte Mann fuchtelte mit seinem Stock vor Sudrajs Gesicht herum, Sudraj blökte flehend: »Mr. Dag, Mauree-ya, ich kein Betrüger-Mann«, die Sadhus gerieten sich in die Haare, der Milchbauer versuchte sie zu beschwichtigen, und Tilak hockte auf der Theke, kratzte sich den Bauch und gab den Passanten das »Dicke-Luft«-Zeichen, indem er seinen Mittelfinger über den Zeigefinger legte. Nach einer halben Stunde schlich Sudraj aus dem Laden, ohne daß es zu einer wie auch immer gearteten Entscheidung gekommen wäre, und die anderen beruhigten sich wieder.

»Es ist geeinigt«, sagte Pradip.

»Was ist geeinigt?« fragten wir.

»Das Problem ist vorbei«, beharrte er und wedelte mit der Hand herum, als ob er einen üblen Geruch vertreiben wollte. »Und jetzt sagen Sie mir bitte, ist es wahr, wie ich im Fernsehen sehe, daß in Amerika manche Leute sich zu Tode hungern und manche sich zu Tode essen?«

»Ja, das stimmt«, sagte ich.

»Und dieser Milchbauer möchte wissen, ob es wahr ist, daß die Leute in Amerika Kühe essen?«

»Ich fürchte, ja.«

Er gab die Information an den Milchbauern weiter, der entsetzt den Kopf schüttelte.

Nach der Abendandacht stellte Dag unseren Kocher in den Hof und bereitete ein Dhal zu. Die Dorfbewohner, die sich um uns versammelt hatten, waren zunächst erleichtert, daß wir kein Fleisch aßen wie unsere Freunde in Amerika, aber dann mußten sie zu ihrem Entsetzen feststellen, daß Dag die Arbeit machte, während seine Frau sich ausruhte. Dag genoß es sichtlich, im Mittelpunkt zu stehen, und zog eine Riesenshow ab; er gab den Männern Kochunterricht und verriet ihnen sein Geheimrezept, nämlich die Linsen mit einer Prise Zucker zu würzen. Wir waren jetzt seit über vierzig Stunden wach, und sobald wir gegessen hatten, ging ich schnurstracks ins Bett. Als ich in meinem Schlafsack lag, zog ich das Zeltfenster auf. Durch das Fliegengitter konnte ich unseren Kajak sehen; der Ziegenbock kauerte davor und rieb seinen Kopf am Bug. Ein paar Musiker hatten sich zu Dag auf die Tempelstufen gesellt. Sie spielten eintönige Rhythmen auf rabla, Harmonium und Tamburin und sangen langsame, traurige Lieder dazu. Ich driftete in den Schlaf, aber nicht für lange. Ein greller Lichtstrahl fiel mir direkt ins Gesicht, dann wanderte er im Zelt herum. Ich beschirmte meine Augen und schaute hinaus: Tilak kauerte vor der Zelttür, und vier oder fünf Männer beugten sich herunter, um über seine Schulter zu mir hereinzuspähen.

»Englisch«, sagte einer von ihnen. »Plastik.«

Tilak grinste mich an, und wieder schien mir das Licht ins Gesicht.

»*Nind!*« sagte ich energisch. »Schlafen!«, und um jedes Mißverständnis auszuräumen, zog ich das Zeltfenster zu.

Die Männer berieten sich kurz und gingen weg, aber ein paar Minuten später hörte ich Schritte näher kommen, und das Zelt fing heftig zu wackeln an. »Maureeya? Maureeya?«

»Sudraj«, zischte ich. »Bitte geh weg, ich bin sehr müde.« Wieder leuchtete eine Taschenlampe durch die Nylonwände. »Maureeya! Hallo! Komm! Musik! Tabla!«

So ging es weiter – Schritte, Schütteln, Taschenlampe, beschwörende Stimmen, bis ich in meiner Verzweiflung eine Schlaftablette nahm und endlich einschlief.

Um vier Uhr erhob sich der Ziegenbock und pißte gegen die Zeltwand. Dann fegte jemand geräuschvoll den Hof, ganz besonders um unser Zelt herum. Das Klappern, Quietschen und Murmeln, das als nächstes an der Reihe war, kam von den Leuten, die ihre *chembus* an der Tempelpumpe mit Wasser füllten, bevor sie zu den Toilettenbezirken am Fluß gingen. Dann fiel ich in einen tiefen, festen Schlaf – bis um sehchs Uhr, als die Glocken loslegten und mit ohrenbetäubendem Geschepper den Beginn der Morgenandacht verkündeten.

Mittlerweile hatte es sich herumgesprochen, daß Dag medizinisches Wissen besaß, und in den nächsten drei Tagen verwandelten sich die Tempelstufen in eine Dorfklinik. Dag behandelte Verbrennungen und Geschwüre und verwendete fast alle unsere Medikamente, um Beschwerden zu lindern, die er zweifelsfrei diagnostizieren konnte.

Am letzten Nachmittag tauchte eine Hochzeitsgesellschaft im Tempelhof auf. Wir boten ihnen an, unser Zelt anderswo aufzuschlagen, aber davon wollten sie nichts hören. Sackleinen wurde über die Steinplatten gebreitet, die Gäste setzten sich drauf, und die Zeremonie spielte sich um unser Zelt und unseren Kajak herum ab. Die Braut war vollständig in ein goldenes Tuch eingehüllt, so daß nicht einmal ihr Gesicht zu sehen war. Ein Pujari mit einem wilden Salvador-Dali-Schnauzbart führte das Brautpaar durch eine Reihe von Pujas. Kokosnüsse wurden aufgeschlagen, Reis verstreut, Sandelholzpaste auf die Stirn geschmiert, Weihrauch verbrannt. Der Bräutigam band ein Tuch an den Sari der Braut, schlang es sich über die Schulter und ging mehrmals um den Tempel herum, während die Braut laut weinend und von ihren weiblichen Verwandten gestützt hinter ihm herstolperte. Dann wurde das Paar zusammengebunden und zu dem heiligen Feuer in einer Ecke des Hofs geführt, um zu beten. Aber die Gäste verloren allmählich das Interesse an der Trauung. Ein paar von ihnen inspizierten unseren Kajak, andere hatten sich zu mir auf die Stufen gestellt und schauten zu, wie ich mir Notizen machte. Hunde lungerten herum, der Ziegenbock fraß sich durch das Sackleinen, und immer mehr Pilger, die zum Tempel kamen, mischten sich unter die Hochzeitsgesellschaft. Wir flüchteten vor der Nachmittagshitze auf einen Tee und einen Schwatz in Tilaks Laden. Als wir gingen, wurde die Braut in den Sitala-Schrein geführt, und der erschöpfte Bräutigam saß neben unserem Zelt, umringt von Frauen, die ihm Quarkbrocken ins Gesicht schmierten.

Ungefähr eine Stunde später drang lautes Geschrei und Geheul vom Tempel herüber. Wir sprangen erschrocken auf, aber Tilak sagte nur »*Aram, aram!* – Keine Sorge!« Er wedelte mit den Händen, um uns zu bedeuten, daß wir uns wieder hinsetzen sollten. Draußen raste ein Menschenknäuel mit einer goldenen Gestalt in der Mitte vorbei. Ein paar Hochzeitsgäste liefen hinterher und informierten Tilak im Vorbeigehen, was sich beim Tempel unten zugetragen hatte: Die Familie des Bräutigams hatte sich beschwert, daß die Mitgift der Braut zu klein war, und sie wollten noch viertausend Rupien zusätzlich haben. Als sie das Geld nicht bekamen, war es zum Streit gekommen, und Braut und Bräutigam wurden getrennt und von der jeweiligen Familie in die entgegengesetzte Richtung davongeschleppt. »So was kommt alle Tage vor«, meinte Tilak lässig, während er das Feuer im Ofen schürte. »Bis es dunkel wird, hat sich alles wieder eingerenkt.«

Am Abend wurden wir von einem hohlwangigen Mann namens Ramcharan, einem armen Brahmanen und Pujari, zum Essen eingeladen. Wir saßen mit überkreuzten Beinen an einem Holztisch in seinem Hof. Es war alles makellos sauber, und Ramcharan trug eine blendendweiße Kurta und weiße Hosen dazu. Der Spinat und das Kartoffel-Sabzi waren köstlich, aber das Dhal war ungewohnt süß – Dags »Geheimrezept« war offenbar nicht ohne Folgen geblieben ... Am Ende der Mahlzeit bekamen wir jeder eine Schale Büffelmilch vorgesetzt, zusammen mit einem Teller, auf dem ein Häufchen Zucker lag. Es gab keinen Löffel für den Zucker – wie üblich hatten wir mit den Händen gegessen. Ramcharan kam mir zu Hilfe: Er schaute mir in die Augen, nahm mit der rechten Hand ein bißchen Zucker auf und ließ ihn in meine Schale fallen. Dann steckte er seine Finger in die warme Milch und rührte damit herum, bis sich der Zucker aufgelöst hatte. Ich bedankte mich und hob die Schale an meine Lippen, während Dag neben mir plötzlich einen nicht ganz überzeugenden Hustenanfall bekam.

Weil Ramcharan Brahmane war, lag die Küche auf der Rückseite des Hauses, geschützt vor den unreinen Blicken von Besuchern niedrigerer Kasten. Ich hatte Ramcharans Frau nur einmal kurz gesehen, als sie um eine Tür herumspähte, das Gesicht von einem Sarizipfel bedeckt, aber nach dem Essen wurde ich zu ihr in die Küche geführt. Die Decke war aus Bambuslatten, und in einer Ecke führten Lehmstufen zu einem Dachboden hinauf, auf dem das Feuerholz gestapelt war. Bala Devi saß hinter einer niedrigen Mauer neben einem Adobe-Ofen und einer Sammlung von Messingtöpfen und -löffeln. Sie trug einen einfachen Baumwollsari, hatte vorstehende Zähne und ein betelbeflecktes Lächeln. Sie legte ein Stück Sackleinen für mich auf den Boden, holte eine Schale mit Öl und massierte mir die Füße und Waden. Die Plastikarmreifen an ihren Handgelenken klirrten, während sie kraftvoll meine Muskeln knetete. Es war eine Ehre, die normalerweise nur älteren Frauen zuteil wird. Aber mein hohes Alter und meine

Kinderlosigkeit waren mittlerweile längst Dorfgespräch, und bevor wir ihr Haus verließen, hielten Ramcharan und Bala Devi ein Puja vor der Statue der Göttin Sitala ab, die in einer Wandnische stand, und baten sie um einen Sohn für mich.

Nach vier Tagen mußten wir uns von Sultanpur losreißen. Es dauerte Stunden, bis wir uns von allen verabschiedet hatten. Tilak war unwirsch wie immer: »In Varanasi«, brüllte er, »kein Ganja – Gift! Kein Chai – Gift! Kein Guide – Räuber!«

Wir versicherten ihm, daß wir seinen Rat beherzigen würden, dankten ihm für seine Freundlichkeit und gingen zu unserem letzten Bad im Ganges auf die Ghats.

Eine Frau spritzte mich naß, als ich bis zu den Hüften im Wasser stand. Die Überreste der letzten Pujas schwammen um mich herum, und ein bißchen weiter stromaufwärts räusperte sich ein Mann und spuckte ins Wasser. Ohne eine Miene zu verziehen, schaute ich zu, wie der grüne Schleimklumpen vorbeifloß. Dann hielt ich mir die Nase zu und tauchte unter.

Wir saßen im Kajak, während Ramcharan ein letztes Puja mit uns zelebrierte. Er band neue Schnüre um unsere Handgelenke, rieb uns Sandelholzpaste auf die Stirn und besprenkelte uns mit Kokosnußmilch. Vor sechs Wochen hatte ich in Hardwar das gleiche Ritual mit kühler Distanz über mich ergehen lassen. Jetzt schaute ich unserem Bananenboot nach, das mit seinen hell brennenden Kampferflammen flußabwärts segelte, und ich dankte im stillen der heiligen Mutter Ganga, daß sie uns auf dieser Reise so gut beschützt hatte.

Ein Meer von leuchtend orangeroten Ringelblumenfeldern glitt an uns vorbei. Ein Labyrinth aus Ashrams, Tempeln und Palästen tauchte vor uns auf, dehnte sich über Meilen hinweg aus und verschwand dann im goldbraunen Dunst. Wir näherten uns Varanasi, der Stadt des Lichts, dem heiligsten Ort am Ganges – wer hier stirbt, wird aus dem ewigen Kreislauf der Wiedergeburt erlöst. Wir holten das Segel ein, legten die Paddel weg und ließen uns von der Strömung treiben. Die Ghats zogen sich endlos dahin: Ghats, auf denen Pujaris unter großen Sonnenschirmen saßen; Ghats, auf denen Badende sich in zum Wasser hin offenen Holzkabinen auskleideten, brennende Ghats, auf denen Büffel an fünfzehn Fuß hohen Holzstößen herumkauten und ein Scheiterhaufen neben dem anderen knisterte; überschwemmte Ghats, aus denen die Zwiebeltürme eingestürzter Tempel herausragten; Ghats, auf denen westliche Sannyasins badeten; Ghats, auf denen japanische Touristen standen und uns mit ihrer Videokamera filmten. Wir drifteten weiter und weiter, bis die Stein-Ghats von Lehmufern abgelöst wurden, die zu verfallenden, vier Stockwerke hohen Häusern hinaufführten, und mit engen, feuchten Gäßchen dazwischen. Kurz vor einer Eisenbahnbrücke gingen wir an Land, und bald waren wir von zwielichtigen Typen in zerlumpten Lungis und Hemden umringt, die gierig auf unser Boot und unser Gepack starrten. Wir nahmen das Prasad heraus, das wir von Sultanpur mitgebracht hatten – Süßigkeiten und Kokosnuß –, und reichten es herum. Sofort veränderte sich die Atmosphäre. Die Männer führten das Prasad an ihre Stirn, lächelten uns mit ihren schwarzen Zahnstummeln an und halfen Dag, das Boot auseinanderzunehmen.

Zwei Tage später, zurück in Neu-Delhi, packte ich in unserer Suite im Maurya Sheraton die Tasche mit den schmutzigen Kleidern und Decken aus. Feiner Sand, vermischt mit winzigen Glimmerplättchen, rieselte auf den dicken Teppich, und dann kullerten ein paar harte schwarze Kugeln heraus. Ich rief Dag herüber, und wir knieten nieder und betrachteten den Kot des heiligen Ziegenbocks. Plötzlich klopfte es an die Tür, und der Zimmerkellner kam herein, in der Hand ein Tablett mit einer silbernen Teekanne und zwei Porzellantassen. Vorsichtig ging er um uns herum. Als ich aufstand, um die Rechnung zu unterschreiben, gingen mir die verschiedensten Bilder durch den Kopf: Ich sah Tilak, wie er Chai auf seinem Adobe-Ofen braute, Bala Devi, wie sie Dung auf den Küchenboden schmierte, und Ramcharan, wie er durch die Gassen von Sultanpur zum Tempel ging – Lichtjahre entfernt.

Turbulenzen

»Wer sind denn die ganzen jungen Typen mit den Helmen und grünen Overalls?« fragte ich unschuldig.

Wir waren gerade erst von Indien nach Malawi gekommen, und ich war mit meinen Gedanken immer noch am Ganges, sonst hätte ich wahrscheinlich schneller kapiert, was die Knüppel und das flegelhafte Auftreten dieser Männer überall in den Straßen von Lilongwe zu bedeuten hatten.

Der Malawier, der uns in dem schmuddeligen Restaurant gegenübersaß, erstarrte. Eine halbe Stunde vorher hatte er uns einen Zettel zugesteckt, auf dem stand: »Bitte verzeihen Sie mir. Ich bin an US-Dollars interessiert. Können Sie mir helfen?« Er war ein kleiner Büroangestellter und ziemlich schäbig gekleidet. In sein kurzes, krauses Haar war ein Scheitel von der Stirn bis zum Hinterkopf einrasiert.

»Wenn Sie hier eine schöne Zeit verbringen wollen«, sagte er leise, »dann reden Sie nicht über Politik.«

Verwirrt beugten wir uns über die handgeschriebene Speisekarte. »*Nsima* mit Fleisch«, stand darauf, »*nsima* mit Hühnchen, *nsima* mit Fisch, *nsima* mit Kohl, *Storked Sandwich.*«

»Storked?« fragte ich.

»Mit Stork-Margarine«, erklärte unser neuer Freund.

Die Leute am nächsten Tisch aßen *nsima* mit Fleisch. Sie brachen kleine Stücke von dem teigähnlichen Maisbrei ab, kneteten sie zu kleinen Bällchen und tunkten damit das knorpelige Rindfleisch auf. Sie beobachteten uns die ganze Zeit, wichen aber beharrlich unserem Blick aus. Von der grüngestrichenen Wand lächelte Seine Exzellenz, der Präsident auf Lebenszeit Dr. Ngawazi Kamazu Banda, gütig herunter. Es hieß, der Diktator sei schon in den Neunzigern, obwohl es gesetzlich verboten war, in der Öffentlichkeit über sein Alter zu sprechen. Der Mann gegenüber fragte, was wir in Malawi machten, und wir sagten ihm, daß wir den Malawisee entlangpaddeln wollten.

»Was ist der Zweck Ihrer Reise?« fragte er.

»Ich möchte ein Buch schreiben«, verkündete ich fröhlich.

Ohne ein weiteres Wort glitt der Mann zur Tür hinaus und verschwand in der Dunkelheit einer Seitengasse. Die Leute am anderen Tisch hatten ihre Mahlzeit beendet und wuschen sich die Hände in einer Plastikschüssel, die der Kellner vor sie hingestellt hatte. Wir verzichteten auf das Essen und gingen.

»Ihr könnt froh sein, daß keine Spitzel im Restaurant waren«, sagte Reg Noble ein paar Tage später. Reg war der Mann, der Dag vor zwei Jahren von der atemberaubenden Schönheit des Malawisees vorgeschwärmt hatte. Wir waren von Lilongwe zu ihm nach Zomba gefahren, wo er an einem Entwicklungshilfeprojekt arbeitete. »Ausländische Journalisten haben Einreiseverbot«, fuhr er fort. »Ihr hättet verhaftet und abgeschoben werden können; und der Mann, der mit euch geredet hat, wäre wahrscheinlich im Gefängnis gelandet.«

Wir konnten mildernde Umstände für unsere Unwissenheit geltend machen, denn in den letzten acht Monaten hatten wir nicht viel vom Weltgeschehen mitbekommen. Außerdem sickerten ohnehin nur sehr wenige Informationen über Malawi nach außen. Als wir hierherkamen, wußten wir nicht mehr und nicht weniger über dieses kleine Land als andere Touristen auch: daß es im südlichen Teil des Ostafrikanischen Grabens liegt, daß der Malawisee der drittgrößte des Kontinents ist, daß Malawi ein vergleichsweise stabiles Land ist, in dem Recht und Ordnung herrschen. Von der Kehrseite der Medaille – brutale Menschenrechtsverletzungen, Mißachtung der Rede- und Pressefreiheit – wußten wir nichts. Und wir wußten auch nicht, daß die Typen in den grünen Overalls zu einem allgegenwärtigen System von Spitzeln, Informanden und paramilitärischen Truppen gehörten, mit dessen Hilfe die Opposition niedergehalten wurde.

»Die meisten Touristen, die hierherkommen, sehen nur die funktionierende Infrastruktur – die guten Straßen, die guten Busverbindungen, die neuen Fahrzeuge –, und dann denken sie, daß alles in Ordnung ist«, sagte Reg. »Dabei hat diese Infrastruktur nur einen Zweck: Geld zu bringen, das dann wieder aus dem Land fließt oder direkt in die Taschen des Präsidenten. Von den Krankenhäusern ohne Ärzte oder von den vielen politischen Gefangenen redet niemand.«

Wir saßen bei einem Drink auf der Veranda von Regs Bungalow hoch oben auf einem Hügel. Die Luft war unglaublich klar, so daß man weiter sehen konnte, als ich es je für möglich gehalten hätte. Rote Straßen zogen sich durch eine grüne Ebene und um die steilen Vulkanausläufer, die daraus hervorragten. Es sah alles so üppig und fruchtbar aus, aber das war leider ein Irrtum – auf dem Weg hierher waren wir an endlosen vertrockneten Maisfeldern vorbeigefahren. Der Regen war in diesem Jahr ausgeblieben, die Ernten waren verdorrt, und es drohte eine Hungersnot.

»Die politische Situation ist auch nicht anders«, sagte Reg. »An der Oberfläche sieht alles ganz ruhig und friedlich aus, aber darunter brodelt es.«

Wir waren mitten in einem politischen Unwetter hier angekommen. Die katholischen Bischöfe des Landes hatten einen Hirtenbrief veröffentlicht, in dem die Diktatur vorsichtig kritisiert wurde. Die Reaktion war überwältigend: Überall im Land gab es Aufstände und Krawalle, die von der Regierung mit Massenverhaftungen beantwortet wurden. Die im Exil lebenden Oppositionsführer stellten bereits ein Schattenkabinett auf.

»Ihr müßt euch ein Radio kaufen und die BBC World Service News hören«, empfahl uns Reg. »Der Sender ist für alle hier der Rettungsanker, die einzige Möglichkeit, zu erfahren, was im Land vor sich geht.«

»Wie kommen denn die Informationen hier raus, wenn es keine ausländischen Journalisten gibt?« fragte ich.

Reg nippte an seinem Gin Tonic. »Ganz einfach«, sagte er. »Sie werden von Leuten rausgeschmuggelt, die irgendwie an ein Fax rankommen.«

»Hast du ein Fax?«

»Natürlich.«

Wir übernachteten im Government Rest House in Zomba, einem weitläufigen, einstöckigen Gebäude in der Nähe der Bushaltestelle. In der angrenzenden Straße dröhnte südafrikanische Reggae-Musik aus Bars und Restaurants, und die Hähnchenverkäufer tanzten um ihre Grills herum. Wir tranken ein Bier im »Hot Spot Bottle Shop«, der »wahrscheinlich besten Kneipe in der Stadt«, wie ein Schild über dem Eingang verkündete. Es war nur ein Raum mit einer Bar an einem Ende und Holzbänken an den Wänden. Es gab malawischen Gin und zwei Biersorten, Braun und Grün, die nach der Flaschenfarbe benannt waren. Ein Junge kam an der Bar vorbei und starrte zu uns herein. Er hielt einen Stock über der Schulter, und am anderen Ende klammerte sich ein blinder Mann fest, der sehr alt und gebrechlich aussah.

»Ich bin hungrig«, sagte der Junge. »Gebt mir Geld, damit ich mir eine Banane kaufen kann.«

Durch Kinderlähmung verkrüppelte Menschen kamen vorüber, sie hoppelten mit Beinschienen herum oder saßen auf selbstgebastelten Skateboards und stießen sich mit den Händen ab, oder sie zogen sich mühsam auf der unebenen Straße voran. Einige blieben stehen, schauten in die Bar hinein und streckten eine Hand aus. »Sir, wie können Sie mir helfen?« fragten sie Dag.

Ein kleiner, zappliger Mann namens Elias gesellte sich zu uns. Er arbeitete als Journalist für die Malawi News Agency und war nach Zomba, dem Sitz der Regierung, gekommen, um über die Parlamentseröffnung zu berichten. Ich hatte das Gefühl, daß er in einem Geheimcode mit uns redete. »Meine Agentur ist Teil des Informations-Ministeriums. Verstehen Sie? Wir schicken Informationen über unsere internen Angelegenheiten an ausländische Nachrichtenagenturen, aber wir müssen diese Informationen redigieren. Wir hatten einen Reuters-Mann in der Agentur, aber er mußte gehen. Sie wissen ja, wie es ist.«

Eine Pro-Regierungs-Demo zog vorbei; es waren ungefähr dreißig Frauen, alle in Tücher mit einem Foto von Banda gewickelt. Sie hielten Plakate mit verschiedenen Slogans hoch, alle in derselben ungeübten Handschrift: »Bringt unsere Kinder nicht durcheinander, Bischöfe!« und »Malawi ist ein Ein-Parteien-Staat im Namen des Volkes!« Im ganzen Land wurden solche Demonstrationen organisiert – den Gerüchten nach von der Regierung –, um zu beweisen, daß die »Chaoten und Anarchisten« und die katholischen Bischöfe keinerlei Unterstützung in der Bevölkerung hatten. Die beiden regierungstreuen Zeitungen – die einzigen, die erlaubt waren – berichteten in aller Ausführlichkeit darüber, während sie kein Wort über die Krawalle verloren.

»Früher habe ich Artikel geschrieben und an andere Länder verkauft«, sagte Elias, der die vorbeimarschierenden Frauen vollkommen ignorierte. »Manchmal an Sambia, manchmal an Südafrika, manchmal sogar an Übersee. Aber jetzt – Sie wissen ja, wie es ist.«

Wie es war, erlebten wir auf dem Markt von Zomba. Junge Männer in der blauen Uniform der »Malawi Young Pioneers« standen am Tor und schikanierten die Leute, die keine Mitgliedskarte der malawischen Einheitspartei vorweisen konnten, das heißt, sie ließen sie nicht hinein oder knöpften ihnen Geld ab. Der Markt spiegelte den ständigen harten Überlebenskampf wider, den die Menschen hier führten. An vielen Ständen wurden gebrauchte Waren verkauft: Secondhand-Kleider aus Europa, alte Nägel, Schrauben, Scharniere und Schlösser, Plastik-Einkaufstüten mit dem letztjährigen Kalender drauf, Spielzeugautos, aus Kartons zusammengebastelt, leere Flaschen jeglicher Sorte. Mehl und Öl wurden aus riesigen Fässern mit dem Aufdruck: »Donated by the USA« – gespendet von den USA« – verkauft. Medizinmänner saßen hinter Flaschen mit farbigen Flüssigkeiten, Wurzelstücken und tierischen Substanzen. In einem überdachten Teil des Markts gab es Fisch zu kaufen – geräucherter Wels, zusammengerollt und mit dem Schwanz im Mund, große Haufen von silbrigen Usipa-Fischchen, ganze frische Fische, aufgeschnitten, ausgenommen und mit Fliegen übersät.

Ein Dritter-Klasse-Bus brachte uns von Zomba nach Nkopola am südlichen Ende des Sees. Trotz eines Schilds, das die Zahl der Passagiere auf siebenundsechzig beschränkte, drängten sich mindestens hundertfünfzig Leute im Bus, zusammen mit den unvermeidlichen Säcken, Schachteln und Bettrollen, an die wir uns mittlerweile gewöhnt hatten. Sämtliche Sitze waren von Männern belagert; die Frauen standen im Mittelgang, ihre Babys in Tragtüchern aus leuchtend buntem Stoff auf dem Rücken. Die Luft roch nach Schweiß und abgestandener Milch. Bei jeder Haltestelle brach draußen und drinnen das Chaos aus. In der Tür kämpften die aussteigenden Passagiere mit den Massen, die hereindrängten. Kinder rannten vor den Fenstern herum und verkauften Bananen, Brot, getrockneten Fisch, Orangen, Chips und Doughnuts. Junge Männer stritten sich um Trägerjobs und kletterten auf den Leitern zum Dach hinauf. Zwischen den vielen mageren schwarzen Beinen waren Dags kräftige weiße zu sehen, wenn er sich todesmutig ins Gewühl stürzte, um unsere roten Säcke zu verteidigen.

Der Busfahrer hatte gesagt, er würde uns bis zum See hinunter bringen, aber wir wurden auf einem Weg abgesetzt, an dem wir ein Schild mit der Aufschrift: »Nkopola Lodge, 1 km« entdeckten. So saßen wir am Straßenrand auf unserem Gepäck und fragten uns, was wir tun sollten. Ich blätterte in unserem Reiseführer herum, einem kleinen, dünnen Bändchen, das aus dem Deutschen übersetzt war. Wir hatten es in Kanada gekauft, und Reg hatte uns gesagt, daß es trotz der eher wohlwollenden Kommentare über Dr. Bandas Regime hier in Malawi verboten war, und zwar wegen der »irreführenden« Fotos, die Einheimische in zerlumpten Kleidern zeigten.

»Nkopola Lodge liegt am Ufer des Malawisees«, las ich vor. »Die Preise gehen von 170 Kwatcha pro Nacht aufwärts, aber dafür werden die Gäste mit jedem erdenklichen Luxus und einem ausgezeichneten Service verwöhnt. Gute Wassersportmöglichkeiten, es sei denn, Sie wollen der Umwelt zuliebe auf Motorboote verzichten.«

»O Gott«, stöhnte Dag, »ein Haufen Idioten auf Wasserskiern – das hat uns gerade noch gefehlt.«

Ein brandneuer Jeep, das Markenzeichen der ausländischen Entwicklungshelfer in Malawi, raste vorbei. »Den nächsten halten wir an und fragen, ob er uns zum See mitnimmt«, meinte Dag.

»Der Weg führt zum Hotel«, gab ich zu bedenken. »Und auf dem Hotelgelände dürfen wir garantiert nicht zelten.«

»Und wenn wir zum Ufer runterlaufen?«

Laufen – mit unserem Gepäck? Der Gedanke ließ uns beide verstummen.

»Allmählich reicht's mir mit dem Kajak«, brummte Dag, »ich ruiniere mir noch den Rücken.« Doch bevor ich noch etwas darauf sagen konnte, hielt ein Minibus mit der Aufschrift »Nkopola Lodge« vor uns an. Zwei elegant gekleidete Malawier sprangen heraus, und einer riß die hintere Tür für uns auf. »Hoffentlich haben Sie nicht so lange gewartet!« rief er. »Bitte steigen Sie ein, wir kümmern uns um Ihr Gepäck.«

Der Weg führte an Verkaufsständen mit Touristensouvenirs vorbei und durch ein hohes Tor, das sich hinter uns schloß. So hatten wir uns unsere nächtliche Unterkunft nicht vorgestellt: Steinwege führten durch Blumengärten, die von Rasensprengern bewässert wurden; auf dem sorgfältig gepflegten Rasen saßen weiße Frauen unter Sonnenschirmen beim Cocktail. In der Nkopola Lodge verhungerte niemand: Das abendliche Buffet wurde gerade aufgebaut, und Platten mit gebratenem Huhn und gebackenem Schinken wurden an uns vorbeigetragen, gefolgt von Krügen mit Sahne und einer üppigen Schokoladentorte.

Dag schaute mich an. »Getrockneten Fisch können wir noch lange genug essen«, sagte er.

Ein paar Minuten später checkten wir ein.

Beim Frühstück saß eine malawische Familie in unserer Nähe. Die Eltern waren ziemlich beleibt und teuer gekleidet, und ihre kleine Tochter sah mit ihren Bändern und Rüschen aus wie eine wandelnde Geburtstagstorte. »Papa, ich mag mein Ei nicht!« quengelte sie. »Es ist hart!«

»Nehmen Sie es weg«, schnauzte der Vater den Kellner an. »Bringen Sie ihr ein weicheres.«

»Ich hab immer gedacht, bei einer Dürre hungern alle im Land«, sagte Dag. »Aber so ist es wohl nicht. Egal, wie schlimm es unten im Dorf aussieht, hier in der Nkopola Lodge wird es immer noch Eier und Würstchen zum Frühstück geben.«

Wir bauten unseren Kajak am Ufer zwischen gemieteten Motorbooten und unter den neugierigen Blicken von zwei weißen Südafrikanern auf, die nach Kokosnuß-Sonnenöl rochen.

»Was ist denn das für ein Dreck da drin?« fragte einer von ihnen, als er in die vordere Sitzluke spähte.

»Das ist Schlamm vom Ganges«, sagte ich.

Er schaute mich an, als ob ich nicht ganz bei Trost sei, und marschierte davon.

Ein geheimes Haus

Wir hatten erneut den Äquator überquert und damit das dritte Bein unseres riesigen W vollendet, und jetzt waren wir wieder in der südlichen Hemisphäre. Obwohl wir den Ganges erst vor zwei Wochen verlassen hatten, fiel es uns schwer, in der tropischen

Hitze unseren Paddelrhythmus wiederzufinden. Wir wollten die ganze Längsseite des Malawisees hinaufpaddeln, und das bedeutete, daß wir fast siebenhundert Kilometer zurücklegen mußten.

Die Fischer, die wir bei unserem ersten Nachtlager auf der Insel Boadzulu trafen, erklärten uns schlichtweg für verrückt. »Sie wollen den ganzen See hinaufpaddeln? In dem Boot? Kein Motor? Bloß Paddel? Sind Sie lebensmüde?«

Sie warnten uns vor Krokodilen, Nilpferden, Stürmen und Wasserhosen. Aber was uns momentan viel mehr bekümmerte, war die Tatsache, daß unsere einzige Karte einen Maßstab von 1:1000000 hatte. In Lilongwe und Zomba hatten wir das übliche Theater mit Bibliotheken, Buchhandlungen und Regierungsstellen mitgemacht, nur um schließlich zu erfahren, daß Karten aus »Gründen der inneren Sicherheit« leider nicht erhältlich seien. Sicherheit wofür? fragten wir uns. Es gab keine Industrie am See, keine großen Städte, keine Wasserkraft- oder Atomkraftwerke, nur 17000 Einwohner, von denen die meisten in kleinen Dörfern lebten. Die Regierungsvertreter zuckten nur die Achseln: Sie wüßten es nicht, sagten sie, weil es eben eine Frage der Sicherheit sei.

Boadzulu lag sechs Kilometer vom Ufer entfernt. Die Insel war steil, felsig und mit dichtem Wald überzogen. Wir hatten schon unser Zelt am einzigen betretbaren Uferstreifen aufgebaut, als die Fischer zu ihrem Lager zurückkehrten. Es waren acht Männer, ebenholzschwarz und mit zerrissenen Kleidern. Sie saßen auf den Dollborden ihrer schmalen Einbäume und schleppten Leinen mit winzigen Köderfischen hinter sich her.

»*Mzungu!*« hörten wir einen von ihnen sagen. »Weiße!« Sie zogen ihre Boote an Land. Obwohl unser Kajak nach den acht Monaten Härtetest schon ziemlich mitgenommen und ausgebleicht war, sah er neben ihren Booten geradezu unanständig neu und modern aus. Wir entschuldigten uns bei den Männern, daß wir hier ohne Erlaubnis unser Camp aufgebaut hatten, und sie lächelten schüchtern. Keiner von ihnen hatte ein Zelt. Nachdem sie eine Weile mit uns geredet und ein paar Fische am Lagerfeuer gekocht hatten, rollten sie sich einfach auf den glatten Steinen zusammen.

Im Morgengrauen brachen die Fischer wieder auf. Sie sagten uns noch, daß es in der Nkhudzi-Bucht ein Dorf gebe, wo wir willkommen sein würden. Wir kamen am frühen Nachmittag dort an und paddelten vorsichtig ans Ufer. Am südlichen Ende des Malawisees wimmelt es von Nilpferden, besonders in geschützten Buchten wie hier, wo Schilfgräser im flachen Wasser wachsen. Nilpferde waren in meiner Vorstellung schwerfällige, träge und friedfertige Geschöpfe, und das erste Exemplar, das wir ein paar hundert Meter weit von uns entfernt entdeckten, tat zunächst nichts, um dem zu widersprechen. Es lag wie ein schwimmender Baumstamm im Wasser, und nur die winzigen, zuckenden Ohren, die Nasenlöcher und der Rücken schauten heraus. Es sah so komisch und harmlos aus, daß ich am liebsten hingepaddelt wäre, um es genauer anzuschauen. Dann gähnte es, riß seinen riesigen Rachen auf und entblößte ein paar mörderische gelbe Zähne. Sofort fielen mir alle Warnungen wieder ein, die wir bekommen hatten: daß Nilpferde ihr Territorium wild verteidigen, besonders wenn sie Junge haben, und daß sie sowohl auf dem Land als auch im Wasser blitzschnell angreifen. Wir hatten bereits zahllose einschlägige Geschichten gehört. Die Flußpferde auf dem Malawisee waren offenbar darauf spezialisiert, Boote umzuwerfen und die unglücklichen Insassen unsanft ins Jenseits zu befördern.

»*Mzungu! Mzungu!*«

Kinder rannten aufgeregt am Strand entlang, schlugen Räder und liefen auf den Händen. Ein paar ältere Jungen wateten ins Wasser und halfen uns, den Kajak aufs Ufer hochzuziehen.

»Ihr seid müde«, sagte einer von ihnen, der sich als Edward vorstellte.

Er hatte recht. Nach vier Stunden Paddeln waren wir von der Hitze völlig erschlagen. »Bitte ruhen Sie sich unter dem Baum aus, neben dem alten Mann. Dann zeige ich Ihnen das Dorf.«

Der Baum war ein buschiger Mangobaum, und der alte Mann, der uns geflissentlich ignorierte, besserte mühsam ein rosa Fischnetz aus. Die kleineren Kinder hatten sich um unseren Kajak versammelt und streichelten seinen Rumpf, als wäre er ein kuscheliges Pelztier. Der alte Mann sprang auf und lief laut schimpfend auf die Kinder zu. Sie stoben auseinander, und er kehrte zu seinem Fischnetz zurück, ohne uns auch nur eines Blickes zu würdigen. Unser Boot samt Inhalt war jedenfalls bei ihm gut aufgehoben, und so folgten wir dem Jungen namens Edward ins Dorf.

Baobab-Bäume mit dicken Stämmen und dünnen Zweigen ragten aus der roten Erde auf. Affen mit pastellblauen Hoden und scharlachroten Penissen tobten durch die Büsche und scheuchten grellgelbe Vögel auf. In dieser farbenprächtigen Umgebung erschien das Dorf trostlos und deprimierend. Die Lehmhütten hatten struppige, überhängende Strohdächer, die wie ungekämmte Haarschöpfe aussahen. Ein paar zerzauste Hühner mit kahlen Hälsen pickten vergeblich nach Futter herum.

»Möchten Sie Eier?« fragte Edward. »Später bringe ich Ihnen Eier. Möchten Sie Chichewa lernen? Ich bringe es Ihnen bei.«

Er war vor dem Dorfladen stehengeblieben, einem wellblechgedeckten Schuppen. »Trinken wir Coke?« fragte er hoffnungsvoll.

Wir kauften ihm eine Flasche, und Dag und ich teilten uns eine andere. Das Zeug war lauwarm und schmeckte noch schlimmer als sonst. Wir setzten uns zum Trinken auf die Ladentreppe. Hinter uns auf der Theke plärrte ein Popsong aus dem Radio, und die kleinen Jungen, die uns nachgelaufen waren, fingen zu tanzen an. Sie hüpften auf der harten Erde herum, stampften mit den Füßen und warfen sich in die Brust. Als das Lied zu Ende war, drängten sie sich um uns herum und streckten erwartungsvoll die Hand aus. Ein paar von ihnen hatten rotschimmernde Haare, ein sicheres Zeichen für Unterernährung.

»Ich zeige Ihnen *Mzungu*-Häuser!« verkündete Edward.

Wir gingen aus dem Dorf und durch die verdorrten Maisfelder. Edward erzählte uns, daß er sechzehn war und immer noch in die vierte Grundschulklasse ging. »Manchmal haben meine Eltern keine Kwatcha für mein Schulgeld und meine Kleider und Bücher. Wie können Sie mir helfen?«

Wir hatten das erste *Mzungu*-Haus erreicht. Es war ein großes, zweistöckiges Gebäude, das auf den See hinausging. Eine Opernarie schallte aus dem Fenster zu uns herüber. In der Einfahrt stand ein Mercedes mit einem Anhänger, auf dem ein schickes Motorboot festgemacht war. Die ganze Straße entlang bot sich uns dasselbe Bild: große Häuser, gepflegte Gärten, Jeeps und Sportwagen, Wasserskier und Surfbretter. Es waren die Feriendomizile von reichen Malawiern oder weißen Südafrikanern, die von Dr. Banda mit offenen Armen aufgenommen wurden. Wir bedankten uns bei Edward für die »Führung« und gingen durch das Dorf zum Seeufer zurück. Der alte Mann war immer noch da, und dazu ein Junge, der uns Schnitzereien und Körbe zum Kauf anbot. Bald darauf kam Edward mit zehn Eiern. »Fünfzig Tambala pro Stück«, sagte er.

Das war doppelt soviel, wie die Eier auf dem Markt von Zomba kosteten, aber wir brachten es nicht übers Herz, mit ihm zu feilschen.

Kurz bevor ich einschlief, hörte ich ein tiefes Rumpeln. »Ist das dein Magen?« fragte ich Dag, aber er atmete leise und regelmäßig und gab keine Antwort. Ein paar Stunden später weckte mich meine Blase, und ich zog die Zelttür auf.

»Was machst du denn?« murmelte Dag.

»Ich geh pinkeln.«

»Warte, ich muß auch.«

Als wir am Strand entlanggingen, hörte ich das Rumpeln wieder, und diesmal merkte ich, daß es nicht von Dags Magen stammte, sondern vom See her kam. Wir blieben beide stehen. »Da draußen ist ein Nilpferd«, flüsterte ich nervös.

Er packte meine Hand. »Pst, was ist das da vorne?« fragte er.

Wir spähten in die Dunkelheit und sahen eine riesige, plumpe Gestalt mit einer kleineren Ausgabe daneben.

»Heiliger Strohsack!« flüsterte Dag. »Das ist eine Mutter und ihr Baby!«

Wir waren so nahe, daß wir sie am Buschgras herumkauen hörten. »Zurück ins Zelt!« hauchte Dag.

In zwei Sekunden waren wir dort und starrten durch das Fliegengitter auf das Drei-Tonnen-Monster und seinen pummeligen kleinen Sprößling.

»Hier sind wir in Sicherheit«, behauptete Dag.

»Warum?«

»Das sagen alle. Wenn man im Gras zeltet, fressen sie einfach um das Zelt herum. Was ist mit deiner Blase? Kannst du's noch aushalten?«

»Tagelang«, versicherte ich.

Wir paddelten am Ufer entlang und kamen an zwei weiteren Buchten mit privaten Anlegestellen und großen Häusern vorbei. Motorboote rasten im Wasser herum und zogen Leute auf Wasserskiern oder an Fallschirmen hinter sich her; ihr Kielwasser brachte beinahe die Einbäume der Fischer zum Kentern. Wir hatten nicht die geringste Lust, an einem dieser Orte anzuhalten, und paddelten weiter. Bis zum Sonnenuntergang wollten wir die Monkey Bay erreichen, wo wir ein paar Freunde von Reg Noble anzutreffen hofften, die dort für das Fisheries Department arbeiteten. Wo die Bucht genau lag, ließ sich aus unserer Karte beim besten Willen nicht ablesen. Wir paddelten an einem wilden, von durchdringenden, fremdartigen Schreien erfüllten Uferstück mit felsigen Landzungen, steilen Kliffs und üppiger Vegetation entlang. Wenn wir die Fischer nach Monkey Bay fragten, zeigten sie einfach geradeaus. Hinter einer Landspitze sahen wir dann eine kleine Einbuchtung, in der riesige Felsbrocken aus dem Wasser ragten. Für ein Motorboot war es praktisch unmöglich, sich durch dieses Labyrinth zu arbeiten, aber am Ufer thronte ein großes, weißes Herrenhaus, weitläufig und elegant, mit hohen Fenstern und Säulengängen.

»Das kann doch wohl nicht Monkey Bay sein?« fragte ich.

»Vielleicht ist es der Sitz des Fisheries Departments«, meinte Dag zweifelnd. »Laß uns ein bißchen näher ranpaddeln.«

Ein Fischer warf seine Leinen vom Kanu aus ins Wasser. Wir winkten ihm zu, während wir die Bucht ansteuerten, und riefen »*Moni bambo* – Guten Tag, Sir!«

Er starrte uns nur mit großen Augen an.

Die Sonne knallte erbarmungslos auf Sand, Wasser und weiße Wände, und das Haus flirrte in der dunstigen Hitze. Als wir näher paddelten, sahen wir, daß es in Rasenflächen und Gärten eingebettet und von einem hohen Stacheldrahtzaun umgeben war. Es war weit und breit keine Menschenseele zu sehen, und überall waren die Jalousien heruntergelassen, aber ich hatte den starken Verdacht, daß unsere Ankunft irgendwo in diesem luxuriösen Gebäude per Monitor registriert wurde.

»Ich glaube, das ist ein militärisches ...«, platzte Dag heraus. Und ich im selben Moment: »Also, das war keine gute Idee ...«

»Zurück!« ertönte die Stimme des Fischers über das Wasser. »Bitte kommen Sie zurück!«

Wir kehrten um und flüchteten zu seinem Einbaum hinüber. »Ich konnte es gar nicht glauben, als ich euch da rüberpaddeln sah!« Der Mann flüsterte, obwohl wir uns weit draußen auf dem See befanden und weit und breit kein Boot in Sicht war. »Es ist eins von den geheimen Häusern Seiner Exzellenz.«

Und wenn man uns auf dem Gelände dort erwischt hätte, wären wir wohl nicht mehr allzu weit gekommen ...

Quälende Gedanken

»Natürlich könnt ihr hier bleiben«, sagte Sharon Tweddle. »Habt ihr ein Zelt? Ihr könnt es auf dem unteren Rasen aufstellen. Aber tragt den Kajak lieber hier hoch, sonst tritt noch ein Nilpferd drauf – die kommen manchmal ans Ufer zum Grasen. Und laßt möglichst nichts rumliegen, die Paviane klauen alles, was nicht niet- und nagelfest ist!«

Wir waren zu Sharons Uferhaus in der Monkey Bay gepaddelt und hatten sie an einem Picknicktisch vorgefunden, wo sie Ohrringe aus Pappe fabrizierte. Denis Tweddle legte neben ihr seine täglichen dreißig Kilometer auf dem Heimtrainer zurück. Er hatte einen phantastischen Blick auf die Bucht, wo Adler in der Luft segelten und Webervögel in ihren Schilfnestern ein und aus flitzten, und neben ihm stand ein Glas Gin-Tonic auf dem Tisch bereit.

Die Tweddles lebten seit einundzwanzig Jahren in Malawi, und die meiste Zeit war Denis Leiter des Fisheries Departments gewesen, das er in einer halben Minute zu Fuß erreichen konnte. »Deshalb brauch ich ja die Tretmühle«, grunzte er.

Denis war Engländer; Sharon war in Rhodesien geboren und aufgewachsen. Als Weiße konnten sie und ihre beiden Söhne keine malawischen Staatsbürger werden, und Sharon hatte hier auch nie arbeiten dürfen. »Aber ich kann mich schon beschäftigen«, meinte sie. »Jetzt mache ich zum Beispiel die Ohrringe für eine Recycling-Tagung, die von meinem Natur-Club veranstaltet wird. Und ich habe zweiundneunzig Vogelarten identifiziert, gleich hier in unserem Garten.«

Hinter ihr goß einer der Hausboys ein Blumenbeet. Der Garten war makellos, von großen Bäumen überschattet, mit gepflegtem Rasen und Steinwegen, die zum Strand hinunterführten. Im Haus selber sah es weniger ordentlich aus. Überall lagen Zeitungen, Zeitschriften, Bücher, Spielsachen und Papier und Plastik zur Wiederverwertung herum. Ein anderer Hausboy versuchte vergeblich ein bißchen Ordnung zu schaffen, indem er die Stapel geraderückte und darum herum Staub wischte.

In dem Armee-Stützpunkt ganz in der Nähe spielte jemand auf einer verstimmten Trompete. »Wegen der Armee kriegen wir keinen Babysitter«, knurrte Sharon. »Die Frauen hier haben Angst, nachts die Straße hinaufzugehen, wegen der vielen Vergewaltigungen. Und ich will sie nicht in Gefahr bringen – vergewaltigt werden ist schon schlimm genug, aber womöglich kriegen sie dann auch noch Aids.«

»Wenn sie es nicht schon haben«, warf Denis ein.

Ungefähr ein Viertel der malawischen Bevölkerung sei HIV-positiv, erzählten sie uns, und in den letzten zwei Jahren seien zehn Prozent der Angestellten des Fisheries Departments an Aids gestorben.

»Sie nennen es *Slims Disease* – Abmagerungskrankheit«, sagte Sharon. »Weil die Leute ganz plötzlich furchtbar abnehmen und dann bald sterben.«

Denis' Angestellte bekamen die Dürre allmählich auch zu spüren. »Gestern haben mich fünf Leute um Hungergeld gebeten«, sagte er. »Sie wollen es ihren Verwandten auf dem Land schicken, damit sie Maismehl kaufen können.«

Der durchschnittliche Monatslohn liegt bei fünfzig Kwatcha. Ein Sack Maismehl kostet vierzig Kwatcha, so daß nicht viel für Fisch, Seife, Kleider oder Schulgebühren und Parteimitgliedsbeiträge übrigbleibt. »Und außerdem hatten wir vor kurzem eine Abwertung von fünfzehn Prozent, während die Löhne höchstens um zwei, drei Prozent gestiegen sind«, fügte Sharon hinzu. »So werden die Leute hier immer ärmer.«

Wir saßen im Wohnzimmer, aßen Schinkensandwiches und schauten »Zimmer mit Aussicht« auf Video an. Auf den neuesten englischen Zeitungen prangten dicke Schlagzeilen über Prinz

Andrews Eheprobleme. Ein Bücherregal war voll mit Familienfotos. Lego-Teile lagen auf dem Boden verstreut, und der kleine Sohn der Tweddles spielte mit einem Elektrospielzeug. Ich vergaß für eine Weile, daß ich in Malawi war, und fühlte mich nach Surbiton oder Wolverhampton versetzt, aber Sharon riß mich schnell aus meinen Träumen. »Nehmt eine Taschenlampe mit, wenn ihr ins Bett geht«, sagte sie, »und schaut erst nach, ob Nilpferde auf dem Rasen sind.«

Gegen Morgen krachten Paviane durch den Baum über unserem Zelt. Sie saßen auf den Zweigen, kauten grüne Samenhülsen und ignorierten den Hund der Tweddles, der um den Baumstamm herumraste und sich die Seele aus dem Leib bellte. Während wir auf dem Rasen frühstückten, jagte einer der Hausboys einen Pavian aus der Küche. Der kletterte in unseren Schattenbaum hinauf und ließ sich in bequem auf einem Ast nieder – er streckte die Beine von sich, legte die Arme auf den Ast und ließ die Hände locker herunterbaumeln. Er runzelte die Stirn und starrte mir direkt in die Augen.

»Paviane im Garten – ist das nicht toll!« rief ich begeistert.

Ein paar Sekunden später schoß ein dicker Urinstrahl haarscharf an meiner Kaffeetasse vorbei.

Sharon sagte, wir könnten gern noch eine Nacht bleiben, also gingen wir nach Monkey Bay hinein, um Geld zu wechseln und Lebensmittel für das Abendessen zu kaufen. Eine Fähre war gerade im Hafen angekommen und spuckte ein gutes Dutzend junge Rucksacktouristen aus. Sie waren von einem Minibus abgeholt worden, der sie zu einem kleinen Ferienort auf Cape Maclear bringen sollte, und jetzt saßen sie schwitzend da und warteten darauf, daß der Fahrer endlich aus der Kneipe wieder auftauchte. Holzschnitzer liefen um die Fenster herum, hielten Ebenholzmasken und Salatbestecke hoch und schrien: »Bitte kaufen Sie! Ich habe kein Essen!«

Als wir aus dem PTC-Supermarkt auftauchten, einer der Ladenketten, die Präsident Banda gehören, fielen die Holzschnitzer über uns her. Wir flüchteten in die Kneipe. Es war ein rechteckiger Raum mit Zementboden und einer Wurlitzer-Jukebox mit farbigen Blinklichtern, aus der gedämpfte afrikanische Reggae-Musik tönte.

»He!« rief ein Mann, der an der Bar lehnte. »Ich habe euch in eurem Kajak in der Manzinzi-Bucht gesehen! Ich bin dort Wasserski gefahren.«

Paul war ein smarter junger Malawier in weißen Shorts, gestreiftem Hemd und weißen Socken und Schuhen. Er war erst vor kurzem aus Bradford in England zurückgekehrt, wo er sein Jura-Examen abgelegt hatte. Als er hörte, daß ich aus Manchester komme, war er so begeistert, daß er uns unbedingt ein Bier spendieren wollte. Wir setzten uns zusammen an einen Tisch, und das Mädchen, das uns bediente, kniete nieder, um uns die Getränke zu servieren.

»Das ist hier so Tradition«, sagte Paul, als er mein entsetztes Gesicht sah.

»Warum laufen hier alle Frauen mit kurzgeschorenen Haaren herum?« fragte ich.

»Seine Exzellenz schätzt diesen Stil«, antwortete er.

Jede weitere Diskussion über Seine Exzellenz wurde jedoch im Keim erstickt, als Paul uns sagte, daß sein Vater der britische Hochkommissar für Malawi war.

»Einer von meinen Brüdern studiert an der medizinischen Fakultät in Edinburgh, und ein anderer in Harvard. Mein Vater hat viele Söhne, aber ein paar von ihnen sind von Zauberern umgebracht worden.«

»Woran sind sie denn gestorben?« fragte Dag.

»Es hat keine Autopsie gegeben – das wäre völlig zwecklos gewesen.«

»Warum wurden sie umgebracht?«

»Neid. Eifersucht. Das sind hier in Malawi die häufigsten Gründe, warum jemand verhext wird. Meine Familie ist reich und mächtig, und viele Leute sind eifersüchtig. Wir können diesem Fluch nicht entkommen. Aber ihr braucht keine Angst zu haben – gegen weiße Leute können die Zauberer nichts ausrichten, nur über uns Schwarze haben sie Macht.«

»Die meisten Malawier glauben an Hexerei«, sagte Sharon später. Sie hatte die Pappe-Ohrringe fertig und klebte jetzt gepreßte Blumen auf Karten. »Auch wenn sie noch so gebildet und weitgereist sind.«

Ich erzählte ihr von dem Mädchen in der Kneipe, das uns auf Knien bedient hatte, und von einer anderen Frau, die am

Bankschalter vor mir gestanden und ihre Quittung mit einem Daumenabdruck unterzeichnet hatte. »Hier können nur wenige Frauen lesen und schreiben«, sagte Sharon. »Wie denn auch? Junge Mädchen dürfen schon mit zwölf Jahren von ihren Familien verheiratet werden – oder wenn sie mindestens achtundneunzig Pfund wiegen. Kein Mensch kümmert sich um die Schul- oder Berufsbildung von Frauen.«

Sie seufzte resigniert. Die Tweddles bekamen ziemlich oft Besuch von Leuten, die zum erstenmal in Malawi waren, und wahrscheinlich hatte sie das alles schon x-mal erklärt.

Wir fuhren weiter nach Norden, in Richtung Cape Maclear, das zum Malawisee-Nationalpark gehört. Steile Hänge ragten über goldenen Stränden und atemberaubend klarem Wasser empor, in dem sich Scharen von farbenprächtigen Fischen tummelten. Wir machten einen großen Bogen um die Touristensiedlung am Kap und steuerten ein paar ufernahe Inseln an, die ebenfalls zum Nationalpark gehörten. Auf zwei Inseln namens Mumbo und Maleri zelteten wir mehrere Tage, ohne einem einzigen Menschen zu begegnen. Es waren idyllische Plätzchen. Hinter dem Kiesstrand und den Gruppen von weißgrauen Felsblöcken dehnte sich üppiger Dschungel aus: Schlingpflanzen und Würgefeigen rankten sich um jeden Baum, so daß es aussah, als wären sie mit dicken grünen Kissen gepolstert. Das Wasser war warm, und es gab keine Nilpferde oder Krokodile, die uns auflauerten; nur die regenbogenfarbenen *mbuna*-Fische knabberten an unseren Zehen herum.

Nachts lagen Dag und ich am Ufer und schauten in den Himmel hinauf, der sich wie ein riesiges Planetarium über uns wölbte, mit der Milchstraße als leuchtendem Mittelpunkt. Die Luft war so klar, daß wir Galaxie über Galaxie und Konstellation über Konstellation sehen konnten. Es war ein atemberaubender, schwindelerregender Anblick, und ich kam mir plötzlich ganz klein und unwichtig vor. Ich ließ meine Gedanken schweifen und verlor mich für eine Weile in der unendlichen Tiefe des Alls.

Fliegenwolken

Es gibt verschiedene Legenden, wie der Malawisee zu seinem Namen gekommen ist, aber am einleuchtendsten erscheint mir die Version, daß die Vorfahren der heutigen Bewohner den See zum erstenmal »wie ein Flammenmeer in der Sonne« erlebt haben und ihn deshalb *Maravi* oder »Feuerflammen« nannten. Ich dachte an diese frühen Einwanderer, als wir von der Insel Maleri nach Norden fuhren und der See sich, wie es schien, Hunderte von Kilometern weit glitzernd und funkelnd vor uns ausdehnte. Es war das Ende der Regenzeit, und der Himmel bot uns ein ständig wechselndes, dramatisches Schauspiel. Dicke, aufgeplusterte Wolken jagten wie Luftgeister dahin, finstere Wolkenwände versperrten den Horizont, pechschwarze, unheilverkündende Marschtruppen stampften über den Himmel, und manchmal zogen sie tödliche Tornados, die sogenannten Wasserhosen, hinter sich her. Der *mwera,* ein Südwind, füllte unsere Segel und schob uns in zügigem Tempo durch zwei Meter hohe Wellen vor sich her. Wir waren bald bis auf die Haut durchnäßt, aber es schadete nichts, denn das Seewasser war wunderbar warm.

Am späten Nachmittag erreichten wir Sungu Point. Auf meiner Karte sah es aus wie eine lange, nach Norden zeigende Landzunge, aber in Wirklichkeit handelte es sich um eine Gruppe von sumpfigen, schilfbedeckten Inselchen, die durch flache, schlammige Wasserstrecken voneinander getrennt waren – der ideale Aufenthaltsort für Nilpferde.

»Das ist mir gar nicht geheuer«, sagte ich. »Ehrlich.«

»Mir auch nicht«, meinte Dag. »Aber was sollen wir tun?«

»Wir können doch zur Mbenje-Insel paddeln«, schlug ich vor. Wir konnten sie am Horizont sehen; für Nilpferde sah sie viel zu steil aus. »Das sind mindestens fünfzehn Kilometer«, sagte Dag. »Wir würden in der Dunkelheit ankommen, und wer weiß, was uns dort erwartet.«

Vorsichtig paddelten wir weiter und hielten nach zuckenden Ohren und riesigen Nasenlöchern Ausschau. »Okay«, sagte Dag schließlich. »Wir paddeln nach Mbenje. Hier finden wir nirgends einen sicheren Lagerplatz.«

Wir folgten der Landspitze bis zum letzten Inselchen. Auf der gegenüberliegenden Seite entdeckten wir eine Lichtung im Schilf und einen Sandstrand, an dem sechs Männer im Kreis zusammensaßen. Sie waren klein und drahtig, blauschwarz und fast nackt. Als wir auf sie zupaddelten, starrten sie uns ängstlich an. Wir waren genauso verunsichert, denn wir wußten ja nicht, wie sie auf uns reagieren würden. Als unser Kajak am Ufer auflief, standen die Männer auf. Einer von ihnen kam auf uns zu, und wir wühlten unseren Chichewa-Sprachführer aus dem Gepäck heraus. Aber das erwies sich als überflüssig.

»Ich heiße John James!« schrie der Mann. »Wo fahren Sie hin mit diesem seltsamen Boot?«

Die Männer führten uns auf einem Trampelpfad durch das hohe Schilf zu ihrem Lager. Fische trockneten auf Bambusgestellen, andere wurden auf heißen Steinen in flachen Feuergruben geräuchert. Ein paar Schilfhütten standen in der Nähe, und wir durften unser Zelt daneben aufstellen. »Hier kommen keine Nilpferde her«, versicherte John James. »Aber ein Krokodil läuft jede Nacht über den Strand.«

Wir kauften John James einen *campango*-Fisch ab und brieten ihn zum Abendessen. Aus dem Schilf drang das Schnalzen der Frösche herüber; es hörte sich an, als ob jemand auf einem Holz-Xylophon spielte. Bald stimmten die Zikaden mit ein, und ein Vogel pfiff und trillerte dazu. Dann fingen die Fischer zu singen an; es waren seltsame, wortlose Lieder, ein Summen, Seufzen und Näseln, das tief aus der Kehle und dem Brustkasten zu kommen schien. Am Horizont färbte sich der Himmel von Blaßblau zu Violett und Gold, bis er in einem tiefen, dunklen Orangerot glühte. Dann brach überraschend schnell die Dunkelheit herein. Falls das Krokodil in jener Nacht über den Strand lief, habe ich es nicht gehört.

Die Szene, die sich uns am nächsten Morgen beim Erwachen bot, war überwältigend schön: Das Schilf zitterte in der sanften Brise, roh behauene Einbäume lagen auf dem gelben Sand, der See schimmerte wie grünes Glas im Frühlicht. Als wir unser Zelt abbauten und den Kajak beluden, versammelten sich die Fischer um uns und gaben leise, glucksende Laute von sich wie eine Schar zufriedener Hühner. Sie hatten uns um nichts gebeten; als wir ihnen ein paar rostfreie Angelhaken schenkten, leuchteten ihre Gesichter auf. »Wirklich?« fragte John James. »Wir dürfen sie behalten? Dann beten wir für euch!«

Wir brauchten ungefähr zwei Stunden, um nach Mbenje zu segeln, das sich als eine Gruppe von drei Inseln entpuppte, die alle unbewohnt waren. Die erste war eigentlich nur ein nackter, guanobeschmierter Felsenausläufer. Die anderen beiden Inseln hatten weiche, geschwungene Konturen und waren mit Buschgras bedeckt. Im ersten Augenblick erinnerten sie mich an Schottland, bis wir näher kamen und Bananenbäume und ein Kanu sahen, das am Lee-Ufer vor einem Fischercamp verankert lag. Zwei Jungen standen auf dem felsigen Strand und schlugen mit Stöcken auf etwas am Boden ein. Sie sprangen zurück, dann stürmten sie wieder vor und schlugen von neuem auf den unsichtbaren Gegner ein.

»Bestimmt eine Schlange«, sagte Dag. »Ich hab eine ziemlich große auf der Boadzulu-Insel gesehen.«

»Was? Und wieso hast du mir nichts gesagt?«

»Wozu denn? Das hätte dich nur aufgeregt.«

Die Jungen schauten auf und entdeckten uns. »*Mzungu! Mzungu!*« schrien sie und hielten ihre Trophäe hoch – einen eineinhalb Meter langen, völlig harmlosen Waran.

Es gab auf den drei Inseln nirgends einen Platz, wo wir zelten konnten, und weil es noch früh am Tag war, beschlossen wir, nach Norden in Richtung Kirambu Point weiterzupaddeln. Es war eine Strecke von ungefähr zwanzig Kilometern, und wir hofften, daß uns der *mwera* in ein paar Stunden hintreiben würde. Aber sobald wir das Segel hißten, flaute der Wind ab, und in kurzer Zeit war der See spiegelglatt.

Wir paddelten eine Stunde lang lustlos weiter, dann legten wir eine Pause ein. Die Sonne knallte erbarmungslos auf uns herunter, also kletterten wir aus dem Kajak heraus und kühlten uns ausgiebig im Wasser ab. Keine Haie weit und breit, dachte ich genüßlich, und wir waren auch viel zu weit vom Ufer weg, um uns vor Nilpferden oder Krokodilen fürchten zu müssen. Es war immer noch eine Sensation für uns, daß wir uns nach dem Schwimmen sauber fühlten, und nicht salzverkrustet wie auf den Salomonen oder schlammig wie auf dem Ganges. Das Wasser war auch überwiegend frei von Bilharziose und trinkbar. Aber trotzdem entgingen wir den tropischen Übeln nicht ganz. Ich hatte einen Kratzer am Fuß nicht schnell genug mit Jod behandelt, und schon war eine eiternde Wunde daraus geworden. Ich bekam sie zwar mit Antibiotika wieder weg, aber dafür handelte ich mir eine Pilzinfektion an den Oberschenkeln ein. Und Dag hatte schmerzhafte Geschwüre im Mund und auf der Zunge. Wir ließen den Kajak treiben, zogen unseren Erste-Hilfe-Kasten hervor und behandelten unsere diversen Wehwehchen.

»Gott sei Dank haben wir unseren EPIRB dabei«, sagte ich – EPIRB war die Abkürzung für unser Notortungsgerät. »Stell dir vor, einer von uns würde hier von einer Giftschlange gebissen – wir würden es doch nie rechtzeitig zum Festland schaffen!« Schweigen. Ich drehte mich um. Dag war fertig mit seiner Behandlung und hatte wieder zu paddeln angefangen. Und er starrte stur an mir vorbei auf die dicken Wolken, die sich über dem Festland auftürmten.

»Wir haben es nicht dabei«, sagte er.

»Wir haben es nicht dabei?« echote ich verständnislos.

»Ich hab es bei den Tweddles gelassen. Wir holen es auf dem Rückweg wieder ab. Ich dachte ... na ja, das ist doch ein bloß ein See ...«

»Aber ein riesiger See, Dag! Und es gibt hier schreckliche Stürme! Und Nilpferde und Krokos und Schlangen!«

»Ich weiß, ich weiß! Aber wer soll unsere Botschaft empfangen und entziffern? Und wer soll uns retten? – Wenn du willst, kannst du mich ja nachher in deinem Buch schlechtmachen, falls dich das tröstet«, verkündete er und fing fröhlich zu pfeifen an.

Drei Stunden später erreichten wir Kirambu Point. Auf der Karte war die Landspitze als unbewohntes Sumpfgebiet eingezeichnet, aber wir entdeckten gleich mehrere Dörfer durch unser Fernglas. Eine halbe Meile vom Ufer entfernt trafen wir ein paar Fischer, die in ihren Kanus herumpaddelten und die *usipa*-Ernte aus den Netzen holten. »Kein guter Tag heute«, sagte einer von ihnen. »Bloß drei Büchsen.«

Mit »Büchsen« meinte er die Fünf-Liter-Eimer, die randvoll mit winzigen silbrigen Fischchen waren.

»Kommt in unser Dorf!« riefen die Männer, und wir folgten ihnen.

Frauen und Kinder hatten sich am Ufer versammelt, um Fische zu kaufen und starrten uns an, als wir aus dem Boot kletterten. Bald gesellten sich auch die Männer aus dem Dorf dazu und schauten zu, wie wir das Boot auspackten und unsere Sachen zu dem Lagerplatz schleppten, den uns die Fischer gezeigt hatten.

Als wir dreißig Meter vom Ufer entfernt unseren Kajak hochziehen wollten, kam einer der Männer auf uns zu und sagte: »Ich helfe euch. Für Geld.« Wir blinzelten ihn an.

»Ich armer Mann«, sagte er. »Meine Kleider sind Lumpen.«

Das stimmte. Sein Hemd hing ihm in Fetzen von der Schulter, und darunter kamen die nackte Haut und ein paar schwarze Haarbüschel zum Vorschein. »Helfen Sie mir? Geben Sie mir Hemd, Hosen? Kwatcha?«

»Ich gebe Ihnen Kwatcha, wenn Sie mir auch was geben«, sagte Dag.

Während wir das Zelt aufbauten, kam der Mann mit seiner Frau zurück. Er stieß sie auf uns zu, und im ersten Augenblick dachten wir schon, er wollte *sie* verkaufen. Dag riß entsetzt die Augen auf, bis ihm die Frau eine Cassava-Wurzel vor die Nase hielt.

»Ein Kwatcha«, sagte sie.

Damit war der Handel abgeschlossen, und Kadzombe und Lilia setzten sich neben uns. Als ich Lilia nach der »Frauen-Toilette« fragte, zeigte sie ins Schilf, auf eine Stelle neben einem kleinen Wassergraben.

»Aber die Nilpferde?« sagte ich zweifelnd.

»Die Nilpferde hier sind natürlich«, sagte Kadzombe. »Kein Problem. Nur künstliche Nilpferde sind gefährlich.«

»Künstliche Nilpferde?«

»Nilpferde mit einem Zauberer im Bauch. Es sind böse Nilpferde, sie greifen die Fischer in ihren Booten an. Besonders, wenn ein Fischer eine schwangere Frau hat.« Er wandte sich an Dag. »Ist deine Frau schwanger?«

»Ich glaube nicht«, sagte Dag.

»Dann kann euch das künstliche Nilpferd nichts tun.«

Kadzombe brachte uns zum Dorfhäuptling. Er führte uns durch eine Bananenpflanzung und an einem frisch gepflügten Landstück vorbei; zarte grüne Blätter sprossen aus der roten Erde hervor. Ich fragte Kadzombe, was das für Pflanzen waren.

»Cassava«, sagte er. »Dieses Jahr gibt es keinen Mais, deshalb pflanzen wir mehr Cassava, weil es nur ganz wenig Wasser braucht.«

»Warum pflanzt ihr dann nicht immer Cassava?« fragte ich.

»Weil das bei uns nicht Tradition ist.«

Das Haus des Häuptlings war aus Bambus und Schilf, und an einer Seite war eine runde Lehmhütte angebaut. Auf der Veranda saß ein alter, halbblinder Mann in einem zerrissenen Overall. Er ließ seine Finger über die Angelhaken gleiten, die wir ihm geschenkt hatten, und nickte zufrieden. Eine seiner Töchter kam auf den Knien angerutscht und hielt uns einen Teller mit rohen Cassava-Scheiben hin. Durch die offene Haustür sah ich ein Porträt von Präsident Banda an der Wand hängen. Als GVH – »Group Village Headman« – war der Häuptling für mehrere Dörfer verantwortlich. Darunter gab es für jedes Dorf noch einen VH, einen »Village Headman«. Die Häuptlinge waren die »Augen und Ohren« der Regierung, erzählte uns Kadzombe, und dafür kassierten sie ein monatliches Gehalt – der GVH sechzig, und der VH dreißig Kwatcha. Außerdem hatte jedes Dorf seine Spione, meistens Mitglieder der Jungen Pioniere, die jeden anzeigten, der etwas gegen die Regierung sagte oder unternahm. Es galt bereits als strafbare Handlung, die BBC World News anzuhören. Wir stellten an jenem Abend unser Radio vorsichtshalber gar nicht an, und ich machte meine Notizen im Schein der Taschenlampe.

Am nächsten Morgen herrschte geschäftiges Treiben am Strand. Männer stießen ihre Einbäume in den See und fuhren zum Fischen hinaus. Frauen beugten sich über das Ufer und scheuerten ihre Töpfe. Hähne stolzierten laut krähend herum. Kleine Jungen rannten den Strand entlang, rissen ihre Shorts herunter und warfen sie auf einen unordentlichen Haufen. Dann stürzten sie sich kopfüber ins Wasser und tobten herum wie übermütige kleine Delphine. Ein paar größere Mädchen versammelten sich um uns und schauten zu, wie Dag Mehl, Milchpulver, Zucker und Wasser in einer Schüssel verquirlte und Pfannkuchen daraus machte. Wir aßen sie mit Marmelade und tranken eine Tasse schwarzen Tee dazu.

»*Mzungu*-Essen«, flüsterten die Mädchen und streckten die Hand nach einem Probierhappen aus.

Dann stritten sie sich um unseren Abfall – einen Teebeutel und die Suppenpackung vom vorigen Abend. Letztere war eine echte Sensation, und die Mädchen buchstabierten abwechselnd an der Gebrauchsanleitung herum. Wir hatten auch noch eine leere Milchpulverdose, aber die hatten wir bereits Lilia versprochen. Als ich die Dose Kadzombe in die Hand drückte, sagte er: »Gib mir deine Sonnenbrille.«

»Tut mir leid«, erklärte ich ihm, »aber ich brauche sie selber. Ich hab nur die eine.«

»Wenn du in dein Land zurückkommst, kannst du eine neue kaufen.«

»Ja, aber ich komme noch lange nicht in mein Land zurück.«

»Schick mir eine Brille aus deinem Land. Sei mein Brieffreund. Gib mir deine Adresse.«

Eines der kleinen Mädchen streichelte meine Füße. »Gib mir einen Tambala.«

Eine Frau kam vorbei. Sie war auf dem Weg zum See, und sie trug einen Eimer voll Wäsche auf dem Kopf. »Gib mir Seife.«

»Gib mir Mehl«, sagte Kadzombe. »Und Zucker.«

Zwei Tage später mußten wir einen Abstecher in die Stadt Nkohtakota machen, um unsere Vorräte wieder aufzustocken.

Wir verbrachten zwei herrliche Tage auf dem Wasser: Der Mwera blähte unser Spinnakersegel, und wir sausten mit Höchstgeschwindigkeit auf den Kämmen der zwei Meter hohen Wellen dahin.

»Jeeee haaah!« schrie Dag hinter mir, wenn das Boot von den schäumenden Wassermassen hochgehoben wurde. Manchmal wurde das Segel plötzlich schlaff, und ich starrte in ein tiefblaues Wellental, während hinter mir eine Wand aus wogenden Wassermassen das Heck unseres Kajaks hochhob. Ich hatte plötzlich panische Angst: Wenn der Bug sich in den Grund des Wellentals bohrte, würden wir herumgeschleudert werden wie ein Pfannkuchen.

»Wir kentern!« schrie ich verzweifelt, aber im nächsten Augenblick waren wir über die Welle hinweg, und Dag brüllte hinter mir: »Achtung, da kommt die nächste – juhuuuu!«

Es war aber nicht nur aufregend, sondern auch ziemlich anstrengend, und als wir nach Nkhotakota kamen, brauchten wir dringend ein bißchen Erholung. Die Stadt lag hinter einem langen, weiten Strand und einem Sumpf. Ein Pier ging in den See hinein, aber er war völlig verrottet, ganze Stücke waren einfach abgebröckelt. Wo der Strand in den Sumpf überging, ragte eine Reismühle empor, und davor ein Berg von leeren Hülsen, auf dem die Leute herumschwärmten und nach übriggebliebenen Körnern suchten. Direkt daneben stand das District Rest House, das aus der Ferne ziemlich großartig wirkte. Es war ein langes, niedriges, weißgetünchtes Gebäude, mit einem großen »Restaurant«-Schild an der einen Seite, einem säulengerahmten Haupteingang und einem kleineren zweiten Stockwerk, das wie die obere Schicht einer Geburtstagstorte aussah. Kinder hatten sich am Strand um uns versammelt, und wir versprachen jedem von ihnen fünfzig Tambala, wenn sie auf unseren Kajak aufpaßten, und gingen zum Rest House hinauf. Erst als wir näher kamen, merkten wir, wie heruntergekommen und merkwürdig es aussah. Sumpfgras wuchs rings herum; das Restaurant war mit Brettern verbarrikadiert; ein Autoventilator war an der Eingangshalle befestigt, und eine Radhaube steckte im Zementfußboden. Der Hotelmanager war ein finsterer Typ namens Alex, der einen fortgeschrittenen grauen Star auf einem Auge hatte. Wir fragten ihn, ob er ein Zimmer frei hätte.

»Massenhaft«, sagte er. »Sie sind die einzigen Gäste.«

Gegenüber von der Eingangshalle lag ein großer Raum mit einer halbkreisförmigen Bar an der einen Seite. Die Decke hing durch, und die Wände waren grau und fleckig. An einem langen, dunklen Flur lagen mehrere stickige Zimmer mit winzigen Fenstern, die auf den Sumpf hinausgingen. Grüner Schlamm breitete sich in der Dusche und in der Toilette aus, und ein Baumfrosch saß seelenruhig im Waschbecken.

»Ich zeige Ihnen die besten Zimmer«, versprach Alex.

Er führte uns durch die Bar zurück und auf einer Wendeltreppe in den zweiten Stock hinauf. Oben auf dem Treppenabsatz war eine ganze Autotür in die Wand eingebaut. »Geht die auf?« fragte ich Alex.

»Nein, zu gefährlich – die Leute fallen in den Sumpf, wenn sie aus der Bar hochkommen. Aber das Fenster geht auf!« Zum Beweis kurbelte er es herunter.

In das Geländer eines großen Balkons waren Teile eines Schiffsmotors einmontiert; sie waren mit glänzender Silberfarbe überstrichen, die aber bereits abblätterte.

»Wer hat das alles gemacht?« fragte ich Alex.

»Ein Bezirkskommissar, aber das ist schon viele Jahre her«, sagte er. »Früher war das hier ein feiner Laden, aber jetzt investiert die Regierung kein Geld mehr in die Stadt, und alles fällt auseinander.«

Er zeigte uns das »beste« von den beiden Zimmern. Zerrissene Moskitonetze hingen über zwei schmalen Betten, dicke Spinnweben breiteten sich in den Ecken aus, und ein Wespennest klebte am Fenster.

»Nehmen Sie es?« fragte er hoffnungsvoll.

Wir nahmen es.

Die Kinderschar, die unseren Kajak bewachte, hatte sich in unserer Abwesenheit auf rätselhafte Weise verdoppelt, und alle behaupteten, sie seien diejenigen, mit denen wir das Geschäft abgeschlossen hätten. Nachdem wir die Sache geklärt und die Streitereien unter den Kindern geschlichtet hatten, engagierten wir drei halbwüchsige Jungen, die das Boot für uns zum Rest House hinauftrugen. Alex sagte, wir sollten es in der Bar an die Wand stellen, und er versicherte uns, daß das Haus in der Nacht »gut abgeschlossen« sei.

»Möchten Sie jetzt essen?« fragte er. »Ich kann Ihnen nur Kekse verkaufen, aber in der Stadt gibt es ein gutes Restaurant.«

Um in die Stadt zu kommen, mußte man ungefähr eine halbe Stunde durch den Sumpf gehen. Es war eine verrottete, baufällige Siedlung mit einem Gefühl von Verlassenheit und düsterer Verzweiflung. Die Hauptstraße war ungepflastert. Eine alte Petroleumlampe stand einsam auf der Straße – eine Szene wie aus einem Hopper-Bild. Vor einer Bar namens »Kaka Tavern« kickten kleine Jungen einen Ball herum, der aus zerknülltem und mit Schnur zusammengebundenem Papier bestand. Frauen kamen vom Markt zurück; sie waren in geflickte Baumwollkleider gehüllt und trugen Blechteller mit *okra* auf dem Kopf. Die Bäckerei hatte schon geschlossen.

»Sie macht morgen wieder auf«, sagte ein Mann, der davor saß. »Aber es gibt wahrscheinlich kein Brot.«

Wir fanden das »gute Restaurant« – es hieß »Pick & Pay« – und würgten ein gräßliches Essen hinunter, das aus verbranntem Reis und ranzigem Fleisch bestand. Jemand hatte einen Artikel aus den »Daily News« ausgeschnitten und an die Wand geheftet. »Nkhotakota mit Parteimitglieds-Beiträgen im Verzug«, hieß es da. »Einige Gebiete von Nkhotakota haben bisher noch keinen einzigen Tambala an das Bezirksbüro der Partei abgeführt.«

»Weil wir nicht in die Partei eintreten wollen, läßt uns die Regierung hier verrotten«, sagte Andrew.

Er hatte drei goldene Ringe in einem Ohrläppchen, trug modische Jeans und Baseballschuhe und rauchte importierte Zigaretten. Wir saßen mit ihm am einen Ende der Bar und strengten unsere Ohren an, um ihn trotz Radiogeplärre zu verstehen. Alex stand am anderen Ende und palaverte mit den beiden Nachtwächtern, die sich gerade mit dem Bier betranken, das Andrew ihnen großzügig spendierte. »Ich habe in den BBC-Nachrichten gehört, daß Mr. Chihana aus Sambia zurückkommen will«, erzählte er uns.

Mr. Chihana ist ein exilierter Gewerkschafter und Wortführer der »Alliance for Democracy«, einem demokratischen Bündnis, in dem alle Gegner des Banda-Regimes vertreten sind. »Ein Minister ist heute aus dem Land geflohen, und vierhundert Armee-Einheiten sind mit ihm gegangen! Wir stehen kurz vor einer Revolution. Wenn sie Chihana morgen nicht ins Land lassen, fließt Blut! Ich gehe hin und kämpfe!«

»Du siehst aber gar nicht wie ein Revolutionär aus – eher wie ein Rockstar«, sagte ich.

Er hielt das für ein Kompliment. »Ich bekomme meine Kleidung aus Südafrika«, prahlte er. »Ich geh oft dorthin, zu den Musikfestivals.«

»Und wovon lebst du?«

Er warf uns einen listigen Blick zu. »Ihr wißt schon, was ich mache.«

»Nein, keine Ahnung.«

»Ich hab euch da draußen in eurem Boot gesehen«, sagte er. »Ihr zündet euch doch garantiert einen dicken Joint an, sobald ihr vom Ufer weg seid ... und dann relaxt ihr!« Er schob eine Hand unter sein Hemd und zog etwas hervor, das wie eine dicke Zigarre aussah, in Bananenblätter gehüllt und mit einer Schnur zusammengebunden. »Wollt ihr ein bißchen Malawi-Gold kaufen?«

Wir gingen zum Strand hinunter, um den Stoff zu testen. Eine warme Brise wehte vom See herein, und das Rest House sah sehr romantisch aus vor dem violetten Himmel. Warmes Licht fiel aus einigen Fenstern, und der erste Stern funkelte über dem Dach.

»Die Polizei durchsucht ständig mein Haus«, vertraute uns Andrew an. »Sie wissen, daß ich ein großer Dealer bin, aber sie finden nie was, weil ich schlauer bin als sie. Die Bullen sind alle dumm, so dumm wie Banda ...«

»Psst«, warnte ich ihn, als ich ein bißchen weiter unten am Strand eine Zigarette aufglühen sah.

»Ist mir egal, ob mich jemand hört oder nicht«, sagte er. »Die Leute in Malawi haben lange genug den Mund gehalten.«

Als wir ins Rest House zurückkamen, tanzte einer der Nachtwächter vor unserem Kajak herum, als ob er ihn verführen wollte. Er tanzte wie alle Malawier, die wir bis jetzt gesehen hatten, das heißt, er drückte den Hintern heraus, hielt die Arme hoch, ließ die Hände locker herunterbaumeln und schlurfte im Takt zu der Musik herum. Dag spendierte noch eine Runde Bier, und ich hatte plötzlich Hunger auf etwas Süßes und fragte Alex, ob ich ein paar Kekse haben könnte.

»Ich hab nur Zitronencreme-Kekse«, sagte er entschuldigend, »und die Packung ist oben aufgerissen, weil eine Kakerlake reingekommen ist. Aber keine Sorge, ich hab sie weggetan.«

Bei dem Wort Kakerlaken fingen meine Kopfhaut und meine Arme und Beine wie verrückt zu kribbeln und zu jucken an. Dag kratzte sich auch schon.

»Ich glaub, ich hab Flöhe«, sagte er.

»Das kommt bestimmt vom Malawi-Gold«, beruhigte ich ihn. Dann fiel mein Blick auf die trübe Deckenfunzel: Sie war in eine schwarze Wolke gehüllt, in der lauter winzige Flügel aufblitzten.

»*Nkhungu!*« schrie Alex. »Malawisee-Fliegen!«

Bisher hatten wir diese Geschöpfe nur aus der Ferne gesehen, wenn sie zu Millionen und Abermillionen frisch ausgeschlüpft aus dem See aufstiegen und sich in dichten Wolken bis zu hundert Meter in die Luft erhoben. Die Fischer hatten uns vor diesen

Fliegenschwärmen gewarnt. Die Wolken seien manchmal so dicht, daß man darin ersticken könne.

»Die muß der Wind vom See reinblasen«, sagte Dag.

»Tut mir leid, ich mach die Bar zu!« schrie Alex. »Wir gehen nach Hause!«

Ein paar Minuten später joggten Andrew und die beiden Nachtwächter durch den Sumpf davon und überließen Dag und mich unserem Schicksal.

Vergeblich versuchten wir einzuschlafen, während die winzigen Fliegen in unsere Nasen und Ohren krabbelten und Moskitos um unsere Köpfe herumsirrten. Gegen zwei Uhr ertönte direkt über uns ein Donnerschlag, gefolgt von einem grellen Blitz und einem sintflutartigen Regenguß. Ein starker Wind kam auf und pfiff durch das Hotel. Ich hörte lautes Knallen und bildete mir ein, daß Fledermäuse vom Sturm gegen unser Fenster geworfen würden und daß sie im nächsten Moment in unserem Zimmer herumschwirren würden. Um drei Uhr gingen wir hinunter. Es wimmelte von Fliegen, als ob sie alle vor dem Sturm hierher geflüchtet wären. Die Tür zur Bar ließ sich mühelos aufstoßen – sie war lediglich mit einem großen Stein »abgeschlossen« worden. Wasser tropfte durch die Decke auf den Kajak herunter, und auf dem Boden hatte sich bereits eine beachtliche Pfütze gebildet. Frösche hüpften auf dem Flur entlang, eine Ratte huschte vorbei, und im Badezimmer krabbelten braune Kakerlaken über die Wände. Und dann noch der strömende Regen draußen – es war wie in einem Horrorfilm.

Am nächsten Morgen saßen wir auf dem Balkon, tranken Tee, aßen Zitronencreme-Kekse und schauten zu, wie eine neue Nkhungu-Wolke aus dem See aufstieg. Aber diesmal wurden die Plagegeister bereits am Ufer erwartet. Ein paar Frauen tauchten Worfelkörbe ins Wasser und fuchtelten damit vor der andriftenden Wolke herum. Berührung mit etwas Nassem lähmt die Fliegen, und so fielen sie herunter, und formten bald große schwarze Haufen auf dem Boden.

In einer Buchhandlung in Zomba hatte ich ein Fliegenrezept aus einem Kochbuch abgeschrieben, das ich jetzt Dag vorlas: »Die Fliegen säubern und eventuelle Fremdinsekten entfernen. Die Nkhungu zu festen kleinen Kuchen zusammendrücken. In Bananenblätter einwickeln und von beiden Seiten in brennendem Gras backen. Die Bananenblätter von den fertigen Kuchen ablösen, die Kuchen abkühlen lassen und in Scheiben schneiden. In der Sonne trocknen lassen und bis zum Verzehr aufbewahren.«

Dag suchte den BBC-Sender in unserem Radio und hörte nur mit halbem Ohr hin. »Ich hab's!« sagte er.

Durch das Knacken und Knistern hörten wir Berichte über Jugoslawien, über die kommenden Wahlen in England, über Angriffe auf Türken in Deutschland.

Der letzte Bericht war von Chris McGreal, einem Journalisten, der »zufällig« neben Chihana gesessen hatte, als er heute morgen auf dem Lilongwe Airport gelandet war.

»Sobald Chihana einen Fuß auf den Boden gesetzt hatte, wurde er von mehreren Männern in Zivil verhaftet. Er versuchte sich zu wehren und schwenkte seine Rede in der Luft herum, aber er wurde in einen Wagen gestoßen und weggefahren.«

Ich dachte an Andrew, der diesen Bericht bestimmt auch gehört hatte. Er wollte um zehn ins Rest House kommen, um sich von uns zu verabschieden. Als er nicht auftauchte, gingen wir in die Stadt und suchten ihn. Jeder kannte ihn dort. Er war am Morgen mit dem Bus weggefahren, sagte man uns. Er hatte nicht verraten, wann er zurückkommen würde.

Ein neugieriges Nilpferd

Fünfzig Meilen nördlich von Nkhotakota liegt »Dwangwa Estate«, eine riesige britische Zuckerrohrplantage. Gleich dahinter entdeckten wir eine Bucht mit einem schönen weißen Sandstrand, von Bäumen beschattet und mit den Wochenendhäusern der britischen Angestellten gesäumt. Als wir durch die Bucht paddelten, kam ein Mann herausgesegelt, um mit uns zu reden.

»Ah, Engländer«, sagte er. »Haben Sie die Wahlergebnisse schon gehört? Sieht aus, als ob die Tories es wieder schaffen.«

Es war Mittag. Surfbretter lagen über den Strand verstreut, und die Leute saßen auf Liegestühlen unter Sonnenschirmen. Ein

Hausboy in rotem T-Shirt ging auf und ab und zog einen Rechen hinter sich her, um den Sand für den Nachmittag aufzufrischen.

Wir waren jetzt ungefähr auf halber Höhe des Sees angelangt, und die weichen, violetten Umrisse der Viphya-Berge tauchten vor uns auf. An den Stränden reihten sich provisorische Siedlungen aneinander, mit Häusern, die notdürftig aus Schilf und Bambus zusammengebaut waren. Die Dürre und die Überbevölkerung – die Geburtenrate liegt in Malawi bei vier Prozent – zwingen die Leute dazu, aus dem Landesinneren zum See abzuwandern, wo sie zumindest Fisch essen oder ihn gegen Mehl eintauschen können. Am späten Nachmittag hielten wir bei einer dieser Siedlungen an, die aus zwei kleinen Hütten in einer winzigen, von Granitfelsen eingeschlossenen Bucht bestanden.

Zwei Männer und eine Frau saßen vor einer der Hütten neben einem Gestell mit Tonkochtöpfen. Die Frau trug einen BH, ein Statussymbol in dieser Gegend. Die Träger hatte sie offensichtlich selbst angenäht, und eines der Körbchen drängte sich durch einen Riß in ihrem Baumwollkleid. Die Hosen der Männer bestanden praktisch nur noch aus Flicken. Sie zeigten auf unsere Kleider und dann auf sich selber. Das passierte uns ständig, aber wir hatten bereits alle überflüssigen Kleidungsstücke hergeschenkt. Wir boten den Leuten statt dessen ein paar Fischhaken an, und dann fragten wir sie mit Hilfe von Zeichensprache und ein paar Worten Chichewa, ob wir die Nacht in der Bucht verbringen dürften. Die Frau schaute zu, wie wir unser Zelt aufbauten, während die Männer unsere Paddel mit ihren Einbäumen ausprobierten. Auf einem flachen Felsen richteten wir unsere »Küche« ein und rührten eine Mischung aus Reis und Päckchen-Tomatensuppe zusammen. Ganz in der Nähe hörte ich plötzlich ein vertrautes Blubbern und Grunzen.

»Mvuwu?« fragte ich die Frau. »Nilpferd?« Sie nickte und rief Jacob, dem älteren der beiden Männer, etwas zu. Er kam an den Strand gepaddelt und führte uns durch die Felsen zu einer Stelle, von der aus wir die nächste Bucht sehen konnten. Sie hatte einen weiten, flachen Strand, von einem dichten Schilfstreifen gesäumt, und im Wasser tummelten sich mehrere Nilpferde.

Die Dämmerung brach herein: Zwei riesige orangerote Wolken brannten am Horizont, durchzuckt von grellen Blitzen. Während wir auf dem warmen Sand saßen und unsere Reissuppe löffelten, schien das »Hu hu hu« der Nilpferde immer näher zu kommen. Ich schaute mich ängstlich um.

»Hier kommt kein Nilpferd rauf«, beruhigte mich Dag. »Der Strand ist viel zu steil und felsig, und es gibt nichts zum Grasen.«

Ich wollte gerade meinen Löffel in den Topf tauchen, als direkt hinter mir im See ein lautes Platschen ertönte. Mit einem Satz, der jedem Stabhochspringer Ehre gemacht hätte, hechtete ich über den Felsen und räumte dabei gleich unsere Küche ab. Erst als ich bei den Hütten in Sicherheit war, drehte ich mich um und sah ein Nilpferd mit Kopf und Schultern aus dem Wasser ragen. Es zuckte mit den Ohren, riß seinen riesigen Rachen auf und watschelte auf den Strand zu. Dag wedelte mit den Armen wie eine durchgedrehte Windmühle und brüllte so etwas wie: »Jaaa! Jaaa! Jaaa!«

Jacob war zu ihm hinuntergerannt und stimmte mit ein: »Iiiih! Iiih! Iiih!«

»Los, lauft!« brüllte ich. »Es greift an!«

Aber die Männer ignorierten meine Warnung. Sie hatten sich je ein Paddel geschnappt und fuchtelten damit vor dem Nilpferd herum, das langsam näher kam. Gleich würde es mich zur Witwe machen ... Mit letzter Kraft brüllte ich los: »Weeeeeeg! Lauft weeeg!«

Auf die Männer machte es keinen Eindruck, aber das Nilpferd schnaubte beleidigt, tauchte ins Wasser ein und schwamm davon. Zitternd kehrte ich zu unserem Camp zurück.

»So schnell hab ich dich noch nie rennen sehen!« sagte Dag bewundernd. »Du bist abgezischt wie eine Rakete!«

»Das Nilpferd hätte dich umbringen können!« schrie ich.

»Ach was, es war doch bloß neugierig!« sagte er.

Am nächsten Morgen schlich sich Jacob von hinten an mich heran und grunzte mir eine paar Nilpferdtöne ins Ohr, dann hechtete er über den nächsten Granitbrocken und wälzte sich fast am Boden vor Lachen. Als er sich wieder beruhigt hatte, ging er hinter einen Felsen und zog seine Arbeitskleidung an – statt der »guten« Hose trug er jetzt eine Shorts, die nur noch aus Löchern bestand.

Bevor wir weiterpaddelten, schenkte ich seiner Frau ein paar Nadeln, Faden und eine kleine Schere. Als wir unsere Frühstückssachen zusammenpackten, zeigte sie auf das Erdnußbutterglas, das wir an dem Morgen geleert hatten. Ich nahm es mit zum See hinunter, scheuerte es mit Sand aus und gab es ihr. Sie legte das Nähzeug hinein und drückte das Glas an ihre Brust. Dann knickste sie vor mir und lief in ihre Hütte zurück.

Nach einem weiteren langen Tag – acht Stunden Paddeln und gleichzeitiges Segeln – erreichten wir Bandawe Point. Wir umrundeten die Landspitze am Spätnachmittag und suchten nach einem Lagerplatz für die Nacht. Der Strand bestand aus einer Reihe von Klippen, Buchten und kleinen Siedlungen. Aber die Fischer, die wir auf dem See anhielten, drängten uns, weiterzufahren.

»Chintheche«, sagten sie und zeigten uferaufwärts. »Wo die Mzungu wohnen.« Sie meinten den »Chintheche Inn«, ein Strandmotel mit einem Campingplatz. Gleich daneben, durch Zäune abgegrenzt, lag ein Dorf mit baufälligen Hütten und Brettergestellen, auf denen Fische zum Trocknen ausgelegt waren. Wir hätten viel lieber dort gezeltet, aber für die Einheimischen war das offensichtlich undenkbar, und sie zeigten hartnäckig auf das niedrige, häßliche Gebäude mit den Autos und Wohnwagen davor. Während wir unser Zelt aufbauten, kam ein Kellner mit einer Speisekarte auf einem Tablett zu uns herunter. Er trug eine weiße Jacke und ein weißes Hemd, eine schwarze Fliege, gelbe Hosen, einen auf Hochglanz polierten Schnürschuh am einen und einen roten Slipper am anderen Fuß.

»Vielleicht möchten Sie etwas zum Abendessen?« fragte er schüchtern. Wir studierten die Speisekarte. »Minestrone, Rindsgulasch, weißer Kuchen mit Custard, Tee oder Kaffee.«

»Hört sich ziemlich englisch an«, meinte Dag ironisch.

»Ja, Sir, sehr englisch«, versicherte der Kellner.

Er konnte es kaum fassen, daß wir das Abendessen tatsächlich haben wollten. »Bitte kommen Sie erst in einer halben Stunde. Ich sage dem Koch Bescheid.« Wir waren die einzigen Gäste im Restaurant, und das Essen war grauenhaft.

An der Bar, wo wir den üblen Geschmack des »weißen Kuchens« hinunterspülten, lernten wir zwei Engländer kennen – Frank aus Manchester und Simon aus London. Sie waren beide Lehrer in Malawi und verbrachten ihre Osterferien im »Chintheche Inn«.

»Kommt doch mit«, luden sie uns ein. »Wir machen eine Grillparty am Strand.«

Um eine Feuergrube unter einem Baobab-Baum saßen ihre Frauen, Pat und Fay, ein Südafrikaner namens Andrew und seine amerikanische Frau Lee. Ich fragte sie, wo sie unterrichteten.

»In der Kamuzu Academy«, sagte Andrew.

»Was?« rief ich. »In der *Kamuzu?* Das gibt's doch nicht!«

Reg Noble hatte uns davon erzählt: Die Kamuzu Academy ist eine Eliteschule, die Präsident Banda aus eigener Tasche finanziert. Während für das gesamte Erziehungs- und Bildungswesen im Land ein Jahresbudget von $ 8.000.000 zur Verfügung steht, hat Banda allein für die Gründung der Kamuzu Academy $ 15.000.000 ausgegeben, und $ 2.000.000 pro Jahr verschlingen die laufenden Kosten. Banda kann sich solche »Wohltaten« leisten – er besitzt praktisch alle Aktienanteile an der »Press Holdings«, einem Konzern, der dreißig Prozent der malawischen Wirtschaft kontrolliert. Die Eliteschule ist eine getreue Kopie der britischen Public Schools, mit ausschließlich weißem Lehrpersonal, Schuluniformen und einer Ausrüstung, von der andere malawische Schulen nur träumen können.

»Ich hab gehört, daß dort einundvierzig Lehrer auf hundert Schüler kommen«, sagte ich. »Macht euch das gar nichts aus? Wo es in anderen Schulen Klassen mit bis zu hundertachtzig Schülern gibt? Und bloß vier Prozent der Kinder eine höhere Schulbildung bekommen?«

»Also, jetzt hör mal«, sagte Frank gereizt. »Immerhin nehmen wir eine ganze Reihe von Kindern kostenlos auf und geben ihnen eine erstklassige Ausbildung, mit der sie die Chance haben, etwas im Leben zu erreichen. Wir haben einen englischen Lehrplan, und niemand schreibt uns vor, was wir im Klassenzimmer zu sagen oder zu tun haben.«

»Und was ist mit den derzeitigen politischen Ereignissen?« fragte Dag. »Dürft ihr darüber auch reden?«

»Das ist schwierig«, gab Andrew zu. »Neulich hat es Ärger gegeben, weil einer von unseren Kollegen über die politische Lage diskutieren wollte, aber inzwischen ist das geregelt.«

»Du meinst den Kaplan«, sagte ich.

»Woher weißt du das denn?« fragte Frank bestürzt.
Wir hatten es von ein paar Engländern in Nhkotakota gehört, die an malawischen Schulen unterrichteten. Sie hatten uns erzählt, daß der schottische Kaplan an der Kamuzu Academy sofort unter Hausarrest gestellt worden war, als er angekündigt hatte, daß er in seiner nächsten Sonntagspredigt über den Hirtenbrief des katholischen Bischofs reden wollte.

»Er ist wieder frei«, sagte Andrew. »Er hat sich bei der Schulleitung entschuldigt, und jetzt darf er sein Amt wieder ausüben.«

»Also, Andrew, nur weil er klein beigegeben hat«, warf Fay ein.

»Wieso? Wir wissen ja gar nicht, was er in seiner Predigt sagen wollte«, konterte Simon, ihr Mann.

»Und niemand an der Schule hat den Brief gelesen«, sagte Frank.

»Wie gibt's denn so was?« sagte ich. »Ich hab den Brief schon gekannt, als ich noch keine drei Tage im Land war! Und der Kaplan muß doch eine Kopie davon haben.«

»Hat er auch«, gab Simon zu. »Ich hab sie gesehen.«

»Was?« rief Frank. »Wirklich?«

»Ich hab sie auch gesehen«, bestätigte Andrew.

»Habt ihr etwa Angst, miteinander zu reden?« fragte Dag ungläubig.

Verlegenes Schweigen war die Antwort. Ich fragte, wie die Verhaftung des Kaplans vor sich gegangen sei.

»Die Polizei war da und ein paar Leute von der Regierung, sogar Minister«, erzählte Lee. »Sie haben mit den Lehrern geredet und die Situation erklärt, und den Katholiken unter uns haben sie ausdrücklich versichert, daß die Bischöfe nichts zu befürchten hätten.«

»Die Presse war übrigens auch schon da«, sagte Frank mit einem mißtrauischen Blick auf mich. »Ein Typ vom Guardian – er hat sich als Tourist ausgegeben und in der Schule herumführen lassen, aber ich hab sofort gemerkt, was los war.«

»Was ist das eigentlich für ein Gefühl, wenn man ein dickes Gehalt von einem Diktator kassiert?« bohrte ich weiter.

»Schon komisch«, meinte Fay. »Besonders wenn man von den Greueln hört, die er angeblich sanktioniert hat ...«

»Aber Banda hat auch viel für dieses Land getan«, unterbrach sie ihr Mann. »Er hat es in die Unabhängigkeit geführt, er hat eine Infrastruktur aufgebaut. Es herrscht Frieden hier.«

»Und er hätte ja auch Waffen kaufen können, anstatt die Kamuzu Academy zu gründen«, fügte Frank hinzu.

»Weißt du, wieviel die Schule jährlich kostet?« fragte ich.

»Keine Ahnung«, sagte Frank, der seit zwölf Jahren dort unterrichtete.

In der Nacht regnete es heftig, am nächsten Morgen war der Himmel stürmisch und bewölkt, und der See lag grau und bedrohlich da. Neben unserem Zelt stand ein VW-Bus, aus dem ein ältliches britisches Ehepaar auftauchte. Sie stellten einen Picknicktisch mit Tassen, Untertassen, Tellern und Servietten auf und brieten Speck und Eier auf einem Camping-Kocher. Während die Eier in der Pfanne brutzelten, suchte der Mann den Horizont mit seinem Fernglas ab. »Ziemlich stürmisch heute«, sagte er. »Wollen Sie sich wirklich mit Ihrem kleinen Boot da rauswagen?«

Sie waren nach Malawi gekommen, um Urlaub zu machen und ihre Tochter zu besuchen, die für den »Save the Children«-Fonds arbeitete. Sie erzählten uns, daß sie vor dreißig Jahren in Tansania gelebt hatten.

»Das war noch in der Kolonialzeit«, sagte die Frau. »Jetzt ist alles so anders. Aber Malawi ist ein schönes Land. Es herrscht Recht und Ordnung hier, und die Leute sind nicht neidisch auf die Weißen, so wie in den Nachbarländern. Das einzige, was mich stört, ist diese dumme Vorschrift, daß man keine Hosen tragen soll, dabei trage ich so gerne Hosen.«

Ich schaltete die BBC World News ein. In England waren die Tories wiedergewählt worden, und in Malawi saß Chihana im Gefängnis und wartete auf seinen Prozeß.

Bisher hatten wir ungefähr fünfzig Kilometer pro Tag zurückgelegt, wir waren also ziemlich schnell vorangekommen. Aber nördlich von Chintheche verschwand die Küstenebene, und der Steilabbruch des Afrikanischen Grabens stieg senkrecht aus dem See auf. Während der kommenden hundertsechzig Kilometer würde die nächste Straße ganze dreißig Kilometer Fußmarsch durch den Busch entfernt sein. Wir waren also weit weg von Städten, Autos und Touristen, was ganz nach unserem Sinn war. In Nkhata Bay deckten wir uns mit Proviant für mindestens zwei Wochen ein.

Nkhata Bay war ein ziemlich desolater Ort. Vor den Bars auf den roten Lehmstraßen saßen Männer beim Glücksspiel, und Prostituierte in geblümten Röcken und engen Blusen schliefen auf Holzbänken. Die Mädchen sahen im Schlaf sehr verletzlich aus mit ihren nach der Straße zu gekehrten gelben Fußsohlen. An den Wänden über ihnen hingen große Schilder der World Health Organization, die vor der Aids-Gefahr warnten. Ein Päckchen Kondome kostete im PTC-Supermarkt ungefähr soviel wie ein durchschnittlicher Wochenlohn.

Das Warenangebot im Supermarkt war erstaunlich gut, und hier versorgten sich hauptsächlich die Rucksacktouristen, die am nahen Strand zelteten. Vor den Türen saßen Bettler mit ausgestreckten Händen. Wir deckten uns mit Trockennahrung ein, und als ich ein Regal mit importierter Schokolade entdeckte, konnte ich der Versuchung nicht widerstehen. Ich kaufte eine Tafel Cadbury, die alt und muffig schmeckte, obwohl sie dreimal soviel kostete wie zu Hause. Um mein schlechtes Gewissen wegen dieser sinnlosen Geldverschwendung zu beruhigen, verteilte ich eine Handvoll Münzen an die Bettler draußen.

Niemand kontrollierte die Partei-Mitgliedskarten an den Markttoren, und die Gemüse- und Obstverkäufer waren fröhlich und unbefangen. Aber als Dag unten am Strand seine Kamera hervorholte, um einen Einbaum voll *chambo* zu fotografieren, fiel ein Parteispitzel über ihn her.

»Wer sind Sie?« fragte der Mann, ein ziemlich schäbiger Typ in einem schlechtsitzenden Anzug. »Warum machen Sie diese Fotos? Wo lassen Sie sie entwickeln?«

»Ich bin Tourist«, sagte Dag ganz cool und packte seine Kamera wieder ein. »Ich lasse die Fotos in Europa entwickeln.«

»Es ist nicht erlaubt, solche Fotos zu machen! Vielleicht entwickeln Sie sie in Sambia und erzählen den Leuten, daß alle Malawier in Lumpen herumlaufen und wie die Affen leben!«

»Wir haben nicht die Absicht, nach Sambia zu gehen«, sagte Dag. Er ließ die Kamerabox zuschnappen und zog mich schnell weg in Richtung Kajak.

Nach Norden

Das Land senkte sich in weichen, bewaldeten Falten zum See hinunter. In den engen Buchten ragten Lehmhäuser aus den roten Lichtungen hervor, und darüber klammerten sich Äcker und Felder an die steilen Hänge. Ein schmaler Pfad lief diesen ganzen Uferabschnitt entlang und verband die zahlreichen Siedlungen miteinander. Die Leute hier unterschieden sich deutlich von den Uferbewohnern weiter südlich. Sie sprechen eine andere Sprache – Chitumbuka – und sind überwiegend katholisch. Das Leben ist in dieser Gegend ein bißchen leichter, weil es mehr Regen gibt und das traditionelle Grundnahrungsmittel Cassava auch längere Dürreperioden übersteht. In dem Dorf Sanje, vier Paddelstunden von Nkhata Bay entfernt, zeigten uns zwei junge Männer namens Herring und Blessco ihre Erdnuß-, Kartoffel- und Cassavafelder und ihre Pawpaw-, Bananen-, Grapefruit-, Orangen- und Guavenbäume. Keines der Kinder, die uns umringten, hatte den verdächtigen roten Schimmer im Haar.

»Unser Problem ist, daß wir keine T-Shirts und Shorts für unser Fußballteam kaufen können«, sagte Herring. »Wie können Sie uns dabei helfen?«

Die Frauen in Sanje waren nicht so unterwürfig wie ihre Geschlechtsgenossinnen weiter südlich. Knien und Knicksen gab es hier nicht. Alte Frauen kamen zu mir her, schüttelten mir kräftig die Hand und lachten fröhlich über meine ungeschickten Begrüßungsversuche in Chitumbuka. Herrings Frau, die auch Maria hieß, lud mich in ihr Haus ein, ein rechteckiges Gebäude aus Lehmziegeln, das von orangefarbenem und gelbem Klatschmohn umwuchert war. Ein Tauben- und ein Hühnerhaus ragten daraus hervor, beide auf Pfählen, um die Hyänen abzuhalten. Große Tontöpfe voll Wasser und geschälten, gehackten Cassavaknollen standen daneben. Wenn das Cassava anfing zu gären und Blasen zu werfen, würde Maria es auf einer Matte ausbreiten und in der Sonne trocknen lassen und dann in einem schweren Holzmörser zu Mehl zerstampfen. Eine ziemlich mühsame Prozedur, bloß um einen faden, klebrigen Brei zu produzieren, fand ich, aber Maria war hell entsetzt, als sie hörte, daß ich nicht jeden Tag *nsima* aß.

»Gibt es kein Cassava in eurem Land? Wie kann das sein?«

Sie bestand darauf, Nsima für mich zu kochen. Mit tapferem Lächeln würgte ich den Klumpen hinunter, zusammen mit gräßlich bitteren usipa-Fischchen, die sie ganz gekocht hatte. Das Essen war ungesalzen – Salz war ein Luxusartikel, den sich nur wenige leisten konnten.

In der Nacht starb ein Baby im Dorf. Maria flüsterte mir die traurige Nachricht in der Dämmerung zu, als sie an unserem Zelt vorbeitappte, um Wasser zu holen. Ich folgte ihr zu dem Trauerhaus. Auf der Veranda saßen ein paar Frauen, die Kirchenlieder sangen und sich rhythmisch hin und her wiegten. Aus dem Haus kam das leise Wimmern der Mutter, die ihr totes Kind beklagte. Es war ihr siebtes Baby gewesen, und das dritte, das an Malaria gestorben war. In ein paar Stunden würde das Kleine bei seinen Geschwistern unter einem Mangobaum begraben werden.

Ich kehrte zu unserem Zelt zurück, setzte mich hin und starrte auf den See hinaus. Mehrere Kinder waren mir gefolgt; sie brachten mir Baobab-Nüsse, die mit einem weichen grünen Flaum bedeckt waren. Sie brachen sie auf und zeigten mir, wie man das herbe Fruchtmark von den Samenkernen ablutschen muß. Dann turnten die Jungen vor mir herum, schlugen Handstände und Räder, während die Mädchen meine Haare streichelten und meinen Kopf nach Nissen absuchten. Ich dachte an die Frau mit dem toten Baby. Sie war jünger als ich, und sie konnte nichts dagegen tun, daß sie jedes Jahr ein Baby bekam und daß ihr die Kinder unter den Händen wegstarben. Und die beiden kleinen Mädchen hier erwartete dasselbe Schicksal. Der Gedanke trieb mir die Tränen in die Augen, und ich legte meine Arme um sie und drückte sie heftig an mich. Sie schrien erschrocken auf, strampelten sich frei und starrten mich aus sicherer Entfernung mit großen, verwunderten Augen an. Die Jungen schubsten sich unter viel Gekicher gegenseitig zu mir hin, offensichtlich als Mutprobe, die darin bestand, nahe genug an die Mzungu heranzugehen, um von ihr geschnappt zu werden. Bald wurde ein Spiel daraus, und ich wurde ein fauchendes Monster, das die Kinder am Strand herumjagte.

»Ihr solltet eins von ihnen mit in euer Land nehmen«, sagte Herring, als er mit Dag vom Fischen zurückkam und mich keuchend auf dem Boden liegen sah, während mich die Kinder aufgeregt an den Händen zerrten und mich zum Weiterspielen zu bewegen versuchten. Ich lachte – dasselbe hatten wir auch auf den Salomonen und am Ganges gehört; dort hatten die Eltern manchmal so getan, als wollten sie uns ihre erschrockenen Sprößlinge mitgeben. Aber Herring meinte es ernst.

»Warum nicht?« fragte er. »Ihr habt keine Kinder. Nehmt eins von diesen, gebt ihm eine gute Ausbildung, ein gutes Leben.«

»Aber das geht nicht ...«, fing ich an.

»Alles geht, wenn man wirklich will«, unterbrach er mich.

Ich versuchte ihm zu erklären, daß solche Adoptionen in unserem Land nicht erlaubt waren, daß wir mit dem Kind niemals über die Grenze kommen würden. Herring schüttelte nur den Kopf. »Für Mzungus ist alles möglich«, sagte er.

Wir bummelten weiter die Küste hinauf und hielten an, so oft wir zum Bleiben aufgefordert wurden. Die Leute begrüßten uns begeistert und erzählten uns immer wieder von den Deutschen, die vor vier Jahren den See entlanggewandert waren. Der See war hier am tiefsten und atemberaubend klar. Er war auch schmaler geworden, und die steilen Berge von Tansania waren nur noch vierzig Kilometer weit weg. Bei Nacht stieg der Vollmond über ihnen auf und warf eine leuchtende Spur über den See zu unserem Lager unter einem Mango- oder Baobab-Baum oder neben den Felsen, die noch die Hitze des Tages abstrahlten.

Ab und zu brachten die entfesselten Naturgewalten dramatische Abwechslung in unseren Paddelalltag. Regenstürme fegten über uns hinweg und hinterließen prächtige Regenbogen, als wollten sie sich für die Störung entschuldigen. An einem Tag fiel eine tödliche Wasserhose wie ein langer, dünner Schornstein aus einer Wolke und wirbelte über den See auf uns zu. Wir waren wie gelähmt vor Entsetzen, aber im letzten Moment drehte das Monster ab, ohne uns zu verschlingen. Wenn irgendwo eine Fliegenwolke aus dem See aufstieg, paddelten wir wie verrückt in die andere Richtung. Wir entkamen den Biestern, aber sie *uns* nicht. In einem der Uferdörfer mußten wir Fliegenkuchen essen. Sie waren nicht süß und klebrig, wie ich gedacht hatte, sondern krümelig und trocken, und sie schmeckten ein bißchen nach Erde. Sie wurden uns mit Nsima serviert – eine Mahlzeit, die ich nicht so schnell vergessen werde.

Statt Fliegenkuchen gab es Schokoladenkekse und lauwarme Coke im Lebensmittelgeschäft von Usisya. Usisya war das größte Dorf, das wir bis jetzt gesehen hatten, und auch das wohlhabendste. Es hatte einen breiten Strand, der sich über die ganze, sanft geschwungene Bucht ausdehnte. Überall lagen Matten mit Cassavastücken und silbrigen Usipa-Fischen zum Trocknen in der Sonne. Kühe, die ersten, die wir seit Wochen zu sehen bekommen hatten, tranken am See, und hinter ihnen tummelten sich Ziegen, Schweine und Hühner in Bambuspferchen. Frauen wuschen sich am Ufer; sie trugen nur ein Tuch um die Hüften und machten sich nicht die Mühe, ihre nackten Brüste zu bedecken, wenn wir vorbeipaddelten. Der Kajak wurde von einer Serie von drei großen Wellen überschwemmt, als wir an dem steilen Strand anlegten, und ein paar von den Frauen kamen hergerannt und halfen uns, ihn ins Trockene zu ziehen. Die Männer beobachteten uns von ihren Bambus- und Strohveranden aus, wo sie herumlagen und miteinander palaverten und rauchten.

»Ich bin auch zu Besuch hier«, erzählte uns einer von ihnen. Er war ungefähr Mitte Fünfzig, trug Nylonsocken und Lederschuhe und war für hiesige Begriffe ein wohlhabender Mann. »Ich bin in diesem Dorf geboren, aber jetzt lebe ich in Blantyre. Letztes Jahr ist meine Frau gestorben, und ich bin hierhergekommen, um mir eine neue zu suchen. Ich bin jetzt seit vielen Monaten allein, und es ist schrecklich – all das Wasserschleppen und Saubermachen und Holzhacken. Ich brauche eine Helferin. Ich habe einen Brief bekommen, daß hier eine Witwe lebt – eine ältere Frau, nicht teuer. Ich bezahle ihrem Vater zweihundert Kwatcha. Sie hat sechs Kinder und ich vier. Sie sind alle erwachsen. Wenn Gott will, werden wir noch mehr Kinder haben.«

Er machte sein Reißverschlußtäschchen auf, und ich dachte er wollte ein Foto von der Frau herausholen. »Hier«, sagte er stolz. »Das ist sie.« Er hielt mir einen Zettel hin, auf dem ihre Maße standen: Kleidergröße 38, Schuhgröße 6. »Nächste Woche heiraten wir«, verkündete er. »Und dann nehme ich sie nach Blantyre mit.«

Ein Mann namens Moses führte uns stolz in seinem Haus herum. Er war ein wichtiger Mann im Dorf. An hiesigen Standards gemessen, hatte er eine brillante Karriere gemacht: Er war auf die höhere Schule nach Likomo gegangen, hatte am College Betriebswirtschaft studiert und als Filialleiter für eine Autofirma in Tansania gearbeitet. Mit neunundzwanzig war er nach Usisya zurückgekehrt und hatte ein Fischgeschäft aufgezogen. »Ich habe fünfzehn Leute, die für mich arbeiten und sechs Tilly-Lampen! Wir fahren bei Neumond hinaus, wenn die Nächte dunkel sind. Dann kommen die Fische zu den Lampen, und wir fangen sie mit Moskitonetzen. Ich bringe Ihnen heute abend eine von meinen Lampen zum Zelt.«

Auf dem Hof gab es eine Küchenhütte, daneben Gestelle, auf denen Töpfe trockneten und Fische geräuchert wurden, sowie ein Plumpsklo und ein Badehaus. Im Hauptraum des Hauses standen angeschlagene Porzellanteller auf einem Holzbuffet, und an den Ziegelwänden klebten vergilbte Zeitschriftenfotos von spärlich bekleideten blonden Pin-up-Girls aus den sechziger Jahren.

Die Frauen in Usisya zogen sich allerdings etwas praktischer an als die Mädchen auf den Fotos. Das mußten sie auch, denn sie schufteten wie die Maultiere: Sie verputzten ihre Hauswände mit Lehm, ernteten Erdnüsse, stampften Cassava, schälten Bohnen, schleppten Wasser und vieles mehr. Ein paar von ihnen schauten auf, als wir vorbeikamen, und grüßten uns freudig. Andere machten finstere Gesichter und konzentrierten sich ganz auf ihre Morgenarbeit. Es gab zwei Beerdigungen, eine für ein Kind, die andere für einen Mann, der beim Fischen ertrunken war.

»Seine Zeit war gekommen«, sagte Moses, der uns das Dorf zeigte. »Er war alt.«

Es war Ostersonntag, und zur Feier des Tages kochten wir Spaghetti mit Thunfisch. Ein paar Jungen saßen bei uns und schürten abwechselnd das Feuer. Dann stritten sie sich um die leere Spaghettipackung und die Thunfischdose. Sie schauten entsetzt zu, wie wir die langen, weißen Nudeln schlürften, und wollten auf gar keinen Fall davon probieren. Nach dem Essen packten sie unsere beiden Töpfe und wuschen sie im See aus, dann liefen sie schnell nach Hause, bevor die Dunkelheit sie verschlingen konnte. Wir lehnten an dem dicken Stamm eines Baobab-Baums. Das Feuer glühte, und ein riesiger gelber Mond stieg am Himmel auf. Wir badeten in seinem Licht, und die dunklen Einbäume zeichneten sich scharf auf dem blassen Sand ab. Dag meinte, wir müßten einen Mondschirm aufstellen, wenn wir keinen Mondbrand kriegen wollten.

Bald wurde es noch heller. Moses kam mit einer seiner flackernden Lampen daher. »Jetzt könnt ihr besser sehen«, sagte er und setzte sich zu uns.

Es dauerte nicht lange, bis die ganze heimische Insektengemeinde um uns herumschwirrte. Moses ließ sich davon nicht stören – er hielt uns einen Stegreifvortrag über Unternehmenspsychologie. »Man muß wissen, wie man die Leute behandeln muß«, sagte er. »Gute Arbeiter müssen auch gut bezahlt werden. Wenn ich sechstausend Kwatcha in der Woche mache, geht die Hälfte davon für die Löhne weg – zweihundert Kwatcha pro Mann. Aber die Männer, die die Fische mit den Lampen ans Ufer treiben, bekommen noch fünfundsiebzig Kwatcha dazu, denn ohne sie würde es kein *usipa* geben.«

Hinter Usisya gab es nur wenige Siedlungen. Den ganzen nächsten Tag segelten wir an Landzungen vorbei, die sich vom Steilufer absetzten und in schmalen Kiesstränden ausliefen. Der Wind war stark, der See kabbelig, und weil wir das Segel gehißt hatten, konnte ich den Horizont nicht sehen, und es wurde mir bald ziemlich schlecht. Nach vierzig Kilometern hatten wir immer noch keinen Lagerplatz gefunden, und ich gab die Hoffnung allmählich auf. Doch nach der Umrundung eines Felsvorsprungs sahen wir ein enges Flußtal, das sich in die Bucht öffnete. Fischer flickten ihre Netze am Strand, und Kinder rannten aufgeregt am Ufer entlang, als wir näher kamen.

Kaum war unser Boot am Strand von Chisanga aufgelaufen, kam ein halbwüchsiger Junge auf Dag zugehinkt, mit der üblichen Bitte: »Wie können Sie mir helfen?« Er war vor ein paar Tagen auf einen Holzsplitter getreten, die Wunde hatte sich entzündet, und der Fuß war fürchterlich geschwollen.

»Ich heiße Mavuto. Das bedeutet ›Problem‹. Ich weiß, daß ich ein Problem für Sie bin. Haben Sie Aspirin für meine Schmerzen?«

Dag hatte sogar Antibiotika für Mavuto. Die Leute umringten ihn ehrfürchtig, als er die Wunde aufstach, säuberte und bandagierte. Ganz in der Nähe spielten ein paar Kinder Doktor. Der Patient lag auf dem Strand, und der Doktor horchte mit einem Strohhalm an seiner Brust, kritzelte Rezepte in den Sand und gab Ratschläge wie: »Du mußt dich jeden Morgen und Abend waschen!«

Es gab kein Krankenhaus in Chisanga. Im nächsten Dorf lebte zwar ein »afrikanischer Doktor«, der die Leute mit den traditionellen Heilmitteln behandelte, aber wer darüber hinaus medizinische Hilfe brauchte, mußte vierzig Kilometer weit mit dem Motorboot fahren.

»Manchmal dauert es zu lange, und dann sterben die Leute«, erzählte mir ein redegewandter junger Mann namens Gift, also »Geschenk«. »Unser Problem ist, daß wir keine Transportmöglichkeiten haben. Wir sind so weit von der Straße weg. Unser Dorf ist wie ein behütetes Nest, es gibt keine schlechten Einflüsse, die Leute hier wissen nicht, was Stehlen ist.«

Auch für uns war Chisanga wie ein behagliches Nest, und wir blieben mehrere Tage dort. Nachdem Dag Mavutos Fuß so prompt und effizient behandelt hatte, waren wir überall willkommen. Aber es bedeutete auch, daß wir ständig eine Patientenschlange vor unserem Zelt hatten. Viele von ihnen mußten wir wegschicken.

»Sir, es geht mir nicht gut, ich habe Tripper.«

»Tut mir leid, dafür hab ich keine Medizin.«

»Sir, mein Blutdruck ist zu hoch. Können Sie mir Librium geben?«

»Tut mir leid, ich habe kein Librium bei mir.«

»Und Valium, Sir, können Sie mir damit helfen?«

»Mr. Dag, können Sie etwas tun, damit meine Frau keine Kinder mehr bekommt?«

»Sir«, sagte ein besonders schlauer Typ. »Ich habe keine Zeit. Können Sie mir mit Ihrer Uhr aushelfen?«

Dag versuchte stundenlang und hartnäckig, eines der schnellen, instabilen Einbaumkanus in den Griff zu bekommen – zum großen Entzücken der Dorfbewohner, die jedesmal in Begeisterungsstürme ausbrachen, wenn er wieder kenterte. Ich schwamm um ihn herum und genoß das warme Wasser, zumal ich wußte, daß es in diesem Teil des Sees keine Nilpferde gab. Aber die Freude hielt nicht lange an.

»Maria!« rief Gift. »Macht es dir nichts aus, daß hier manchmal auch ein Krokodil schwimmt?«

Und ob es mir was ausmachte! Wie der Blitz strampelte ich ans sichere Ufer zurück.

»Es ist ein Besucher, so wie ihr«, erklärte Gift. »Es ist letzte Woche in den Fluß gezogen.« Der Fluß war ungefähr zweihundert Meter von unserem Zelt entfernt. »Wir haben es heute morgen gesehen«, fuhr Gift fort. »Es ist an derselben Stelle geschwommen wie du.«

Immer wieder brachten die Leute uns Essen ans Zelt: Ein alter Mann kam mit Orangen, ein paar Jungen folgten mit Auberginen und Cassava, der katholische Laienpriester mit Fisch. »Ich will kein Geld«, sagten sie alle.

Da wir uns dem Ende unserer Reise näherten, gaben wir alle möglichen Dinge weg, die wir nicht mehr brauchten: unsere Kerosinlampe, das Radio, den Rest unserer Tauschgegenstände. Aber am begehrtesten war meine kleine Fotosammlung – Schnappschüsse von unseren Familien und von unserem Haus in Kanada. Wir waren jetzt seit neun Monaten von dort weg, und der Bau aus Holz und Glas mit dem tief verschneiten Garten kam mir fast genauso fremd und exotisch vor wie den Dorfbewohnern. Die größte Sensation war ein Foto von meiner Mutter, das wir bei ihrem Besuch im letzten Sommer gemacht hatten. Sie steht draußen im hellen Sonnenlicht, und weil das Foto überbelichtet ist, sehen ihre grauen Haare und ihre Haut schneeweiß aus.

»Schön!« riefen die Leute. »Sie ist soooo schön!« Sie wollten alles über sie wissen: wie alt sie war, wie viele Kinder und Enkel sie hatte. Daß mein Vater vor zwei Jahren gestorben war, wurde mit viel mitfühlendem Schnalzen und Gurren aufgenommen. Und als ich erzählte, daß meine Mutter katholisch war, brachen sie alle in Freudengeschrei aus. »Dann sind Sie auch katholisch!« rief Petros, der Laienpriester.

»Äh... also, nein ...«, fing ich an.

»Doch, natürlich. Ihr müßt mit in unsere Kirche kommen!« Er führte uns ins Dorf hinauf, an Erdnuß- und Cassavafeldern vorbei und durch einen Streifen hohes Elefantengras. Die Kirche war ein trister kleiner Bau mit Ziegelwänden, Wellblechdach und Lehmboden. Drinnen standen mehrere grobe Holzbänke, vom vielen Gebrauch glänzend gescheuert, und davor ein Predigerpult.

»Die weißen Missionare sind jeden Monat von Rumphi hergekommen und haben unsere Hostien geweiht, die Messe gelesen und die Beichte abgenommen«, erzählte Petros. »Sie sind mit dem

Bus bis Mlowe gefahren und dann fünf Stunden zu Fuß gegangen. Es waren alte Männer, aber sie waren stark, und sie haben besser Chitumbuka gesprochen als ich. Aber jetzt sind sie weg, und wir haben afrikanische Priester, und die kümmern sich nicht um uns – unsere eigenen Leute! Sie wollen nicht zu Fuß gehen, sie kommen nur mit dem Motorboot, und sie sagen, das ist zu teuer, also kommen sie fast gar nicht.«

Wir gaben Petros eine Spende für die Kirche. »Gott segne Sie für Ihre Großzügigkeit«, sagte er. »Ich muß Ihre Spende aufschreiben.« Er zog ein kleines Buch hervor, in das er jeden Sonntag das Ergebnis der Kollekte eintrug.

»Hier, sehen Sie«, sagte er. »Sehen Sie, wie hart das Leben geworden ist.«

Die Liste war sauber mit Bleistift geschrieben:

1. Woche – 1 Kwatcha, 20 Tambala, 2. Woche – 90 Tambala,

3. Woche – 84 Tambala, 4. Woche – 57 Tambala.

»Wo geht das Geld hin?« fragte ich.

»Zum Bischof. Er sagt, er braucht es für die Gemeindearbeit. Also stehen wir ganz allein da.«

Ich hielt ihn davon ab, unsere Spende einzutragen. »Behalten Sie es für Ihre eigene Kirche«, sagte ich.

Er kräuselte die Lippen und klappte das Buch zu. »Zum Dank für Ihre Freundlichkeit sollen Ihnen die Kinder etwas vorsingen. Ich hätte gern, daß Sie den ganzen Chor hören, aber sie sind alle auf den Feldern.« Feierliche kleine Jungen mit einer Sammlung von selbstgemachten Instrumenten zogen in die Kirche ein: Ziegenhauttrommeln, Rasseln aus Stöcken und Flaschenverschlüssen, Dosen mit getrockneten Bohnen. Sie setzten sich in zwei Reihen hin und spielten und sangen mit weichen, klangvollen Stimmen. Dag und ich klatschten, als sie fertig waren, und sie strahlten übers ganze Gesicht. Beim Hinausgehen fragte ich Petros, ob der besagte Hirtenbrief in seiner Kirche vorgelesen worden sei. Er tat so, als hätte er nichts gehört.

Niemand in Chisanga wollte über Politik reden. Einmal fragte ich Gift im Scherz, ob er gern Präsident wäre. »Seine Exzellenz Gift!« neckte ich ihn, und er schaute sich ängstlich um. Aber im Schutz der Dunkelheit kam er mit seinen Freunden zu uns ins Zelt, um die BBC-Nachrichten zu hören.

An unserem letzten Morgen in Chisanga brachte uns Gift zwei frische Eier. »Damit ihr euch an mich erinnert«, sagte er.

Während die Eier in der Pfanne brutzelten, bombardierten er und seine Freunde uns mit Fragen. »Was für Essen baut ihr in eurem Dorf an? Gibt es Cassava bei euch?«

Wir erklärten ihnen, daß bei uns die meisten Leute außer Haus arbeiteten und ihr Essen im Laden kauften. Das leuchtete ihnen ein, aber als wir von der Arbeitslosenunterstützung redeten, waren sie entsetzt. »Warum helfen die Familien diesen Leuten nicht?« wollten sie wissen.

»Das ist bei uns nicht Tradition«, sagte ich.

»Das weiß ich von der Schule«, gab Gift an. »Und auch von den Häusern in Kanada. Manche sind aus Schnee und Eis, andere aus Holz und Isoliermaterial. Und dann kenne ich auch eure Bäume, die ihre Blätter abwerfen, und euren Kabeljau und Lachs.«

Er hatte als einziger von seinen Freunden einen Platz in einer der wenigen weiterführenden Schulen von Malawi bekommen. Die Osterferien waren fast vorbei, und bald würde er das Dorf verlassen und in sein Internat in Mzuzu zurückkehren.

»Was machst du, wenn du mit der Schule fertig bist?« fragte ich ihn.

Er zuckte die Achseln. »Was kann ich schon machen? Es gibt keine Jobs in Malawi. Nur Fischen und Ackerbau.«

Unsere nächste Station war Chilumba, eine Tagesreise von Chisanga entfernt. Wir kamen rasch vorwärts und konnten zusehen, wie die Küstenlinie an uns vorbeiglitt und die Landspitzen in der Ferne verschwanden. Dann dehnte sich die Ebene aus, und eine Straße tauchte in den tiefen Schluchten des Nyika-Plateaus auf. Am späten Nachmittag segelten wir durch die Young's Bay zur Halbinsel Luloma. Das Wasser war hier flach und schilfig, wir waren also wieder im Nilpferdland. Aber es gab auch ein paar Felsenbuchten, und in einer davon winkte uns ein junger Mann an Land. Hinter ihm standen zwei kleine Strohhütten auf dem Strand. »Mein Vater lebt hier«, sagte er. »Ich bringe Sie zu ihm«, und er duckte sich unter der niedrigen Tür durch.

Nach zehn Minuten Gemurmel von drinnen tauchte der Vater auf, ein finsterer Mann mit einem breitrandigen Strohhut, hinter ihm seine zwei Frauen, eine ältere und eine jüngere, die seine Tochter hätte sein können, beide in blauen Baumwollkleidern und Turbanen. »Sie haben so lange gebraucht, weil sie sich für euch schön gemacht haben«, sagte McClean, der junge Mann.

Das ältere Paar verschwand sofort wieder im Haus. McClean half Dag, das Zelt aufzubauen, während die junge Frau bei mir saß. Dicke, krause schwarze Haare wuchsen auf ihrem Kinn, und ich mußte mich zwingen, nicht hinzustarren, während sie redete. »Er ist mein zweiter Mann«, sagte sie und nickte zur Hütte hinüber. »Ich habe fünf Kinder von meinem ersten Mann.«

»Fünf! Wie alt sind Sie?«

Sie zuckte die Achseln. »Ich kann mich nicht mehr erinnern.«

»Wie heißt seine andere Frau?«

»Ich weiß nicht. Sie ist meine Schwester.«

»Ihre Schwester?«

»Nicht meine richtige Schwester. Meine Schwesterfreundin. Unser Mann ist krank. Er ist verhext. Er versucht, gesund zu werden.«

Die Dämmerung brach herein, und sie eilte ins Haus zurück, bevor ich ihren rätselhaften Bemerkungen auf den Grund gehen konnte. McClean ging ebenfalls – er wohnte in einem anderen Ort und wollte am nächsten Morgen zurückkommen.

Wir erwachten vom Stampfen der Mörser, als die Frauen anfingen, Cassava zuzubereiten, und dem Klappern der Paddel, mit dem die Fischer ihr Kommen ankündigten. Vor unserem Zelt saß McClean mit einem Fisch, den er uns zum Frühstück mitgebracht hatte. Mit klaren, ruhigen Augen schaute er zu, wie Dag den Fisch säuberte und kochte. »Ich möchte gerne Mzungu-Essen probieren«, sagte er, nachdem wir den Fisch zu dritt verspeist hatten.

Dag machte ein paar Pfannkuchen und bestrich sie mit Marmelade.

»Sehr gut«, lautete McCleans Urteil. »Aber die Mzungus tun mir leid, weil ihr Essen so viel kostet. Wir Malawier brauchen nur ein bißchen Cassava, und das kann man leicht anbauen.«

Er lud uns ein, mit ihm nach Chilumba auf der anderen Seite der Halbinsel zu gehen. »Es dauert nur fünfundvierzig Minuten«, sagte er. »Und dort werde ich euch etwas ganz Wunderbares zeigen.«

Nach zehn Minuten Fußmarsch hielten wir bei einem großen Haus mit einem Blechdach an, vor dem ein älterer Mann auf einem hölzernen Klappstuhl unter einem Schattenbaum saß und ein zerfleddertes englisches Geschichtsbuch studierte. Er trug eine zerrissene Stoffmütze auf dem Kopf, und seine Shorts und sein Hemd waren völlig zerfetzt. »Das ist mein Vater«, sagte McClean und verschwand im Haus.

Der alte Mann sagte uns, er sei früher Arzt gewesen.

»Ich mag die afrikanische Medizin nicht. Sie kann nicht gemessen werden, so wie die Medizin des weißen Mannes. Manche Ärzte studieren auch die afrikanische Medizin, aber das ist gefährlich. Man muß einen Geist in sich aufnehmen, wenn man sie praktizieren will. Ich habe nur den christlichen Geist in mich aufgenommen.«

McClean tauchte aus der Hütte auf – in weißen Jeans, einer cremefarbenen Jacke und roten Plastikschuhen.

»Sehr schick!« rief ich, und er wurde ganz verlegen vor Freude.

Auf dem Weg nach Chilumba fragten wir ihn, wer denn nun sein Vater sei, der Mann vor dem Haus oder der mit den zwei Frauen von gestern abend.

»Er hier ist mein richtiger Vater. Der andere am Strand ist sein Bruder.«

»Dein Onkel?«

»Nein, die Schwester meines Vaters ist meine Tante, aber der Bruder ist mein Vater.«

Wir schüttelten verwirrt die Köpfe, aber McClean redete schnell weiter. »Oh, ich habe viele Probleme mit diesen Vätern. Mein Vater am Strand hat mich mit schlechtem Fleisch verhext, als ich noch klein war. Ich wurde krank und war dann viel zu dünn. Wir wollten ihn aus dem Haus jagen, aber es gab ein Gerichtsurteil, und wir mußten weiter mit ihm leben. Dann wurde mein Vater, der Doktor, verhext, und er wurde bösartig und mußte seinen Beruf aufgeben. Meine Mutter hat ihn verlassen, und wir haben ein Haus gebaut. Wegen all diesen Problemen habe ich die Schule nicht fertiggemacht. Sonst wäre ich jetzt nicht hier, sondern in der Stadt oder im Ausland. Aber bald nehme ich mir eine Frau. Sie macht den Haushalt, und ich gehe in die Schule zurück.«

Wir hatten das Haus seiner Mutter erreicht. Sie saß im Schatten der Veranda neben einem Mann, dessen linke Hand amputiert war. Als wir näher kamen, steckte er den Armstumpf in die Hosentasche.

»Sie ist die Mutter, die mich geboren hat«, sagte McClean. »Und er ist mein Bruder.«

»Ist sie auch seine Mutter?«

»Nein, das ist die Frau von ihrem Bruder.«

»Deine Tante?«

»Nein, meine Mutter.«

Oben auf dem Hügel lag die Grundschule von Chilumba. Es war gerade Pause, und die Kinder kamen herausgestürzt. Sie hatten alle blauweiße Uniformen an und schleppten Bücher und Stifte in zusammengeklebten Plastiktüten mit sich herum.

»Vier mal zwölf?« bellte McClean sie an. »Sechs mal acht?« – Und sie brüllten im Chor die richtige Antwort heraus. Das Schulhaus hatte ein Wellblechdach und Lehmböden, und nur die Schüler der obersten Klasse saßen an Schreibpulten. Der Lehrstoff der letzten Stunde stand noch auf der Tafel:

Gesundheitserziehung

1. Nenne zwei verschiedene Latrinenarten
2. Gib drei Gründe an, warum die Leute Bier trinken
3. Nenne zwei Methoden, wie Flußwasser trinkbar gemacht werden kann
4. Gib die Erreger folgender Krankheiten an:
   a) Syphilis
   b) Lungenentzündung
   c) Tbc
5. Nenne zwei Methoden, wie eine hysterische Person behandelt werden kann

»Frage vier könnte ich nicht beantworten«, sagte ich.

»Aber das macht nichts!« schrie McClean ehrlich entsetzt. »Ihr weißen Leute seid wundervoll! Ich verstehe längst nicht alles Wissen, das ihr habt. Aber jetzt zeige ich euch das Wunderbare, das eure weißen Leute gemacht haben!«

Wir gingen steil bergab auf die andere Seite der Halbinsel. Der Felsenpfad mündete in eine geteerte Straße, die zu McCleans »Wunderbarem« führte. »Der Landungssteg«, verkündete er mit ehrfürchtiger Stimme.

Vor uns lag ein Kai, auf dem ein massiver Bau aus blauem Stahl aufragte, eine High-Tech-Vorrichtung zum Be- und Entladen von Containerschiffen. Denis Tweddle hatte uns von dem Containerhafen in Chilumba erzählt. Er war mit europäischem Geld von europäischen Firmen mit europäischen Maschinen gebaut worden. Aber er war nie zum Einsatz gekommen. In der Monkey Bay lag das mitgelieferte Containerschiff seit zwei Jahren müßig vor Anker.

Wir gingen am Landungssteg vorbei in den Ort – es war die übliche trostlose Ansammlung von schäbigen Läden und Imbißständen entlang einer Lehmstraße. Einer der Imbißstände hatte einen kaputten Kühlschrank voller Coca-Cola. Wir kauften drei Flaschen und setzten uns mit McClean unter einen Baum. »Ihr weißen Leute seid wunderbar, daß ihr solche Dinge bauen könnt«, sagte er. »Dieser Landungssteg wird aus Chilumba einen wichtigen Ort machen.«

Wir erzählten ihm nichts über die geplante Verbindungsstraße von der tansanischen Grenze bis in den Süden Malawis, ein Entwicklungshilfe-Projekt, das den Containerhafen von Chilumba vollkommen überflüssig machen würde.

Die Rache der Ameisen

Nachdem wir wochenlang im Zelt gehaust hatten, war unser Zimmer im »Government Rest House« in Karonga der Gipfel des Luxus für mich. Ich knipste einen Schalter an, und das Licht an der Decke flammte auf. Ich drehte einen Wasserhahn auf, und es kam tatsächlich heißes Wasser heraus, auch wenn es ziemlich schlammig aussah. Es gab Glasfenster, einen großen Spiegel, einen Schrank mit Kleiderbügeln, einen Stuhl, auf dem man sitzen konnte. Wir hatten das Ende unserer Malawisee-Reise erreicht; an diesem Abend würden wir nicht über dem Campingkocher kauern und unsere Töpfe im See auswaschen. Und wir mußten keinen Fisch oder Reis oder Nsima essen. Wir würden uns ein anständiges Restaurant suchen (Karonga war ein verhältnismäßig großer Ort – es mußte hier eines geben!) und uns ein Essen mit allen Schikanen leisten.

Wir hatten Glück. Nicht weit vom Hotel lag ein kleiner Touristenort namens Club Marina. Mehrere Jeeps standen davor, und der Eingang zur Bar war mit farbigen Blinklichtern umrahmt. Aber diese hoffnungsvollen Zeichen trogen: Obwohl die Sonne schon untergegangen war, strahlte das Blechdach noch die ganze Hitze des Tages ab. Reggae-Musik dudelte im Radio. Ein weißes Paar vergnügte sich mit Darts. Ein paar betrunkene und ziemlich lautstarke Malawier spielten Karten. Eine Prostituierte schlief mit dem Kopf auf dem Tisch, und das Mädchen neben ihr starrte Dag mürrisch an. Ein deprimierender Ort.

Das Restaurant des Club Marina sah auch nicht viel anheimelnder aus. Die Tische waren mit braunen Tischtüchern und senfgelben Servietten gedeckt. Auf jedem Tisch standen ein paar Ketchup-Flaschen, die von Ameisen wimmelten. Obwohl keine anderen Gäste zu sehen waren (oder vielleicht auch gerade, weil), machte der Kellner ein bitterböses Gesicht, als wir hereinkamen. Mißmutig knallte er uns die Speisekarten hin. Wir studierten sie hoffnungsvoll: »Nsima mit Fisch«, »Reis mit Fisch«, »Nsima mit Fleisch«, »Reis mit Fleisch«. Unsere Hoffnung schwand dahin, erst bei der letzten Zeile lebte sie wieder auf: »Selbstgemachte Lasagne mit Kürbisblättern«.

Als wir die Lasagne bestellten, runzelte der Kellner die Stirn. »Das dauert sehr lange, weil es so kalt ist«, knurrte er und stolzierte davon.

»Er meint wahrscheinlich, daß die Lasagne aus der Tiefkühltruhe kommt«, sagte Dag – optimistisch wie immer. Eine halbe Stunde lang lauschten wir auf das Knallen und Fluchen, das aus der Küche kam. Um uns die Zeit zu vertreiben, killten wir die Ameisen auf den Saucenflaschen und stapelten die Leichen in kleinen Häufchen als Trophäen vor uns auf. Endlich kam der Kellner hereinmarschiert und stellte zwei Teller mit Essen vor uns hin. Wir starrten die Bescherung ungläubig an. Auf einem Bett aus gekochten

Kürbisblättern lagen ein paar schwarze Brocken, die wie verkohltes Holz aussahen. Ich klopfte mit meiner Gabel drauf. Die Gabel prallte mit einem dumpfen Geräusch ab.

»Das können wir nicht essen«, sagte ich dem Kellner.

»Es ist selbergemacht!« protestierte er.

»Ist mir egal. Es ist verbrannt.«

Er packte die Teller. »Wir haben Fleisch, Reis und Nsima«, sagte er. »Also, was wollen Sie?«

Nach einem gräßlichen Mahl, das wir mit warmem Bier hinunterspülten, kehrten wir ins Hotel zurück. Auf dem kleinen Hof lag der Nachtwächter an unseren Kajak gelehnt und schlief wie ein Murmeltier. Sein Schnarchen drang durch die dünnen Zimmerwände, und das grelle Licht der Straßenlampe flutete zwischen den schlecht schließenden Vorhängen herein. Aber die Moskitonetze waren intakt und das Bett einigermaßen bequem, so daß wir ein paar Stunden schlafen konnten – bis die Freunde und Verwandten der ermordeten Ameisen fürchterliche Rache an uns übten. Sie griffen an mehreren Fronten gleichzeitig an; als wir erwachten, waren wir überall von Ameisen bedeckt. Wir knipsten das Licht an und entdeckten eine mehrspurige Ameisenautobahn, die unter der Tür hindurch zum Bett führte, dann an den Bettpfosten hinauf, wo sich die Ameisenflut über die Matratze und die Kissen ergoß. Wir schüttelten die Laken aus, versprühten Insektenschutzmittel, stampften auf dem Boden herum, aber es nützte alles nichts, denn pausenlos rückte Verstärkung an. Schließlich gab es nur noch eins: Wir schoben das Bett auf die Seite und bauten mitten im Zimmer unser Zelt auf. Verschwitzt und mißmutig lagen wir da und fragten uns, wie wir bloß auf die Idee gekommen waren, den unvergleichlichen Nachthimmel über unseren Strandlagern gegen ein stickiges Hotelzimmer zu vertauschen.

Die Leute, die wir in den Uferdörfern getroffen hatten, träumten alle von Dingen, die für uns selbstverständlich waren. Die meisten von ihnen waren nie in einem Auto gefahren und hatten noch nie vor einem Fernseher gesessen. Es war unwahrscheinlich, daß sie je mit einem Flugzeug reisen oder in den Genuß von Elektrizität und fließendem Wasser kommen würden. Lilongwe, die Hauptstadt, war für sie wie ein fremder Planet, ein Ort, an dem alles möglich war. Wir dagegen hatten es gar nicht eilig, zurückzukehren, und so legten wir während der dreitägigen Rückreise per Fähre noch einen Zwischenstopp auf der Insel Likomo ein. Die Stadt und unser Flug nach Deutschland konnten warten.

Die »Mtendere« war ein äußerst unangenehmes Schiff. Sie hatte nur zwei Klassen, eine zweite und eine dritte. Die Dritte-Klasse-Passagiere verbrachten die gesamte Reise unten im Schiffsbauch. Das Zweite-Klasse-Deck war eng und ungemütlich, und man konnte sich kaum rühren zwischen den Rettungsbooten, Holzbänken und unserem Kajak. Rauch, Ruß und Schlacken regneten pausenlos von den Schornsteinen auf uns herunter, Tag und Nacht wurden wir mit Musik berieselt und mit grellem Licht gefoltert, und die Gerüche, die von den Toiletten heraufdrifteten, waren unbeschreiblich. Man brauchte starke Nerven, um diese Räumlichkeiten zu betreten: Große, glänzende Kakerlaken saßen auf den schmutzigen Klobrillen; unappetitliches, graues Wasser schwappte auf dem Boden herum. In der kleinen Cafeteria, wo ein fröhlicher junger Malawier Tee, Kaffee und Essen servierte, war es nicht viel besser. Anfangs hatte er Nsima und gekochten Fisch oder Eier und Pommes frites anzubieten. Nach wenigen Stunden hatten die Mzungu an Bord den Eier- und Pommes-frites-Vorrat restlos aufgebraucht. In Karonga hatte ich mir geschworen, daß ich nie wieder Nsima essen würde, aber auf der Mtendere blieb mir nichts anderes übrig.

Am ersten Abend gingen wir für ein paar Stunden am Landesteg von Chilumba und am zweiten Abend in Nhkata Bay vor Anker. Beide Male verwandelte sich die Mtendere in einen Nachtclub für wohlhabende Malawier. Sie strömten alle an Deck, wo Bier ausgeschenkt wurde – die Männer mit glänzenden Schuhen, Anzügen und protzigen Armbanduhren, die Frauen mit entkrausten Haaren, knallbunten Kleidern, hochhackigen Schuhen und viel Make-up. Sie tranken, rauchten, flirteten und tanzten zu der Berieselungsmusik, ohne sich um die Passagiere zu kümmern. Irgendwann legten wir uns schlafen, und die Party tobte um uns herum weiter. Leere Bierflaschen rollten an unserem Schlafsack vorbei, Zigaretten wurden neben unseren Köpfen ausgedrückt, und einmal trat eine Frau in Stilettos auf mich drauf.

Um sechs Uhr morgens ging die Mtendere vor der Insel Likomo vor Anker, und unser Kajak wurde über die Reling zu Wasser gelassen. Die nächste Fähre nach Süden würde erst in ein paar Tagen kommen. Mit dem wunderbaren Gefühl, daß wir diesmal kein bestimmtes Ziel erreichen mußten, paddelten wir auf die winzige Insel zu.

Zauberer und ein Hexendoktor

Mtembo kam mit drei kleinen Fischen, die er im See gefangen hatte, zu unserem Zelt. Wir brieten sie mit ein bißchen Öl und Salz auf unserem Campingkocher und pickten sorgfältig die Fleischstücke zwischen den Gräten heraus, während Mtembo auf den Köpfen herumkaute. Am Tag zuvor war er fröhlich und gesprächig gewesen. Er hatte eine Weltkarte in den Sand gemalt und uns gebeten, unsere Reiseroute einzuritzen. »Fahrt ihr nicht nach Südamerika?« hatte er gefragt und sämtliche Länder und Hauptstädte dieses Kontinents heruntergerasselt. Ich hatte ihm gesagt, daß die meisten Nordamerikaner froh wären, wenn sie nur die Hälfte davon wüßten.

»Wirklich? Das glaube ich nicht!« hatte er gerufen.

Aber heute morgen war er finster und schweigsam. Ich fragte ihn, ob etwas passiert sei. Er preßte die Lippen über seinen vorstehenden Zähnen zusammen und starrte in die Zweige des Mangobaums hinauf, unter dem wir saßen. Endlich sagte er mit gespielter Gleichgültigkeit: »Die Leute im Dorf haben mich über euch ausgefragt. Sie sagen, Mtembo war mit den Mzungu zusammen, also muß er wissen, was sie an ihrem Handgelenk tragen.«

Sein Blick wanderte zu den Schnüren, die uns die Pujari am Ganges ans Handgelenk gemacht hatten. »Afrikanische Medizinmänner tragen Perlen am Handgelenk. Ich habe den Leuten im Dorf gesagt, daß Dag ein Tierdoktor ist. Gestern haben euch die Leute im See schwimmen sehen, und da haben sie gedacht, daß ihr Macht über die Krokodile habt.«

Dag und ich schauten uns an. »Wo geschwommen?« fragten wir. Mtembo zeigte auf ein unbewohntes, küstennahes Inselchen, das nicht viel mehr war als ein Felsenausläufer, in dem sich ein paar Bäume festkrallten. Wir waren am Tag zuvor dorthin gepaddelt, um uns unbeobachtet waschen zu können.

»Vor zwei Jahren ist ein Mzungu in einem von unseren Kanus hingefahren, und ein Krokodil hat ihn genommen.«

Schweigend verdauten wir diese Information. Eine gelb-blaue Eidechse huschte über meine Füße. Ein paar kleine Jungen tobten im Wasser, ihre glatte schwarze Haut schimmerte in der Sonne.

»Heute morgen ist eine alte Frau zum See gegangen«, fuhr Mtembo fort, »zu der Stelle, wo der Fluß hineinfließt. Sie hat sich gewaschen, und ein Krokodil hat sie genommen.«

»Heute morgen!« rief ich entsetzt.

»Ihr Enkel war bei ihr. Er hat geschrien und ist weggerannt. Es war dasselbe Krokodil, das den Mzungu genommen hat.«

»Woher weißt du das?« fragte Dag.

»Weil es in Wirklichkeit ein böser Zauberer ist. Jedes Jahr nimmt er jemanden. Die Jäger können ihn nicht töten. Er stirbt nicht! Jetzt sagen die Leute, daß unser afrikanischer Doktor den Zauberer aufspüren und ihm seine Macht wegnehmen muß.«

»Wie macht er das?« fragte Dag.

»Ich weiß nicht, das ist ein Geheimnis.«

»Können wir diesen Doktor treffen?«

Mtembo starrte in die Zweige hinauf. »Die Leute fragen nach dem Mzungu, der ein Doktor ist und ein seltsames Armband trägt ...«

»Die Armbänder sind eine Erinnerung an unsere Reise in Indien«, sagte Dag. »Sie haben nichts mit Magie zu tun.«

Das stimmte nicht so ganz – die Armbänder sollten uns beschützen, und wir waren zu abergläubisch, um sie abzumachen. Aber Mtembo war mit Dags Erklärung zufrieden. »Ich sage es den Leuten«, sagte er und grinste breit.

Von Likomo waren es nur ein paar Kilometer über den See nach Moçambique. Wir hatten ursprünglich einen Tag dorthin fahren wollen. Wir hatten ein paar Fischer aus Moçambique kennengelernt, die regelmäßig in ihren Dhaus hin und her fuhren und uns versichert hatten, daß wir dort willkommen seien. Aber der Häuptling von Mtembos Dorf wollte uns nicht fahren lassen. »Hört auf den Strand dort«, sagte er, »und dann werdet ihr es verstehen.«

Am Tag hörten wir Gewehrsalven krachen; nachts drang unheilvolles Trommeln über das Wasser herüber. Wir änderten unsere Pläne und paddelten statt dessen ein paar Kilometer nach Norden, zu einem Strand, an dem Mzungus kampierten, wie Mtembo uns erzählt hatte.

Eine Handvoll Zelte waren in einem Ring von riesigen Baobab-Bäumen aufgebaut. Auf einem Felsen am Ufer stand in großen weißen Buchstaben: »Bitte diesen Felsen nicht als Toilette benützen!« Wir zogen den Kajak am Strand hoch und gingen zu den Zelten hinüber. Ein paar Leute lagen im Sand und dösten oder lasen. Ein Mädchen in einem winzigen Bikini schaute auf, starrte uns einen Augenblick an, dann steckte sie die Nase wieder in ihr Buch. »Ist grad eine Fähre gekommen?« rief einer der Männer.

»Nein«, sagte ich. Er setzte sich auf und rieb sich die Augen. »Hätte mich auch gewundert. Was ist denn das für ein Dialekt?«

»Manchester.«

»Ich bin von Lowestoft. Chris ist mein Name. Setzt euch doch.«

Er sah noch einigermaßen zivilisiert aus, aber der Typ neben ihm hatte seine Kleider bestimmt seit Wochen nicht mehr gewechselt. Als Chris ihn mit dem Zeh anstieß, knurrte er nur: »Hau ab!«, ohne die Augen aufzumachen.

»Wach auf, Grant!« beharrte Chris. »Wir haben Gäste.«

Grant hob den Kopf, setzte seine schmierige Brille auf und blinzelte uns an. »Wann ist die Fähre angekommen?« fragte er.

»Gar nicht«, sagte ich. »Wir sind mit dem Kajak hier.«

»Ah«, brummte er, nahm die Brille ab, legte sie sich auf die Brust und schlief wieder ein.

Chris griff nach einer Plastiktüte. »Raucht ihr ein bißchen Malawi-Gold mit uns?« fragte er so höflich, als ob er uns eine Tasse Earl-Grey-Tee anbieten wollte.

»Nein, danke«, sagte Dag. »Sonst kommen wir heute nirgends mehr hin.«

Chris seufzte. »Stimmt – Grant und ich sind schon einen ganzen Monat hier. Zweimal in der Woche kommt die Fähre, aber wir schaffen es nie, unsre Sachen rechtzeitig zu packen. Wenn du dir morgens einen Joint reinziehst, ist der Tag gelaufen.«

Ein anderer Typ kam zu uns herüber. Chris drehte eine Zigarette mit Malawi-Gold, und bald lagen die beiden flach auf dem Rücken.

Wir paddelten zurück und fanden Mtembo vor unserem Zelt. »Ich habe den Leuten gesagt, warum ihr die Armbänder tragt«, verkündete er, »und jetzt bringe ich euch zum Doktor.«

Unterwegs begegneten wir ein paar Frauen, die mit vollen Wassereimern auf dem Kopf vom See zurückkamen. »Kommt in mein Haus!« rief eine von ihnen uns zu.

Drinnen gab es keine Möbel, nur ein paar Matten, die über den rissigen Zementboden geworfen waren, einen Sack Maismehl und ein paar Haken an der Wand. In einer Ecke lag ein Baby friedlich schlafend auf einem Lumpenhaufen. Fliegen krochen über sein Gesicht, und Hühner pickten auf dem Boden um den Kleinen herum. Wir setzten uns auf eine der Matten, und die Frau brachte uns Tee in Plastiktassen.

»Sie ist eine der Frauen meines Onkels«, sagte Mtembo. »Sie lebt hier allein.«

»Ihr Jüngstes?« fragte ich und zeigte auf das Baby. Sie nickte. Ein kleiner Junge war hereingekommen; er klammerte sich an die Frau und starrte uns ängstlich an. Sein nackter Hintern schimmerte durch die zerrissenen blauen Shorts, die fürchterlich nach Ammoniak rochen. Die Frau hob ihn hoch und wischte ihm die Nase ab. »Mzungu«, flüsterte sie ihm zu, aber er versteckte sein Gesicht an ihrem Busen.

Vor der Hütte fegte ein halbwüchsiges Mädchen mit einem Palmblatt regelmäßige Streifenmuster in den Boden. »Das ist meine Tochter«, sagte die Frau.

»Geht sie in die Schule?«

»Dritte Klasse«, sagte sie und schaute mich mit ruhigem Blick an. »Aber sie hat kein Heft. Wir haben kein Geld.«

Ich bot ihr an, ein Buch zu kaufen.

»Ist keins da«, sagte die Frau trocken.

»Das stimmt«, bestätigte Mtembo. »Wir warten seit Wochen auf neue Schulhefte. Ohne Heft kann sie nicht in die Schule gehen.«

»Gibst du mir morgen Mehl?« fragte die Frau. »Und Seife? Ich habe keine Seife zum Kleiderwaschen. Und Aspirin? Ich habe viele Schmerzen.«

Wir marschierten eine Stunde lang über die flache, trockene Insel. Der Weg schlängelte sich zwischen Gummibäumen und vom Hochwasser eingegrabenen Rinnen hindurch. »Der Doktor ist ein berühmter Mann«, erzählte uns Mtembo, der jetzt wieder fröhlich und gesprächig war, »der berühmteste afrikanische Doktor in Malawi. Er hat viel Macht. Ein Mann hat eine Tasche aus meinem Haus gestohlen. Ich habe den Doktor gefragt, wer der Dieb war, und er hat es mir gesagt. Dann bin ich zu dem Dieb in den Garten gegangen, und er hat furchtbare Angst gehabt! Jetzt habe ich mir eine Frau gesucht, und ich will den Doktor fragen, ob sie eine gute Frau ist.«

»Und wenn er ja sagt, was passiert dann?« fragte ich.

»Dann geht mein Freund zu ihrem Vater. Sie töten ein Huhn und essen es zusammen. Der Vater wird zweihundert Kwatcha für seine Tochter verlangen. Mein Freund bietet hundertzwanzig an. Darauf einigen sie sich, denn mehr ist sie nicht wert.«

»Und wenn sie dich nicht mag?«

»Oh doch, sie mag mich. Ich habe schon mit ihr gesprochen.«

»Warum haben manche Männer mehrere Frauen?«

»Manche Männer haben fünf! Aber sie leben nicht alle zusammen. Er hat eine hier, eine dort. Er hat sie wegen den Kindern. Und zum Entspannen.«

»Zum Entspannen?«

»Der Mann geht zu einer von seinen Frauen, entspannt, und schon bekommt er wieder ein Kind.«

»Wie ernährt er sie alle?«

»Die Frauen arbeiten für ihn auf den Feldern. Und er bekommt viele Kinder, die später für ihn sorgen«, erklärte Mtembo. »Es ist ein gutes System.«

Der Pfad ging jetzt bergab, und der See kam wieder in Sicht. Bei einem großen Cassava-Feld hielt Mtembo plötzlich an. »Bald kommen wir zum Misozi-Krankenhaus«, sagte er, und ihr müßt euch richtig verhalten. Erst geht ihr in den Garten hier und nehmt eine Cassavastange in die linke Hand.« Er schaute uns genau auf die Finger, als wir seine Anweisung befolgten. »Wenn wir zum Krankenhaus kommen, geht ihr mit der Stange durch das Gelände. Ihr dürft nicht zurückschauen – das bringt Unglück. Dann kommt ihr zu einem Baum, unter dem ein Junge steht. Gebt ihm die Stange.

Dann geht ihr zum Krankenhaus zurück, so wie ihr gekommen seid. Und nicht zurückschauen!«

Innerhalb eines Bambuszauns drängten sich eine Anzahl von Lehm- und Strohhütten. Weiße Tücher mit einem roten Kreuz darauf hingen vor den Türen und Fenstern. Ein paar wurden beiseite gezogen, und wir konnten die auf Matten auf dem Boden liegenden Patienten sehen. Auf den Veranden saßen Männer und Frauen unter den überhängenden Strohdächern und starrten uns schweigend an. Hühner liefen zwischen den Hütten herum, und räudige Hunde kratzten sich. Mtembo führte uns durch das Krankenhausgelände zu einem mit Schnüren abgetrennten Baum. Ein kleiner Junge bewachte die Cassava-Stangen, die unter dem Baum aufgehäuft lagen. Er starrte uns erschrocken an. Mtembo murmelte ihm etwas zu; widerstrebend nahm er unsere Stangen und ließ sie auf den Haufen fallen.

»Nicht umschauen!« ermahnte uns Mtembo.

Mitten unter den Lehmhütten erhob sich ein langes, rechteckiges Haus. Eine tiefe, singende Stimme drang heraus. »Das ist Dr. Kumpulota«, flüsterte unser Begleiter. »Er spricht zu seinen Patienten.«

Mtembo schob uns hinein. Am anderen Ende des kahlen Raums standen ein Betpult, eine Trommel, ein Altar mit einem Kruzifix, und an der Wand darüber hingen zwei Fotos von Präsident Banda. Ungefähr dreißig Leute saßen auf dem Lehmboden, während ein drahtiger Mann in weißem Hemd und geflickten Baumwollhosen zu ihnen redete. Er wippte auf den Fußballen vor, wie eine Katze, die zum Sprung ansetzt. Als wir hereinkamen, schnippte er mit den Fingern, und eine Matte wurde hereingebracht und neben dem Altar ausgebreitet.

»Wir müssen uns dort hinsetzen«, sagte Mtembo.

»Ich möchte lieber hier hinten bleiben«, flüsterte ich zurück.

Aber Dag schubste mich vorwärts, und der Doktor zeigte gebieterisch auf die Matte.

Ein Frau rutschte auf Knien zum Doktor hin. Er reichte ihr die Bibel vom Pult herunter, und sie stand auf und fing zu lesen an.

»Sie ist eine der Frauen des Doktors«, flüsterte Mtembo.

»Wie viele hat er denn?« fragte ich.

»Mindestens drei.«

Die Frau hielt mehrmals inne, damit der Doktor den Text interpretieren konnte. Er schaukelte rhythmisch vor und zurück, durchbohrte die Menge mit seinem finsteren Blick und füllte den Raum mit seiner Stimme. Als seine Frau mit dem Lesen fertig war, klappte sie die Bibel zu und rutschte kniend auf ihren Platz zurück. Der Doktor packte eine Trommel, hielt sie zwischen den Knien, schlug darauf herum und sang mit volltönender Stimme. Die Menge stimmte mit ein.

»Er sagt, sie müssen ihre Lungen öffnen«, erklärte Mtembo, »das ist gute Medizin.«

Das Singen wurde lauter und eindringlicher. Mit der Trommel zwischen den Beinen hüpfte der Doktor auf und ab und peitschte den Chor zu einem wilden Crescendo auf, das er dann langsam wieder abklingen ließ. Dag behauptete, er hätte eine Energie gespürt, die ihm die Nackenhaare gesträubt hätte. Aber ich spürte gar nichts – was dem einfühlsamen und charismatischen Doktor nicht entging.

Er legte die Trommel weg und setzte sich geschäftsmäßig zu uns. Die Patienten umringten uns, und ein paar kleine Kinder berührten meine Haut, während der Doktor in Chichewa auf uns einredete. »Willkommen, ihr weißen Leute«, übersetzte Mtembo. »Wie ihr seht, bin ich kein reicher Mann. Ich bitte niemanden um Geld. Ich lebe, um zu dienen und zu heilen. Vor achtzehn Jahren, als meine Mutter starb, war ich krank und verrückt. Ich bin nackt in den Hügeln herumgelaufen. Ich habe nicht gegessen. Dann kam der Geist meiner Mutter im Traum zu mir. Sie sagte mir, daß ich die Leute heilen sollte. Sie hat mir gezeigt, welche Kräuter ich nehmen muß. Sie hat mich gelehrt, dieses Leben zu führen.« Seine Unterlippe bebte, und dicke Tränen rollten über seine Wangen. »Ich weine, weil ich den Geist meiner Mutter sehe. Wenn ich heile, leitet mich ihr Geist. Ihretwegen lebe ich auf Lehmböden und unter Strohdächern. Ich könnte reich sein und in einem richtigen Haus mit einem Eisendach wohnen, aber ich verlange kein Geld für diese Arbeit.« Er zog ein Taschentuch hervor und wischte sich die Tränen ab.

»Er will wissen, ob ihr Fragen habt«, sagte Mtembo.

Dag fragte ihn nach den Krankheiten, die er behandelte, und nach den Medikamenten, die er verschrieb. Der Doktor griff in die

Menge und riß einen jungen Mann auf die Füße. Seine Knöchel waren mit Zwirn zusammengebunden, und er stand reglos da und starrte vor sich hin.

»Er leidet unter einem Wahn«, übersetzte Mtembo. »Er ist verhext worden. Als er hierher kam, war er an Händen und Füßen gefesselt und hat gefaucht und um sich gebissen wie ein Hund. Jetzt ist er ruhiger.« Der Doktor strich über eine Reihe von Narben auf der Stirn seines Patienten. Er hatte diese Schnitte mit einem Messer gemacht und sie dann mit einer Paste aus gemahlenen Wurzeln und Wasser eingerieben. Er stellte eine Schale mit der Paste vor Dag hin. Die Paste war zäh und dunkelrot wie Henna.

»Ich habe es auch in sein Essen gemischt«, sagte der Doktor. »Bald können wir seine Füße aufbinden. Und er wird wieder sprechen.«

Als nächstes wurde ein kleines Mädchen vorgeführt. Sie war ungefähr acht Jahre alt, und eines ihrer Beine war mit einem roten Brei zugepflastert, der ganz ähnlich aussah wie die Medizin für den Verrückten.

»Ihr Bein war geschwollen«, sagte Mtembo. »Die weißen Ärzte konnten nicht helfen, deshalb haben ihre Eltern sie hierhergebracht. Nach einer Woche kam ein verhexter Knochen aus ihrem Bein heraus – da, wo die Narbe ist.«

Mtembo pikste das Bein des Mädchens mit dem Finger. Sie zuckte zusammen, und ihre Augen füllten sich mit Tränen, aber sie gab keinen Laut von sich. Jemand drückte dem Doktor einen Lumpen in die Hand. Er wickelte ihn vorsichtig auf und hielt uns den Inhalt unter die Nase. Es war ein Knochen, ungefähr zwanzig Zentimeter lang, der an beiden Enden angefault war. Dag nahm ihn in die Hand.

»Ist das der Knochen aus ihrem Bein?«

»Ja!« schrie Mtembo. »Ich habe es mit meinen eigenen Augen gesehen! Ein Zauberer hat ihn in ihr Bein gehext. Jemand, der neidisch auf ihre Familie war, hat ihn dafür bezahlt!«

»Das könnte ein Wadenbein sein«, sagte Dag. »Es hat die richtige Größe für das Mädchen.« Er beugte sich vor und untersuchte behutsam ihr Bein. »Die Wunde ist völlig vereitert. Deshalb hat sie auch solche Schmerzen.«

»Sind ihre Knochen alle da?« fragte ich Dag.

»Natürlich.«

Ich wandte mich an Mtembo. »Wie viele Patienten sind hier verhext?«

»Neunzig Prozent.«

»Müssen sie an Zauberei glauben, damit die Medizin wirkt?«

»Nein. Sie müssen an Gott und die Macht des Gebets glauben.«

Der Doktor behandelte jetzt einen kleinen Jungen, dessen Beine mit eiternden Insektenstichen bedeckt waren. Mit wassergetränkter Watte rieb er den Schorf von den Stichen und schmierte sie mit der roten Salbe ein. Ich dachte an den Österreicher, den wir in Nkhotakota kennengelernt hatten und der seit fünfzehn Jahren der erste voll ausgebildete Arzt am dortigen Krankenhaus war. Er hatte keinen Röntgenapparat, viel zuwenig Medikamente, und auf jedes Bett kamen mindestens fünf Patienten. Er hatte uns erzählt, daß manche Patienten unter rätselhaften Symptomen litten, die auf westliche Medizin nicht ansprachen. Solche Patienten schickte er zu William Kumpulota nach Likoma.

In anderen Ländern und Kulturen hatte ich vorübergehend meine westlichen Begriffe und Vorstellungen über Bord werfen können. Ich hatte Teufelsaustreibungen miterlebt, und ich hatte gelernt, einen Fluß als Göttin zu akzeptieren. Aber mit diesem finsteren Aberglauben, der nur Angst und Mißtrauen unter den Leuten hier säte, konnte ich mich einfach nicht abfinden. Der Doktor spürte das offenbar, denn plötzlich sprang er auf und fing zu brüllen an. Mtembo übersetzte mit schreckensweiten Augen: »Es ist eine Person hier, die sagt, daß sie keine Fragen hat, aber sie spricht nicht die Wahrheit. Sie versteht und duldet unsere afrikanische Medizin nicht!«

Der Doktor setzte sich wieder und funkelte mich an. Jetzt sträubten sich auch bei mir die Nackenhaare

»Er will, daß ihr ihm noch mehr Fragen stellt«, sagte Mtembo ängstlich.

Ich hielt lieber den Mund.

»Wie ist das mit dem Krokodil – wie wollen Sie das aufspüren?« fragte Dag.

Der Doktor rollte die Augen. »Ich habe einen magischen Stock. Damit kann ich ihn entlarven. Dann muß er sich ergeben, er muß auf alle Zauberkünste verzichten und dem Satan abschwören. Wenn er sich weigert, stirbt er! Sofort! Alle Zauberer haben Angst vor mir. Ich habe einen ganzen Raum voll mit ihren bösen Tränken. Ich kann sie mit Blitzen vernichten!«

»Ich habe gesehen, wie er Blitze macht«, sagte Mtembo aufgeregt. »Sie sind in einen Baobab-Baum gefahren, und der Baum ist umgestürzt.«

Ohne Vorwarnung stolzierte der Doktor aus dem Raum, und seine Patienten folgten ihm.

»Er sagt, wir müssen jetzt gehen«, sagte Mtembo. »Aber erst soll ich euch noch die Spendenbüchse zeigen.«

Wir gingen auf einem anderen Weg zum Strand zurück, der uns an der St.-Peters-Kirche vorbeiführte. Dieser riesige Bau im Stil einer englischen Kathedrale war 1902 an demselben Platz erbaut worden, an dem früher Hexen verbrannt wurden. Rattenkot lag um das Taufbecken herum, der Holzboden der Kanzel war rissig und bucklig, und die Buntglasfenster waren von einem Sturm verwüstet worden, der die Insel vor zwei Jahren heimgesucht hatte. Der Dekan kam heraus, um uns zu begrüßen. Stolz zeigte er uns die Sakristei, deren Einrichtung aus England stammte, sowie ein signiertes Foto des Erzbischofs von Canterbury und ein Kreuz, das ihm Leute aus Oberammergau geschickt hatten.

Als wir am späteren Nachmittag zu unserem Lager zurückkamen, zog ein Sturm auf. Der Himmel war schiefergrau, die Hügel von Moçambique leuchteten knallgrün herüber, und der Wind peitschte den See auf. Ein paar Fischer kamen hastig an den Strand gepaddelt, und die Frauen sammelten ihre Wäsche ein und rannten mit Eimern auf den Köpfen an uns vorbei ins Dorf zurück. Blitze zuckten über den Himmel, ein lauter Donnerschlag ertönte, und dann trommelte der Regen herunter.

»Los, wir waschen das Boot!« rief Dag.

Wir liefen zu dem Baobab-Baum, unter dem unser Kajak lag, besprenkelten das Boot mit Wäscheseife und schrubbten die Rußflecken von der »Mtendere« ab. Wir waren so in unsere Arbeit vertieft, daß wir Mtembo gar nicht wahrnahmen. Er saß neben unserem Zelt und saugte bekümmert an seinen Lippen. »Kennt ihr die Geschichten über Baobab-Bäume?« fragte er, als wir fertig waren.

Wir hatten schon einige gehört, aber Mtembo hatte jetzt eine neue Version auf Lager. »Als Gott den Baobab-Baum pflanzte, hat er einen Fehler gemacht und ihn verkehrt herum in die Erde gesteckt. Und so sehen seine Zweige wie Wurzeln aus, und seine Wurzeln sind ganz klein. Deshalb fallen sie auch oft um bei einem Sturm, besonders wenn der Sturm von einem afrikanischen Doktor kommt.«

»Der Sturm kommt von Moçambique«, protestierte ich.

»Ich gehe jetzt nach Hause«, sagte Mtembo.

Als der Sturm vorbei war, kam Mtembo in unser Zelt zurück. »Hören wir BBC?« flüsterte er.

Er zog ein altes Transistorradio unter seinem Hemd hervor. Die Antenne war ein langes Stück Draht, das er sich um den Kopf wickelte. »Wir müssen vorsichtig sein«, sagte er. »Im Dorf gibt es Spione.«

Um das Radio gekauert, hörten wir zwischen Krachen und Zischen die Stimme des Acht-Uhr-Nachrichtensprechers: »Die malawische Regierung hat heute eine Presseerklärung abgegeben. Darin heißt es ...« Aufgeregt drückte Dag das Gerät ans Ohr.

»Was sagt er?« flüsterte ich.

»Das kann doch bloß ein Witz sein«, sagte Dag und ließ langsam das Radio sinken. »Sie haben gesagt, wer gegen die Regierung hetzt, wird den Krokodilen zum Fraß vorgeworfen ...«

Vier Tage später waren wir wieder in Lilongwe. Die Stadt wimmelte von grünbehelmten Typen. Chihana war immer noch im Gefängnis, im ganzen Land waren Bandas PCT-Supermärkte geplündert worden, und in Blantyre hatte die Polizei bei einem Aufstand vierzig Leute erschossen.

Am Flughafen stürzte sich eine Horde von Trägern auf uns, als wir unser Gepäck aus dem Taxi holten. »Sir, Madam, ich habe kein Geld, ich habe Hunger, ich habe Durst, lassen Sie mich Ihre Sachen tragen.«

Die beiden roten Säcke wurden eingecheckt, auf einen Wagen gehievt und weggerollt. Wir eilten durch die Paßkontrolle und brachten unser Handgepäck und die Kameraausrüstung durch die Metalldetektorschranke, ohne einen Alarm auszulösen. Dann streckte eine Frau ihren Kopf aus einer winzigen Kabine. »Hier herein bitte.«

Ich ging hinein. Sie saß an einem Tisch und deutete auf den Platz gegenüber. »Bitte leeren Sie Ihre Tasche aus«, sagte sie.

Ich zog den Pulli heraus, den ich fürs Flugzeug mitgenommen hatte, die Briefmappe mit meinen Papieren und meine beiden dicken Notizbücher. Sie enthielten detaillierte Aufzeichnungen über die politische Situation in Malawi und die vollständigen Namen und Adressen der Leute, mit denen wir uns angefreundet hatten. Einige von ihnen hatte ich zitiert, und ihre Kommentare über das Banda-Regime würden sie für den Rest ihres Lebens ins Gefängnis bringen, wenn die Hefte in die falschen Hände gerieten. Ich bekam watteweiche Knie, als die Frau in meinen Aufzeichnungen herumblätterte, und ich verfluchte im stillen meinen Leichtsinn.

»Was sind das für Bücher?« fragte die Frau.

»Meine Tagebücher«, sagte ich.

»Über was?«

»Rein persönliche Dinge.«

Sie legte sie weg und nahm meine Handtasche.

»Es ist nicht erlaubt, Kwatcha aus Malawi herauszubringen. Haben Sie Kwatcha?«

»Nein.« Sie griff wieder nach den Tagebüchern – und legte sie in die Tasche zurück. »Wohin fliegen Sie?«

»Europa«, sagte ich.

»Ah«, sagte sie leise. »Da haben Sie Glück.«

Wir standen am Gepäckband von Münchens supermodernem Flughafen und warteten darauf, daß unsere Säcke auftauchten. Die Leute um uns herum redeten Deutsch, Italienisch und Englisch. Sie trugen modische Leinen- und Baumwollklamotten und dufteten nach teuren Parfums. Wir hatten immer noch die Sachen an, die ich vor ein paar Tagen im Malawisee gewaschen und auf einem Felsen getrocknet hatte. Ich fragte mich allmählich, wie wir wohl rochen. Die Frau neben mir starrte auf meine Füße – der eine steckte in einer ramponierten Sandale, der andere in einer schmutzigen Socke über einem dicken Verband, der die entzündete Wunde bedeckte, die ich mir in Afrika zugezogen hatte. Das Band zitterte und setzte sich in Bewegung. Als erstes tauchten Lederkoffer auf, manche mit vergoldeten Initialen und glänzenden Schlössern.

Dann kamen unsere roten Säcke angewackelt – sie sahen eher aus wie Punchingballs, nicht wie Gepäckstücke. Unter den abfälligen Blicken der anderen Passagiere hievten wir sie auf einen Wagen und rollten sie zur Ankunftshalle.

Hinter den Glastüren standen unsere Freunde Olaf und Sabine mit einer Flasche Champagner und suchten mit den Augen die Menge ab. Ich winkte ihnen zu. Ich sah die Verwirrung in ihren Gesichtern, das plötzliche Wiedererkennen und dann nur noch ungläubiges Staunen. In diesem Augenblick wurde mir klar daß wir ein bißchen zu lange in der Wildnis gewesen waren.

Eine neue Idee

Zurück in Vancouver stand Larry in seiner Feathercraft-Werkstatt und musterte uns mit milder Skepsis. Wir trugen die schicken Klamotten, die wir in Europa gekauft hatten, und sahen gar nicht wie zwei Abenteurer aus, die gerade von einem einjährigen Kajaktrip um die ganze Welt zurückgekommen waren. Aber das Boot war unser Zeuge. Wir holten die verschiedenen Teile aus dem zerrissenen Sack. Das Deck, einst leuchtend rot, war jetzt blaßrosa. Der Rumpf war zerkratzt, der Mast geflickt, das Ruder ausgebessert, das Segel fleckig.

»Mann!« sagte Larry. »Ich hab noch nie einen Feathercraft in so einem Zustand gesehen!«

»Er ist ja auch ziemlich weit herumgekommen«, meinte Dag.

»Ziemlich weit« war ein Understatement: Unser Kajak war in fünf Kontinenten und vierzehn Ländern gewesen. Er war per Flugzeug, Bus, Taxi und Traktor transportiert worden, er war auf einer Luxusjacht und auf dem Ochsenkarren gereist, auf Einbaumkanus, Dreiradrikschas und auf den Köpfen von hilfsbereiten Menschen. Wir waren mit ihm auf der Salomon-See, auf dem Ganges, auf dem Malawisee und auf der Donau gepaddelt – eine Reise um die ganze Welt.

Aber wir waren noch nicht zu Hause. Von der Feathercraft-Werkstatt aus paddelten wir den Kajak fünfzig Kilometer über die

Georgia-Straße. Die Leute winkten uns von Fähren und Segelbooten aus zu und wunderten sich wahrscheinlich, was wir in einem so kleinen Boot auf dem großen Ozean verloren hatten. Vor einem Jahr wäre diese Überfahrt noch eine ernste Herausforderung für uns gewesen, aber jetzt war es der reinste Sonntagsspaziergang. Es gab keine Haie, Nilpferde und Krokodile, vor denen wir uns fürchten mußten, keine Wasserhosen und keine dichten Fliegenschwärme. Wir mußten nur unseren stetigen Paddelrhythmus beibehalten, und die zackigen Gipfel der Festlandberge verschwanden hinter uns, während sich vor uns allmählich die sanfteren Konturen der Vancouver Island abzeichneten. Vertraute Orte tauchten auf: der Mount Benson mit der Stadt Nanaimo zu seinen Füßen, dann die Bäume und Klippen der Protection Island, und endlich sahen wir die Fenster unseres Hauses in der Sonne blitzen. Aufgeregt drehte ich mich zu Dag um und wollte ihm sagen, wie glücklich ich war, daß wir diese wunderschöne Reise zusammen gemacht hatten und daß wir heil und gesund wieder nach Haus gekommen waren. Aber Dag hörte mich nicht. Und er sah mich auch nicht. Er hatte wieder seinen glasigen Blick. Ich wußte, was das bedeutete.

»Ich hab eine Idee«, sagte er. »Weißt du, wohin wir als nächstes fahren?«

Die Beschreibung der Erlebnisse in Australien und auf der Donau mußten in diesem Band aus Platzgründen wegfallen. Sie werden in einem gesonderten Buch erscheinen.

Danksagung

Wir danken den folgenden Unternehmen, die unser Abenteuer mit ihren großzügigen Spenden unterstützt haben:

der Feathercraft Products Ltd. für das Boot in unserem Gepäck; den Qantas Airlines für den kostenlosen Transport; den Dermtek Pharmaceuticals für die Sonnencreme »Ombrelle« und die unverhoffte finanzielle Hilfe; dem Maurya Sheraton Hotel in Neu-Delhi für die komfortable Unterbringung und die unübertreffliche Mousse au chocolat; der Firma Kelco Ltd. für die strapazierfähigen Boxen, die nicht nur Dags Kameras schützten, sondern auch als Schneidebretter und Sitze dienten; der Cascade Designs Inc. für die wasserdichten »Great-Barrier-Säcke«; Mustang Manufacturing für die aufblasbaren »Meta-Collars«; der Tilly Endurables Inc. für die Hüte und Kleidungsstücke; Berghaus für die Rucksäcke und Pullis; ACR Electronics Inc. für das Notortungsgerät und die »Firefly-Leuchtsignale«, die wir glücklicherweise nie benutzen mußten; Moss Tents für unser »Deltoid-Zelt«; Teva und Nike Inc. für unsere Schuhe; Powerfood Inc. für die köstlichen »Powerbars«; Georgia Bay Kayak Ltd. für den Seeanker; Parlour Products Plc. für die Moskito-Milch; Dr. Stan Eng, Ciba Vision und Alcon Canada Inc. für meine Kontaktlinsen und Lösungen; Geodicke und Co. für die »Ewa-Marine-Hüllen«, die unsere Seekarten trockenhielten.

Ebensowenig wie ich in einem einzigen Buch alles erzählen kann, was wir erlebt haben, kann ich hier alle Leute auflisten, die uns unterwegs geholfen und gastfreundlich aufgenommen haben. Viele von ihnen sind im Buch erwähnt; im Malawi-Teil habe ich die meisten Namen geändert. Ihnen allen möchten wir an dieser Stelle von ganzem Herzen danken; sie haben unseren Glauben an das Gute im Menschen wachgehalten.

Ganz besonders danken wir Jürgen Goering, der sich um unsere Angelegenheiten in Kanada gekümmert hat; Bapi Sarkar für seine Lieder, sein Lachen und sein begeistertes Engagement; Lord und Lady Wilson, Maria Osmon, Shona Adhikari, Olaf Fiegel, Sabine

Zuschrott und meiner Familie für ihr herzliches Willkommen und das Zuhause fern von zu Hause, das sie uns so großzügig gegeben haben.

Für ihren kompetenten Rat und ihre praktische Hilfe danken wir: der South Pacific Peoples Foundation von Kanada, den Mitgliedern der CUSO, die wir auf der Saltspring Island trafen, sowie Clark Stede und Michelle Poncini, Gord Hartmann, Toni Gibb und Connie McCann, John Dowd, Avinash Koli, Colonel Kumar, Sudhi Sahi, Tejbir und Male Singh, Tarana Maya Das, Mr. J. D. Gupta, Reg Noble, Cindy Pilskaln, Sharon und Dennis Tweddle.

Für ihre Mithilfe bei der Entstehung des Buches danke ich meiner Agentin Vivienne Schuster sowie Hilary Foakes von Little, Brown and Company und meinem PC-Schutzengel Liz Hammond-Kaarremaa.

Doch vor allem möchte ich mich mit ganzem Herzen bei Dag bedanken, der die Idee für diese Reise hatte und der mich mit seinem unerschütterlichen Sinn für Humor auf der ganzen Reise um die Welt zum Lachen gebracht hat.

Reiseabenteuer

Spannende und informative Berichte von ungewöhnlichen Reisen mit zahlreichen Farb- und Schwarzweißfotos

Die bisher erschienenen Titel:

Christine Cerny
Ägyptenreise
Wo Vergangenheit und Gegenwart sich treffen
ISBN 3 89405 320 8

Jean-Louis Etienne
Transantarctica
Expedition durchs Eis (Antarktis)
ISBN 3 89405 310 0

Christian E. Hannig
Polarlicht
Rad-Abenteuer in Skandinavien, Island und Grönland
ISBN 3 89405 321 6

Bill Irwin
David McCasland
Dunkle Nacht am hellen Tag
Ein Blinder auf dem Appalachian Trail (USA)
ISBN 3 89405 317 8

Werner Kirsten
Westcoast-Story
Auf dem Pazifik-Highway nach Süden (Nordamerika)
ISBN 3 89405 314 3

Dieter Kreutzkamp
Husky-Trail
Mit Schlittenhunden durch Alaska
ISBN 3 89405 312 7

Carmen Rohrbach
Jakobsweg – Wandern auf dem Himmelspfad
(Spanien)
ISBN 3 89405 305 4

Carmen Rohrbach
Botschaften im Sand
Reise zu den rätselhaften Nazca-Linien (Peru)
ISBN 3 89405 313 5

Albrecht Schaefer
Sarimanok
Eine Seereise wie vor 2000 Jahren (Südostasien)
ISBN 3 89405 306 2

Rainer M. Schröder
Zwischen Kapstadt und Kalahari
Spurensuche im südlichen Afrika
ISBN 3 89405 318 6

Mark Shand
Auch Elefanten weinen
Auf einem Dickhäuter durch Indien
ISBN 3 89405 311 9